논리적으로 재미있게
배우는 장기 작전법

장기야 놀자

(I권 : 전술편)

구영모 지음

논리적으로 재미있게 배우는
장기 작전법 장기야 놀자 (Ⅰ권 : 전술편)

1판 1쇄 : 2018. 12. 12일 **1판 3쇄** : 2023. 6. 15 **발행처** : 두람북스 **발행인** : 김세영 **지은이** : 구영모
주소 : 서울특별시 강남구 언주로 544, 삼본빌딩 602호 **전화** : 02-566-6433 **팩스** : 02-567-4308 **등
록번호** : 제2018-000219 **ISBN** : 979-11-965527-0-1 **가격** : 19,500원

"이 도서의 국립중앙도서관 출판예정도서목록(CIP)은 서지정보유통지원시스템
(http://seoji.nl.go.kr)과 국가자료종합목록(http://www.nl.go.kr/kolisnet)에서
이용하실 수 있습니다. (CIP제어번호: CIP2018039744)"

66

장기게임이란 두 지성들 간의, 두 인격체 간의 대결이라 볼 수 있다.
최고 수준의 기사들이 치열한 싸움을 하면서 좋은 수를 위해
많은 아이디어를 내고, 다양하고 흥미로운 전략과 전술을 구사하는
장면들을 음미하고, 또 위기상황을 서로 적절히 대처해 가는
과정을 지켜보다 보면 삶의 지혜도 배우게 되고 인생을 더 깊이 생각하게 된다.
그래서 장기를 인생의 축소판이라고 하는가 보다.
장기는 애호가들에게 많은 즐거움을 주는 좋고 건전한 취미임에 틀림이 없다.

99

머리말

　많은 사람들이 "바둑은 수가 많은데 장기는 수가 적어서 단순하고 재미가 없다"고 합니다. 그래서 그런지 두뇌 스포츠 대열에서 바둑이나 체스보다도 폄하되는 경향이 없지 않은 것이 현실입니다. 바둑을 좀 둔다고 하면 좀 지적이라는 이미지를 받고, 장기를 둔다고 하면 고리타분하거나 상대적으로 품위가 떨어지는 듯한(?) 인상을 받곤 합니다. 저는 바둑과 장기에 대한 이런 비교를 어릴 적부터 오늘날까지도 쭉 들어왔고 아무 대꾸 없이 넘겨 왔던 것 같습니다. 그러면 과연 장기가 바둑보다 열등해서 배울 가치가 없는 것일까요? 이러한 편협된 인식은 장기에 관해서 깊은 맛을 모르고 장기가 취미로서 우리 인생에 얼마나 많은 즐거움을 줄 수 있느냐에 대한 이해가 깊지 않아서 나오는 말들이 아닌가 싶습니다. 그럼 이런 질문들을 해보고 싶습니다. 스포츠 종류 중 전 세계인들이 열광하는 축구나 골프가 가장 으뜸이고 그 외 다른 스포츠는 열등한가요??? , 축구와 야구 중 어떤 것이 우수합니까???

　웃기는 질문처럼 보이지 않으신가요? 스포츠에 뭐가 더 우수한 것이 있고 열등한 것이 어디 있겠습니까? 사람들마다 좋아하는 취향에 따라 자신에게 맞는 것을 그저 즐기면 되는 것 아닌가요? 즉, 무엇을 선택하느냐는 취향에 따라 얼마나 그 스포츠가 주는 즐거움을 느끼느냐에 따른 차이 아닐까요? 그런 점에서 생각한다면 두뇌 스포츠인 바둑, 장기도 같은 경우가 아닐까 싶습니다. 바둑처럼 경우의 수가 많고 너무 복잡하고 쉽게 접근이 가능하지 않아서 우수하고, 바둑을 두는 것이 더 가치 있고 고상하다는 논리는 성립이 되지 않는 것 같습니다. 비슷한 룰과 유사한 게임원리인 것들끼리는 서로 상호 비교가 제한적으로 가능할지 모르겠으나 게임원리와 게임의 목적 자체가 서로 다른 장기와 바둑의 일대일 비교는 할 수도 없고 할 필요가 없는 것 같습니다.

　그런 세월을 지내다가 한국장기와 룰이나 게임원리가 아주 흡사한 서양장기 체스를 접하면서 이런 생각은 점점 확고해졌습니다. 장기나 체스나 그 기원은 확실히 밝혀지지 않아서 많은 설들이 존재하지만 확실한 것은 동양에서 발생하여 서쪽으로 건너간 것은 현재의 서양체스이고 발원지의 동쪽으로 전파되어 온 것이 중국장기, 한국장기, 일본장기이며 각 나라마다 민족성에 맞게 변형 발전된 것이라는 점에서만 다르다는 것입니다. 그래서 체스와 한국장기를 잘 비교해 보면, 몇몇 문화의 차이에서 오는 특수한 룰 차이와 조금씩 다른 기물의 행마법을 제외하고는 전반적인 게임의 핵심, 게임진행원리, 전략과 전술들이 무척 흡사합니다. 그런데 서양으로 건너간 체스는 통일된 규칙을 가지고 천년 이상 오랜 동안 체계적인 연구가 되고 이론화, 문서화가 되어서 오늘날 전 세계인이 즐기는 세계적인 게임이 되었고, 한국장기는 고유의 룰을 간직한 채 그리 체계화도 되지 않고 문서를 남기지 않는 우리의 문화 탓(?)에 기록 없이 구전으로만 전해오다 오늘날 현대화가 된 상황에서는 시대의 흐름에서 뒷전에 밀려 고리타분한 옛 시절의 구태의연한 오락으로 전락이 되어 푸대접을 받고 있는 것이 사실입니다. 안타깝게도 불과 120년 전인 구한말 이전의 고수들의 기보가 하나도 전해오지 않아서 우리의 선조들이 과거에 얼마나 깊은 수를 구사했는지, 어떤 공격전법과 어떤 특이한 아이디어로 어려운 대국위기를 헤쳐 나갔는지를 도무지 알 길이 없습니다. 고려시대의 고승 希禪師가 장기를 즐겼고, 백제의 개로왕, 신라의 孝成왕과 고려시대 16대 예종이 장기를 장려했고, 조선시대에 오성 이항복 대감이 당대의 고수였고, 방랑시인 김삿갓이 전국을 방랑하면서 장기를 즐겨서 시도 남겼다고 하는 이야기만 들립니다. 오직 김 삿갓의 시와 몇몇 구전 시만 그나마 전해져 내려오고, 정작 장기 대국에 대해서는 전혀 기록이 없어서 어느 수준이었는지 짐작조차 할 수가 없습니다. 해방 이후 발간된 장기관련 박보문제와 서적 몇 권을 찾게 되었으나 장기의 이론 측면과 체계화 관점에서 부족한 것 같고 크게 도움을 주는 책을 별로 만날 수가 없었기에 답답한 심정을 안고 살아왔습니다. 게다가 과거 1960~1980년대에 시장의 으슥한 한 켠에서, 소위 '영업박보 장기꾼'이라고 하는 몇몇 사기성 짙은 무리들이, 오고 가는 순진하고 호기심 많은 행인들을 상대로 장기전문가라도 수십 분에서 수 시간이 걸려도 풀지 못할 함정투성이의 난해한 수십 수 수순이 걸리는 박보문제로 꼬셔서 금품을 갈취하는 광경을 자주 목격하게 되었고 이로 인해 일반인들에게 장기에 대한 나쁜 인상을 심어주고 품위를 크게 떨어뜨리는 것이 너무 분하고 안타까웠습니다. 또 필자가 서양장기인 체스를 접하는 과정에서 놀란 사실은 세계의 체스 전문가들이 한국장기가 존재하고 있는지조차 인식도 못하고 겨우 중국장기인 샹치와 일본장기인 쇼기 정도만 그들에게 알려져 있는데 그것도 중국장기와 일본장기 기사 출신이 체스에서 두각을 나타냈기 때문이었습니다. 한국장기에 대해서는 영어로 소개하는 책자는 전무한 상태이고 한국 내에서도 그 위상이 높지 않으니 어떻게 보면 당연한 결과라고도 할 수 있지만 필자로서는 상당히 언짢고 안타까울 따름이었습니다. 그래서 한국장기의 논리성과 그 우수성을 알리고 나름대로의 장점을 부각시켜 두뇌스포츠로서의 품격 있는 이미지로 격상시키고 위상을 재정립해야 한다고 생각을 했습니다. 비록 본인은 장기 프로기사도 아니고 장기실력이 아직도 미천하지만, 미흡하나마 장기의 이론과 실전에 대한 것들을 잘 정리해서 지인과 후배들에게 전수하기로 결심을 하였고 수십 년을 즐겨왔고 본인의 인생의 어려운 고비마다 정신적으로 잘 견딜 수 있도록 많은 지혜를 주고 교훈을 주었던 장기에 대해서 이론적이고 체계적으로 총정리를 하는 기회를 갖게 되었습니다. 나아가 전 세계인에게 한국장기를 홍보하고자 영어로 번역을 하여 한국장기의 우수성을 알려야겠다는 마음을 먹게 되었습니다. 부디 이 졸저가 초석이 되어 장기를 사랑하는 분들이 더 많이 생기고 장기가 지적인 스포츠로서 좀 더 대중들에게 사랑을 받고 정신적으로 인생에 도움이 되는 취미가 되고 나아가 한국장기가 더 발전되었으면 하는 바램입니다. 또한 세계적으로도 색다른 즐거움을 주는 두뇌 스포츠의 중요한 한 축으로서 한국장기가 전 세계인에게도 널리 인식이 되었으면 좋겠습니다.

2018년 가을 저자 올림

이 책의 특징과 구성

　본 저서는 과거에 선배들로부터 대국을 통해 배우고, 필자가 스스로 터득한 장기 지식들을 집대성한 결정체라 할 수 있으며 필요에 따라서는 개념을 정립하고 체계화한 것에 큰 의미를 부여할 수 있다고 하겠다. 본 저서를 위해 필자는 자료수집에 오랜 세월을 할애 하였고, 많은 명 대국보를 꼼꼼하게 집중 분석 후 이론을 정리하였다. 책의 구성과 내용면에서는 과거의 대부분의 장기책의 단점 중 하나인, 설명이 하나도 없는 '문제와 답' 식의 단순한 퀴즈책식 구성에서 탈피하여 기초장기지식이 없는 사람이리도 이해를 쉽게 힐 수 있도록 논리적 실명을 우선 하였고, 체스에서는 개념화되고 보편화되어 있는데 한국장기에는 용어 조차도 없는 동일 개념의 장기기술에 대해 그들의 체계화된 이론의 일부를 한국장기에 접목을 시킨 점이 특징이라 하겠다.

　이 책은 장기기물의 길은 알지만 오랫동안 장기를 두지 않아서 게임운영이 미숙한 분을 포함하여 장기의 실력이 늘기를 원하는 아마추어 중급자 분들뿐 아니라 초등학교 및 중학교의 특별활동으로 장기반을 운영하시는 선생님들의 교육용 및 학생들의 워크북으로의 활용을 목표로 만들어진 책이다.

　그 외의 특이사항을 몇 가지 나열하면

1. 이 책은 장기의 중요 기술을 총망라하여 집대성한 책으로 '장기보감' 같은 책이 되도록 목표로 삼고 쓰여진 책이다.

2. 이 한국어판을 추후에 편집하고 영어로 번역하여 한국의 장기를 세계에 알릴 예정이다. 세계화에 발맞추어 전략적인 관점에서 모든 기호와 기보 표기법을 국제 표준 기호를 그대로 사용한다.

3. 필자의 책은 총 2권으로 구성되어있고 1권을 우선 출판한 후 이어서 이 책(1권, 전술편) 이후에도 장기의 전략에 대한 2권(전략편)도 발행 예정이다. 이 책(1권)의 권말에 2권에 대한 목차가 있으니 참고 바란다. 책의 구성에 대해 부연설명하자면 필자가 전하고자 하는 내용을 책 한 권으로 다 담기에는 내용이 너무 방대하여서 고심을 하다가 1권, 2권으로 나누기로 하였다.

1. 1권(전술편)에서는 장기의 기초지식과 기초적인 포진관련 이론과 장기작전 중 중요한 요소 중 하나인 장기전술에 대해 상세한 설명을 하고 종합적인 연합작전과 장기박보문제를 푸는 해법의 이론적인 바탕을 마련하는데 중점을 두었다.

2. 2권(전략편)에서는 포진 전략과 중반전투와 종반전투에서 냉철한 전략을 짜기 위한 형세 판단과 그 각각의 요소에 대한 상세한 설명을 하고 실전에서 나온 전략을

위주로 실전전략을 설명하고 고수들의 행마특징과 자가훈련을 위한 수읽기훈련 프로그램을 소개하여 초보자나 중급자 수준의 독자의 장기 실력을 아마유단자 레벨로 끌어올리도록 노력하였다.

이 책의 학습목표

필자는 독자들께서 이 책을 독파한 후 아래 능력을 갖게 될 것이라 굳게 믿는다.

1. 장기에 대한 이론적 지식 정립
2. 장기를 통한 웅대한 스케일의 논리적 사고력과 깊은 사고능력 기르기
   : 사고력/집중력/분석력/판단력/결단력 향상
3. 형세 판단 능력 키우기
   : 전체의 흐름과 맥을 파악하는 능력 향상
4. 논리적 사고를 바탕으로 한 작전수립능력 및
   상대방의 작전을 간파하는 능력 넓히기
5. 논리적 수읽기능력 향상
6. 심리전에 강한 정신력 훈련
7. 장기가 주는 즐거움을 만끽할 수 있을 만한 안목 배양
   : 장기를 통해 인생을 즐기고 음미할 줄 아는 통찰력 배양

이 책(1권)의 사용법

이 책(1권)은 크게 설명부분과 연습문제(워크북) 부분으로 나눌 수 있다. 연습문제는 문제와 해답을 책의 가장 뒷부분에 놓았다. 학습하는 순서는 먼저 순서대로 설명부분을 숙독한 후 각 장에 해당하는 문제부분을 연습문제/해답에서 찾아서 학습을 한 후 다시 설명부분으로 돌아가서 다음 장을 학습하는 순서를 반복적으로 하면 된다.

연습문제와 해답을 따로 놓은 이유는 차후에 이론적인 훈련이 충분히 된 이 후에는 일정기간 문제만 집중적으로 연습하기 위함이다. 특히 전술훈련은 매일 조금씩 반복적으로 일정기간 동안 패턴을 익히는 훈련이 필수적이다.

목 차

● 장기란 ?

우리나라의 많은 고수들이 방송에 나와 삼국지에 등장하는 인물과 장기기물을 비유하는 것을 들은 바 있다. 차를 수염을 휘날리며 용맹스럽게 기세를 떨쳤던 관우(關羽)에 비유하고, 포는 지혜는 모자라지만 힘이 대단히 센 여포(呂布)에 비유하고, 마는 기마전의 명수 마초(馬超)에 비유하고, 상은 장판교에서 필마단기로 유비의 아들을 품에 안고 유유히 탈출했다는 상산 조자룡(趙子龍)에 비유하고, 사는 모사 진궁(陳宮)에 비유하는 이야기인데, 흥미롭고 재미있는 비유이긴 해도 이것 외에 좀 더 거창하게 장기를 미화시킬 수는 없을까 고민을 해 본적이 있다. 그래서 아래와 같이 장기에 대한 필자의 생각을 간단히 피력해 보고자 한다. 우선 이런 질문을 여러분에게 하고 싶다.

독자 여러분들이 생각하는 장기는 무엇이지요?

수많은 대답이 있을 수 있지만...

필자가 생각하는 장기는

"장기를 둔다는 것은 단순한 게임이 아닌 인간의 집념이 담긴 예술작품을 제작하는 것 같은 작품을 만드는 과정이며 그 논리성에서는 과학이다." 라고 말하고 싶다!

한판의 장기를 두다 보면 쌍방 합해서 아주 짧게는 삼사십 수, 길게는 이백수 이상의 수순이 필요한 경우도 있다. 장기를 두는 과정에서 두 대국자는 매 순간 그 상황에 맞는 결정을 해야 한다. 경우에 따라서는 간단한 결정부터 아주 위험하고 어려운 국면에 접어들면 신중히 수십 수의 앞을 내다보는 깊은 사고력이 필요할 때도 있다. 얕은 수로 상대방을 속이거나 손님실수를 기다리다 용케 상대가 실수를 해서 게임을 이기는 것은 하수들 사이에서는 한두 번은 가능할지 모르나 어느 정도 수준을 유지하는 논리적이고 합리적 사고를 하는 대국자간에는 장기만큼 정직하고 분명하고 논리적인 게임도 드물다. 또한 자기가 내린 결정의 옳고 그름에 대해 책임을 지고 그 판단결과에 따라서 이기기도 하고 지기도 하는 것을 배우게 된다.

장기는 인간의 지성간의 대결이기도 하지만 어려움에 직면하여 불굴의 투지로 자기를 극복하는 지혜를 가르쳐 주기도 한다. 난국상황에서 아주 기막히고 어려운 묘수를 찾아서 역전을 시키는 장면이 있었다면 경기가 끝난 후 마음에 찡하게 남는 어떤 예술적인 진한 감동을 주기도 한다. 이렇게 좋은 장기를 제대로 배우고 익혀서 장기가 인간에게 줄 수 있는 즐거움을 찾는다면 인생에 있어서 풍류를 아는 멋이 담긴 보람된 일이 아닌가 생각해 본다.

● 기보 표기법 및 각종기호(심볼) 정의

　장기판에 기물이 놓여 있을 때 이 기물의 움직임을 기록하기 위해서는 아래와 같이 표준화된 기보 표기법이 필요하다.

1.1. 기 보 표시법

① (사)대한장기협회제정 기보 표기법

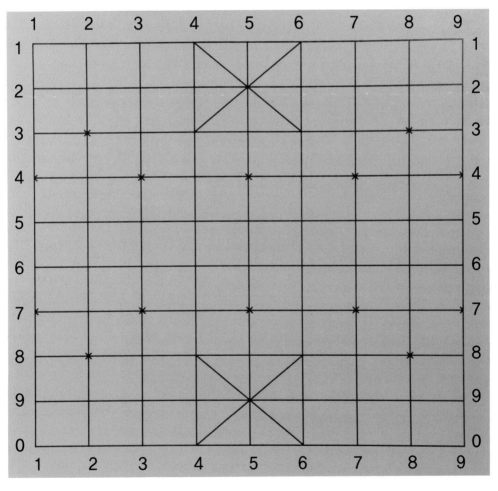

그림1-1

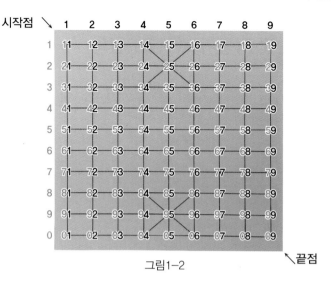

그림1-2

상기의 표기법은 현재 (사)대한장기협회에서 3차 개정하여 사용하고 있는 표기법이다. (사)대한장기협회의 3차 개정 좌표 표기법은 모두 숫자로 표기되어 있고 **좌표의 시작점은 왼쪽 최상단이고 끝점은 오른쪽 최하단이다.**

가로선은 각각 위에서부터 아래로 1부터 0까지 표기되어 있고, 세로줄은 각각 왼쪽에서 오른쪽으로 1부터 9까지 표기되어 있어서 가로선과 세로줄이 만나는 교차점을 읽을 때, 가로선을 먼저 읽은 후 세로줄을 나중에 읽는다.

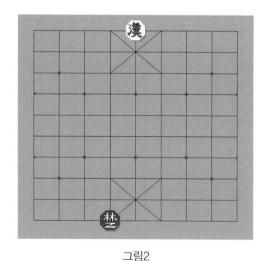

그림2

예를 들어, 한과 초의 궁이 현재 있는 좌표 위치는 각각 15와 04이다.

기보를 작성할 때 기물의 움직임을 표시하기 위해서는 기물이 이동하기 전의 좌표와 움직인 기물의 명칭, 그리고 기물이 움직인 후의 좌표를 차례로 적는다.

예를 들어, 만약 03에 있는 차가 13으로 움직일 때에는 '03차13' 으로 표기한다.

② 영자 기보 표기법

본 책자에서는 앞에서 설명한 (사)대한 장기협회 제정 표기법 대신에 국제적으로 통용되고 있는 영자표기법을 사용하고자 한다. 그 이유는 본 책자를 한국장기의 세계화를 위해서 향후에 영어로 번역하여 한국장기를 널리 알리고자 하는 계획이 있어서 처음부터 세계인들에게 더 친숙한 영자 기보 표기법을 사용하고자 함이니 독자들께서는 양해 바라며 이를 잘 익혀, 본 책자에서 설명하는 기보를 이해하는데 지장이 없도록 잘 숙지하시길 바란다.

끝점 ╱

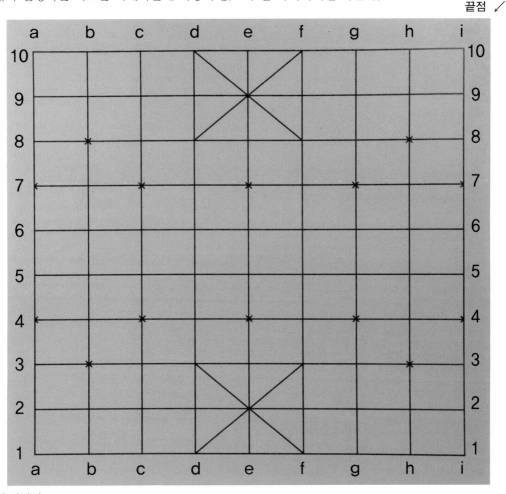

╱ 시작점

가로선은 각각 아래에서부터 위로 1부터 10까지 표기되어 있고, 세로줄은 각각 왼쪽에서 오른쪽으로 a부터 i까지 표기되어 있고, 세로줄과 가로선이 만나는 교차점을 표시하기 위해 세로줄을 먼저 읽고 가로선을 읽는 방식이 대한장기협회 방식과 다르다. **영자표기법의 시작점은 왼쪽 최하단이며 끝점은 오른쪽 최상단이어서 우리가 학교 때 배운 수학/물리에서 쓰는 좌표(x축/y축)의 표기와 동일하다.** 통일을 위해 이 책에서는 청(초)을 아래에 놓고 홍(한)을 위에 놓았다.

다음은 영자표기법을 이용하여 다음의 그림의 기물의 좌표를 표시해 보도록 하자.

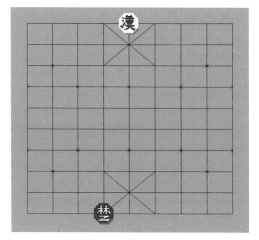

그림3

상기의 초와 한을 영자좌표로 읽을 때는 초는 d1에 있고 한은 e10에 있다고 말한다.
더 상세한 표기 연습을 위해 아래의 대국을 기록한 기보를 살펴 보도록 하자.
이와 같이 대국을 진행한 내용을 상기의 표기법으로 명확히 기록을 할 수 있다.

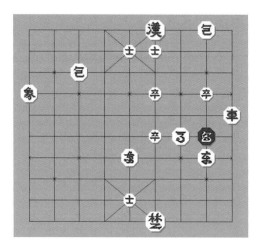

그림4

① i6차i1+(장군)　② f1장f2　⑪ h10포e10+(장군)　⑫ f5졸e5
③ a7상c4+(장군)　④ f2장f3　⑬ e10포Xe5졸　⑭ e2사d1
⑤ i1차i3+(장군)　⑥ h4차h3　⑮ e5포e10+(장군)　⑯ g5마e4
⑦ i3차i4　⑧ e4상c7　⑰ e9사d8+(장군)　⑱ e4마d6
⑨ i4차f4+(장군)　⑩ f3장e3

● 이 책에서 사용한 심볼(Symbol)의 정의

본 책자에서는 필요에 따라 상세한 설명을 대신하여 약자를 사용할 예정이다. 본 책자에서 약자로 쓰는 기호에 대한 정의를 다음과 같이 정한다.

① # : 외통 승

② X : 기물 잡음

③ ! : 좋은 수

④ !! : 아주 좋은 수

⑤ ? : 나쁜 수

⑥ ?? : 아주 나쁜 수

⑦ ?! : 의심스러운 수. 뚜렷이 나쁘지는 않으나 권하고 싶지 않은 수

⑧ + : 장군(본 책에서는 한글로 장군이라 표기함)

⑨ ++ : 양수겸장

예제1) : ① e5졸e6 : 1번째 수에서 e5에 있던 졸이 e6으로 이동함.

예제2) : ③ d3병Xe2사# !! : 3번째 수에서 d3에 있던 병이 e2로 와서

사를 잡으면서 장군을 치면서 외통으로 이김. 아주 좋은 수임.

1장 기초지식

본 장은 초보자를 위한 코너로서 장기를 두는데 반드시 알아두어야 하는 기초적인 사항에 대해서 설명을 하고자 한다. 만약 여러분이 어느 정도의 기초지식이 있다면 1장을 뛰어서 2장으로 바로 넘어가도 무방하다고 생각하지만 가능하면 훑어보는 것을 권하고 싶다.

가. 기물의 상대적 가치

기력이 향상됨에 따라 기물의 가치를 알고 또 그 가치가 단순한 점수상의 가치 이외에도 위치의 가치와 맞물려서 어떻게 평가되어야 하는가를 아는 것이 중요하지만 장기를 처음 배운 초보단계에서는 그 기물의 점수만을 고려하여 경기를 운영하는 것이 기본이다.

기물 별로 상대적인 가치가 다 다른데 각각 점수가 정해져 있고 공식적 대국에서 완승으로 승부가 결정되지 않을 경우에 이 점수를 기준으로 승부를 결정짓는다. 장기에서 왕 다음으로 중요한 기물은 차다. 점수로는 13점이며 그 다음이 포이고 점수는 7점, 그 다음이 마이고 점수는 5점, 상 과 사가 동일하게 3점이고 가장 점수가 낮은 기물이 졸/병이고 2점이다.

기물점수

차(車/車)	13점
포(包/包)	7점
마(馬/馬)	5점
상(象/象)	3점
사(士/士)	3점
졸/병(卒/兵)	2점

이 기물점수를 실전에 활용하는 요령은 예를 들어 아군의 상으로 상대의 졸을 2개 잡을 수 있으면 점수 면에서 1점의 이득을 보게 된다. 마찬가지로 아군의 마 1개로 상대의 사 2개를 잡을 수 있으면 점수 상으로도 1점 이득이다. 이런 식으로 기물 교환에 점수를 활용하면 좋다.

● 공격수의 분류

공격수는 크게 (직선) 라인 공격수와 (사선) 포인트 공격수로 나눌 수 있다.

→ 라인 공격수

차, 포와 같이 직선 (앞, 옆)으로 한 라인 전부를 공격하는 공격수를 말한다.
물론 궁성 안에서는 그어진 사선을 따라 움직일 수 있다.

→ 포인트 공격수

마, 상처럼 일정한 포인트만 사선으로 비스듬히 공격하는 공격수를 말한다.

추후에 이 기물들의 상세한 특징과 전략에 사용하는 사용법은 2권(형세 판단 편)에서 더 상세히 다루기로 한다.

나. 포획과 교환

기물을 교환할 때는 위에서 설명한 기물점수를 감안하여 이해득실을 잘 따져야 한다. 공짜로 상대의 기물을 포획하는 경우는 따질 필요도 없이 유리하나 기물과 기물의 교환인 경우는 여러 가지 측면에서 잘 따져 보아야 한다. 교환에는 다음과 같이 크게 두 가지 교환이 있을 수 있다.

● **같은 가치의 기물끼리 맞바꾸기**

· 아무리 점수가 같다고 하더라도 기물의 위치가 좋은 기물을 비활동적인 적의 기물과 교환할 때는 겉으로 보이지 않는 그 이해득실을 잘 따져봐야 한다.

● **손해 보는 맞바꾸기(점수의 관점 또는 위치의 관점)**

· 대부분의 경우에서는 큰 기물을 상대의 작은 기물과 바꾸지 않는 것이 좋다. 단 그 점수 상 손해보다도 더 큰 것을 얻을 수 있는 경우에는 희생도 마다하지 않는 예외도 있다. 이러한 것을 판단하는 능력이 고수와 하수의 실력차이이다.

· 가치상 점수는 같아서 기물 가치상 손해 보는 경우는 아니라 하더라도 중요한 요충지를 빼앗기는 위치의 손해를 보는 교환은 대국의 흐름에서 불리하다.

다. 기본적 기물들과의 관계와 협동

장기게임의 최종목표는 상대의 왕을 오고 갈 데 없게 만든 후 호장해서 이기는 것이다. 그러나 기물 하나만으로 공격해서 쉽게 기물이득을 얻거나 승리할 수는 없다. 그러므로 성공적인 공격이나 수비를 위해서는 다른 기물들끼리 서로 도와 협동을 해야만 한다. 따라서 기물들간 어떻게 협동공격을 하는가를 터득하기 위해서는 우선 기물간의 기본적 관계를 이해할 필요가 있다. 기물들 간에는 다음과 같은 기본적인 관계가 있다.

① 공격받는 기물을 보호한다. : 기물들끼리 서로 보호해 줄 수 있다.
② 막아 준다. : 상대의 공격으로부터 공격받는 기물을 막아 줄 수 있다.

③ 자기편끼리 서로 방해하고 행동을 제한 한다. : 기물들끼리 서로의 활동을 방해할 수 있다. 즉, 아군끼리 길을 막거나 서로의 멱을 막아서 활동을 방해하는 경우가 생길 수 있다. 이 점은 아주 부정적인 면이다.

④ 상대 기물에게 위협을 가한다.

⑤ 상대방의 기물을 잡는다.

등이다. 게임이 진행되다 보면 위와 같은 기본적인 5가지 관계들로 시작하여 훨씬 복잡하게 서로 얼기설기 얽힌 관계가 될 수 있다.

아래 그림을 보면 서로의 관계를 다음과 같이 알 수 있다.

그림1 : 한차례

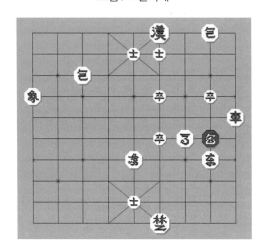

그림1 : 기본적 기물간의 관계와 협동

① f5졸이 g5마를 보호하고 있고 g5마가 f7졸 과 h7졸을 보호하고 있다.

② f5졸은 g5마가 e줄로 가는 길을 막아서 방해하고 마의 행동을 제한하고 있다.

③ i6차는 f1의 초 왕을 위협할 수 있다.

④ h4차는 한의 차가 초 왕을 위협하면 막아서 보호할 수 있다.

⑤ 수순 13에서 ⑬ e10포Xe5졸로 포가 졸을 잡을 수 있다.

① i6차i1+(장군) 위협	② f1장f2 피함
③ a7상c4+(장군) 위협	④ f2장f3 피함
⑤ i1차i3+(장군) 위협	⑥ h4차h3 막음
⑦ i3차i4 위협	⑧ e4상c7 피함
⑨ i4차f4+(장군) 위협	⑩ f3장e3 피함
⑪ h10포e10+(장군) 위협	⑫ f5졸e5 막음

⑬ e10포Xe5졸 기물잡기	⑭ e2사d1 이동
⑮ e5포e10+(장군) 위협	⑯ g5마e4 막음
⑰ e9사d8+(장군) 위협함	⑱ e4마d6 피함
⑲ f4차d4 위협	⑳ d6마Xc4상 잡음
㉑ d4차Xd1사 잡기	㉒ h3차f3 이동
㉓ d1차d4	㉔ c4마b6 이동
㉕ d8사e9+(장군) 위협	㉖ f7졸e7 막음
㉗ e10포Xe7졸 잡기	㉘ e3장e2 이동

라. 장기게임의 3단계

각 단계 사이의 구분이 모호한 점은 다소 있으나 장기게임은 크게 포진, 중반전, 종반전의 3단계로 나뉜다. 차림을 한 뒤 쌍방 자신의 기물을 이용하여 싸울 모양을 갖추는 단계가 포진 단계이며, 어떤 형태가 형성되면 서로의 이득을 위해 싸우는 중반전을 거쳐 최종적으로 상대의 왕을 잡는 종반전에 들어가 어느 한쪽의 왕이 잡히면 비로소 게임이 끝나게 된다.

마. 공격과 수비의 기초개념

대국이 시작되면 양측은 서로에게 기물적 손해를 입히기 위해 상대의 기물을 공격한다. 포획하려는 위협에 대해서 수비하는 방법은 아래와 같다.

1) **피한다.** : 공격받는 기물을 안전한 곳으로 보낸다. 이때 그냥 단순히 도망가면 수동적이 되지만 만약 상대의 다른 기물을 오히려 위협하면서 피하면 적극적인 행마가 되고 오히려 선수공격을 하게 되므로 피하면서 상대를 위협할 수 있는지 살펴보는 것도 좋은 습관이다.

2) **다른 기물이 보호한다.** : 공격받는 기물은 그 자리에 그대로 놓고 다른 기물이 공격받는 기물을 보호해 주는 수비방법이다. 이 방법은 결과적으로 기물끼리 바꿀 수 있기 때문에 오직 공격받는 기물이 공격하는 상대 기물보다 가치가 없거나 같을 때만 사용할 수 있다. 그렇지 않으면 불리한 기물 교환으로 하는 결과가 되어 기물의 불균형이 생기고 판세가 불리하게 된다.

3) **막는다.** : 공격하고 있는 기물의 그 중간의 길(멱)을 가로막는 것이다. 이 수단 역시 기물 교환이 이루어지므로 막는 기물은 공격하는 기물과 가치가 같거나 더 적어야 한다.

4) 공격하는 기물을 제거한다. : 공격하는 기물을 잡고 위협에서 벗어나는 경우이다.

5) 반격한다. : 이 경우는 선수공격을 감행하여 상대에게 역공을 취하는 경우로서 상대의 공격을 그저 무시하고 대신 상대의 다른 더 귀중한 기물을 공격하는 경우이다.

이렇게 수비의 수단은 여러 가지가 가능하다. 그러나 이러한 방어수단의 선택은 구체적 상황에 따라 조금씩 다를 수 있다. 예를 들어 기물이 졸/병으로 공격당하면 도망가야 한다. 만약 왕이 공격당하면 이를 다른 기물이 보호할 수 없고 피하거나, 막거나, 공격수를 제거해야 한다.

다음의 예제는 공격받는 기물에 대해서 기물을 보호하는 경우와 이를 공략하는 행마를 보여주는 예이다.

그림2 : 초차례

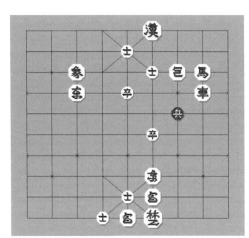

그림2 : 기물을 보호하는 예

현재 상황을 보면 초의 차가 한의 상을 공격하자 한의 포가 g8로 넘어가서 상을 보호해 주고 있는 상황이다. 이때 만약 초의 f3의 상을 d6으로 이동하여 한의 g8포를 위협하면 한이 곤란한 상황이 된다.

바. 위협과 대응

● 포획위협
· 상대 기물을 위협하는 것을 시작으로 공격이 시작된다. 이 경우 공격자는 시간을 벌며 그 목적을 달성할 수 있다
· 위협은 특히 작은 기물이 큰 기물을 공격할 때 더 효과적이다
· 잘못 서투르게 위협을 하여 오히려 화를 부르는 경우도 있다.

● 위협에 대한 대응

· 단순히 공격하고 방어하는 것으로 끝나지 않고 계속하여 공격-방어-새 공격-새 방어로 이어지는 복잡한 변화가 종종 생길 수 있다.

· 첫 번째 위협에 대한 수비법으로 공격받는 기물을 보호하거나 다른 수비 기물이 그 공격 기물을 막은 경우, 공격 측은 연속적으로 두 번째 공격을 하는 경우가 많다. 즉, 새로운 공격을 계속하는 경우를 말한다. 공격받은 기물이 보호되었을 때 보통 다음의 두 가지 선택이 있다.

　① 최초 공격받던 기물을 다른 기물로 더 공격한다. 만일 이러한 상황이 예측되면 수비하는 측에서는 애초부터 공격 위협을 받을 때 이 기물을 도망시키는 것이 좋다.

　② 보호해 주는 다른 기물을 더 공격한다. : 이 공격은 첫 번째 공격과 더불어 연속적으로 2차 공격을 하는 것이다.

· 만일 공격하는 기물을 막아서 수비하는 경우도 2가지 경우로 나뉜다.

　① 첫 번째 공격받았던 기물을 한번 더 공격하거나

　② 막는 기물을 다른 기물로 공격한다.

이해를 돕기 위해 두 번째 공격에 대한 각가지 유형에 대해서 가장 자주 발생하는 예들을 보자.

1) 최초 공격받던 기물을 다른 기물로 더 공격한다.

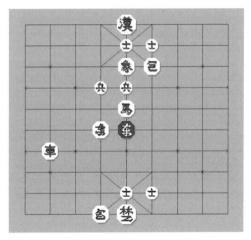

그림3 : 두 번째 공격 예 (처음 기물을 다시 공격) (한차례)

한에서 차로 상과 초차를 묶은 뒤 집요하게 상을 잡는 과정의 수순을 감상해 보자. 아래의 해답 수순과 같이 7수 만에 한이 초의 상을 잡을 수 있다.

해답 : ① b4차b5 ② e5차i5 ③ f8포d10 ④ e2사d2 ⑤ e6마f4 ⑥ f2사e2 ⑦ f4마Xd5상

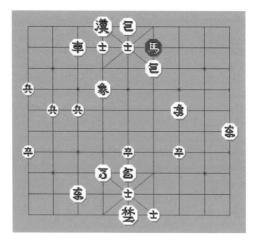

그림4 : 두 번째 공격 예 (처음 기물을 다시 공격): 초차례

초에서 한의 상을 공격한 후 한의 차가 보호해 주면 마가 다시 나가면서 상을 공격하면 상을 잡을 수 있다.

해답 : ① i5차i7 ② c9차c7 ③ d3마e5

2) 보호해 주는 다른 기물을 더 공격한다.

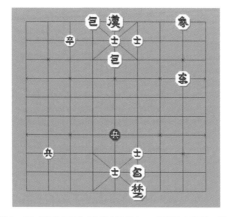

그림5 : 두 번째 공격 예 (보호하는 기물을 공격): 초차례

현재 한의 상은 한의 포가 보호하고 있다. 보호하는 기물을 공격하는 예를 잘 보여주는 예이다. 초의 졸로 포를 공격하면 한의 포가 도망을 가게 되면 한의 상은 초의 차에게 잡힌다.

해답 : ① c9졸c10

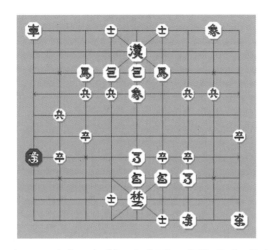

그림6 : 두 번째 공격 예 (보호해 주는 기물을 공격): 한차례

한의 차가 초의 상을 공격하자 초의 졸이 보호해 주고 있는 상황이다. 한에서 그 졸을 공격하면 이중공격이 되어 둘 중 하나는 포기해야 한다.

해답 : ① d8포b8 ② i5졸i6 ③ b8포Xb4졸

사. 이기는 전형적인 패턴

기본적인 이기는 형태를 알고 자주 나오는 외통 공격하는 패턴을 알면 장기의 외통원리를 잘 알 수 있고 실전에서 유용하다.

외통의 기본 패턴을 연습하는 의미에서 아래의 1수 만에 외통으로 완승을 하는 연습문제를 풀어보자.

1수 외통문제

문제1 : 한차례

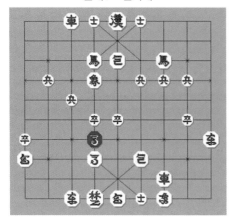

문제2 : 초차례

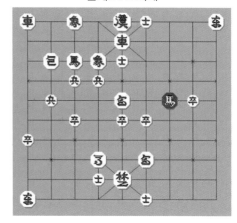

문제3 : 한차례

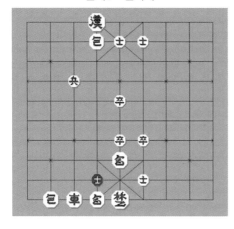

문제4 : 한차례

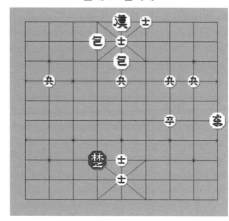

문제5 : 초차례

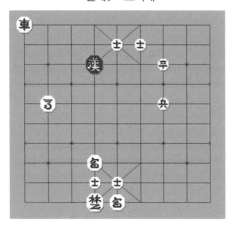

문제6 : 한차례

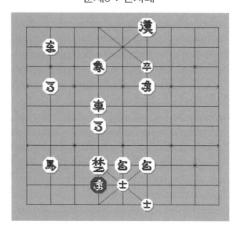

문제7 : 한차례

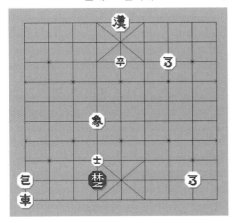

문제8: 한차례

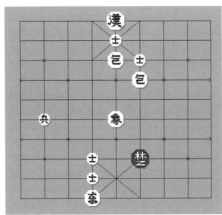

문제9 : 초차례

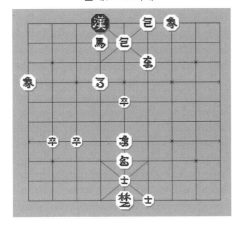

문제10 : 한차례

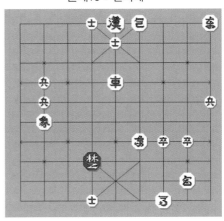

문제11 : 초차례

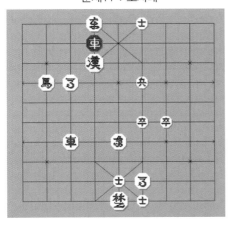

문제12 : 초차례

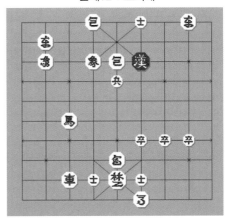

문제13 : 한차례

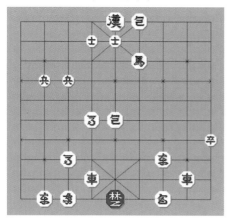

문제14 : 한차례

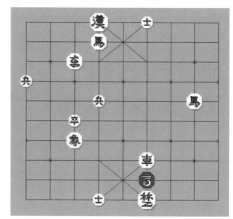

문제15 : 한차례

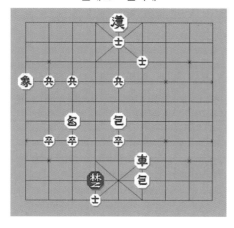

문제16 : 초차례

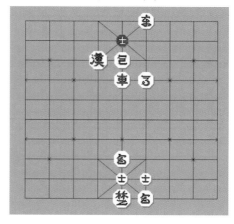

문제17 : 초차례

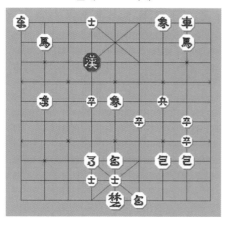

문제18 : 한차례

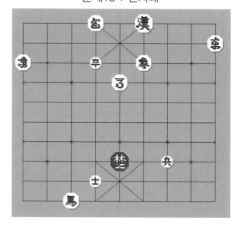

문제19 : 한차례

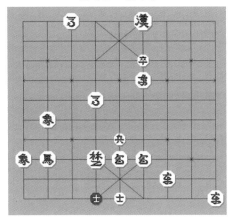

문제20 : 한차례

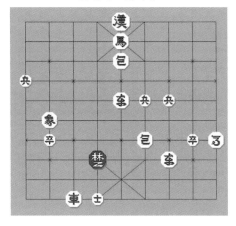

1수 외통문제해답

- 문제1 : 한차례
  g2차e2장군#

- 문제2 : 초차례
  i10차Xf10사장군#

- 문제3 : 한차례
  c1차Xd1포장군#

- 문제4 : 한차례
  e7병d7장군#

- 문제5 : 초차례
  b6마d7장군#

- 문제6 : 한차례
  b3마c1장군#

- 문제7 : 한차례
  d5상b2장군#

- 문제8 : 한차례
  f7포f10장군#

- 문제9 : 초차례
  f8차Xe9포장군#

- 문제10 : 한차례
  e7차e3장군#

- 문제11 : 초차례
  d10차Xd9차 장군#

- 문제12 : 초차례
  h10차Xf10사 장군#

- 문제13 : 한차례
  d2차e2징군#

- 문제14 : 한차례
  f3차Xf2마 장군#

- 문제15 : 한차례
  f3차e2장군#

- 문제16 : 초차례
  f10차Xe9사 장군#

- 문제17 : 초차례
  d6졸d7장군#

- 문제18 : 한차례
  f8상h5장군#

- 문제19 : 한차례
  e4병Xe3포 장군#

- 문제20 : 한차례
  c1차Xd1사 장군#

아. 장기용어

다음은 이 책에서 자주 나오는 장기용어에 대한 정의이다. 잘 숙지하면 많은 도움이 될 것이다.

1) 귀	궁성의 네 가장자리를 말하며 더 상세히 우상귀, 우하귀, 좌상귀, 좌하귀로 세분된다. (그림7 참조)
2) 면(面)	궁성의 앞면을 말함. 즉 우상귀와 좌상귀 사이의 중앙을 칭함. 여기에 포가 오면 면포라 하고 상이 오면 면상이라 함. (그림7 참조)
3) 중(中)	궁성 중앙의 양 옆을 말한다. 즉, 우하귀와 우상귀 중간은 우중이 되며 좌하귀와 좌상귀 중간은 좌중이 된다. 여기에 왕이 오면 좌 중궁이라 한다. (그림7 참조)
4) 줄	장기판의 세로 열을 줄이라고 한다. 영어로는 File이라 한다. (그림7 참조) 좌변에 있는 줄을 좌변줄이라 하고 우변에 있는 줄을 우변줄이라 하며, 중앙에 있는 줄을 중앙줄이라 한다.
5) 선(線)	장기판의 가로 행을 선이라 하고 영어로는 Rank이다. (그림7 참조)
6) 기물(棋物)	장기알을 기물이라 통칭을 한다. 장기의 기물은 왕, 사, 차, 포, 마, 상, 졸/병으로 구성되며 각각의 가치는 사는 3점, 차는 13점, 포는 7점, 마는 5점, 상은 3점, 졸/병은 2점이다. 이 점수는 점수제 장기에서는 절대적으로 중요한 기준이므로 암기할 필요가 있다.
7) 멱	장기기물이 움직이는 길목을 말한다. 즉, 한 장기기물의 길에 어떤 기물이 놓여서 길을 막아, 그 기물이 그 멱 쪽으로는 갈 수 없는 경우를 멱이 막혔다고 한다. 예를 들어 마나 상의 갈 길에 자신의 기물이나 상대 기물이 있으면 '멱' 이 막혔다는 표현을 쓴다.
8) 안궁(安宮)	상대의 공격으로부터 왕을 보호하기 위해 왕이 안전한 곳으로 움직여서 피신한 형태를 안궁 하였다고 하고 대부분 궁성의 맨 아래인 1선이나 2선의 중으로 옮긴 궁 방어형태를 말한다.
9) 천궁(天宮)	궁성의 맨 윗자리인 우상귀, 좌상귀, 면으로 왕이 움직인 형태를 말하며, 상대방의 공격에 쉽게 노출되므로 왕이 안전상 아주 불안하다.
10) 장군/ 호장(呼將)	상대방의 궁을 공격하는 상태 자체를 장군을 부른다. 또는 호장을 한다고 한다.
11) 멍군	장군을 부른 상대방의 수에 대해 대응하는 행마를 멍군을 부른다고 한다. 여기에는 왕이 직접 피하거나, 다른 기물이 막거나, 또는 포장인 경우는 포 다리를 치우거나, 장군을 부른 기물을 없애거나 하는 여러 가지의 방어의 수단이 있다.
12) 민궁	궁성에 사가 하나도 없는 상태를 민궁이라 한다.
13) 외사	궁에 사가 하나만 있는 경우를 외사라 한다.

14) 양수겸장(兩手兼將)	상대의 공격수가 한 개 이상이 동시에 장군을 부르는 수를 말한다. 이는 강력한 공격 형태 중 하나이며 모든 장군을 다 받아야 하고 어느 하나도 받지 못하는 경우는 패한다.
15) 빅수	전통적인 장기에서는 크게 3가지의 비기는 수가 존재하는데 그 중 첫 번째는 왕과 왕이 마주 보는 경우 처음 왕을 마주 보게 한 측이 빅장을 불렀다고 칭하고 이를 피하지 못하면 장기는 비기게 된다. 둘째는 반복수를 3번 이상 부른 경우 만년장이라고 해서 서로 비기게 된다. 예를 들어 차로 장을 불러서 장이 피하는 곳이 한곳이어서 다시 차로 장을 불러 반복이 되면 이를 만년장이라 한다. 이것도 또 다른 비기는 형태가 된다. 셋째는 이론적으로 서로 이길 수 없는 기물을 가지고 있는 경우는 쌍방 합의하에 비기게 된다. 예를 들어 양쪽이 소삼능이거나 그 이하의 기물을 가진 경우를 말한다. 그러나 최근 방송기전이나 대회에서는 반드시 승패를 정해야 하는 한계가 있어서 공식기전에서는 대회 전에 이 빅수에 대한 특별규정을 두어 경기를 운영하므로 이를 잘 숙지하여 경기에 임해야 한다. 이 빅수가 한국장기에서는 아주 빈번히 등장하여 장점이자 단점으로 작용이 되기도 하여 경기마다 점수제를 도입 하는 등 여러 방법을 강구하고 있으나 고유의 장기의 맛을 희석시키는 점이 있어 획기적 대책이 필요하다.
16) 빅장	왕과 왕이 마주보는 상황에서 먼저 부른 사람을 빅장을 불렀다고 하고 이를 피하든지 다른 기물로 막든지 상대가 어떤 반응을 해야 하는데 어떤 조치도 못하면 비기게 된다. 한때는 지방마다 사투리로 빗장이라고도 하는데 정확한 표준어는 빅장이다.
17) 외통수	어느 한쪽에서 장군 또는 호장을 부르는 수에 대응하여 피하지도 못하고 막을 수도 없고 장군을 부른 공격수를 없애지도 못하는 상태를 외통이라 하고 이를 호장하는 수단을 외통수라고 한다.
18) 외통승	어느 한쪽에서 장군 또는 호장을 부르는 수에 대응하여 피하지도 못하고 막을 수도 없고 장군을 부른 공격수를 없애지도 못하는 상태를 외통이라 하고 이렇게 이긴 상태를 외통승이라 한다. 영어로는 Check mate라 한다.
19) 행마, 행마법(行馬法)	장기판에서 원하는 목적을 달성하고자 장기기물을 이동하는 행위를 행마라 한다. 행마의 일반 규칙은 청(초)이 먼저 첫수를 두고 행마를 할 때는 자신의 기물로만 단 한 번의 행마만 할 수 있다. 일단 행마를 하려고 잡은 기물은 반드시 써야만 하고 불리하여 행마를 포기한 경우는 한 수 쉬어야 한다.
20) 포진(布陳)	장기기물을 배치하는 행위를 통틀어서 포진이라 하고 이 단계를 포진 단계라 한다.

21) 1차 포진, 차림	한국장기는 전통적으로 마, 상을 자유자재로 바꾸어 배치할 수 있기 때문에 장기기물을 차리는 행위 자체를 차림 또는 1차 포진이라 말한다. 그 이후 차린 기물을 움직여서 포진행마를 하는 작업을 2차 포진이라 말할 수 있다.
22) 왼상차림(상마상마)	장기게임을 시작하기 앞서서 서로의 모든 기물을 장기판에 배치시키는 것을 차림이라 하고 상/마/상/마로 차리는 것을 왼상차림이라 한다. (그림8 참조)
23) 오른상차림(마상마상)	차림의 형태를 마/상/마/상으로 차리는 것을 오른상차림이라 한다. (그림9 참조)
24) 안상차림(마상상마)	차림의 형태를 마/상/상/마로 차리는 것을 안상차림이라 한다. (그림10 참조)
25) 바깥상차림(상마마상)	차림의 형태를 상/마/마/상으로 차리는 것을 바깥상차림이라 한다. (그림11 참조)
26) 귀마 포진	차림(1차 포진)을 상/마/상/마 또는 마/상/마/상으로 차리는 포진을 귀마 포진이라 한다. 마 하나가 궁성의 우상귀 또는 좌상귀에 위치했다고 해서 귀마 포진이라 칭한다. 예로부터 많은 장기인들이 애호하는 대표적인 포진이다.
27) 원앙마 포진	차림(1차 포진)을 마/상/상/마로 차리는 포진을 원앙마 포진이라 한다. 궁성앞 중앙줄에 마가 진출하고 다른 하나는 그 마를 지키는 형태가 되어 원앙같이 서로 사이좋게 짝을 이룬 형태라 하여 원앙마라는 이름이 붙었을 것이라 추정되며 이런 포진을 원앙마 포진이라 한다.
28) 면상포진	차림(1차 포진)을 상/마/상/마 또는 마/상/마/상으로 차리는 포진으로 귀마 포진과 1차 포진은 같으나 2차 포진에서 변형을 한 형태이다. 궁성의 면에 포 대신에 상이 배치되어 있는 포진으로 양포의 활용을 극대화시키기 위한 포진이다.
29) 양귀마 포진	차림(1차 포진)을 상/마/마/상으로 차리는 포진을 양귀마 포진이라 한다. 우상귀와 좌상귀에 두 마가 배치되어 양귀마 포진이라 이름을 붙인 것 같다.
30) 양귀상 포진	차림(1차 포진)을 마/상/상/마로 차리는 포진으로 1차 포진은 원앙마 포진과 동일하나 2차 포진에서 변형을 한 포진이다. 이 포진은 양쪽 귀에 상이 와서 배치되었다고 해서 양귀상 포진이라 하는 것 같다. 프로들이 잘 쓰지 않는 포진이나 아마추어 대전에서는 가끔 볼 수 있는 포진이다.
31) 맞상 포진	서로 귀마 포진을 차렸는데 한쪽은 마/상/마/상으로 하고 다른 한쪽은 상/마/상/마로 했을 경우 상이 서로 진출 시 상이 서로 대각선으로 마주 보는 형태가 되는 초반진영형태를 맞상 포진이라 한다. 이는 서로 상이 상쇄가 되기 쉬운 형태이고 이 상의 활용을 제대로 할 수가 없어서 프로들은 의도적으로 피하는 포진이나 예로부터 시골이나 동네에서는 장기를 둘 때 잘 나타나는 포진이라 하여 '동네포진'이라고 부르기도 한다.
32) 대살(對殺)	쌍방의 같은 기물을 서로 교환하는 형태를 대살이라 한다. 차를 서로 바꾸면 대차를 하였다고 하고 서로 졸/병을 바꾸면 대졸을 하였다고 한다.

33) 연장군	장군을 계속해서 부르는 상황을 연장군이라 한다.
34) 일수불퇴(一手不退)	장기나 체스나 바둑 등에서는 일단 행마를 하여 두어진 수는 절대로 위치를 바꿀 수 없는 규칙이 있다. 이를 일수불퇴라 한다. 생각을 깊이 한 후 기물을 만지는 습관을 들여야 일수불퇴의 룰에 위배되는 상황을 피할 수 있다.
35) 박보장기 문제 (묘수풀이문제)	정확하게 박보라는 말이 어디에서 유래가 되었는지는 잘 알려져 있지 않다. 그 문제의 대부분이 아주 일부는 실전에서 나온 문제도 있겠지만 대부분이 애호가들의 연구심이 발동하거나, 또는 영업을 위해서 인위적으로 기물을 조작하여 만든 묘수풀이 문제를 흔히 박보장기라 한다. 그 풀이과정이 상당한 장기실력을 요하고 장기전술을 연마하는 데는 많은 도움이 된다.
36) 양걸이(兩手걸이) (이중공격)	한 기물로 동시에 두 기물을 공격하는 경우를 양걸이, 양수걸이, 또는 이중공격이라고 한다.
37) 뜰장	뜰장 또는 '뜨면서 공격' 또는 '뜰 공격' 기술 이란 중요공격 기물과 상대방기물 중간에 아군의 공격 기물이 있는 상황에서 중간에 있는 공격 기물을 이동하면서 차기 공격 기물이 상대 기물을 공격을 하게 하는 기술이다. 공격대상이 적왕인 경우는 뜰장이라는 용어를 쓰고, 상대 기물이 왕 이외 다른 기물인 경우는 '뜨면서 공격기술', '뜰 공격' 이라고 칭한다.
38) 양득작전	상으로 상대방의 졸/병을 공격하여 두 개의 졸/병을 취하는 작전을 양득작전이라 한다. 이 용어의 범위를 더 확대하여 포로 양마를 취한다든지, 마로 양사를 잡는다든지 할 수도 있다. 일반적으로 점수 상 이득이 되는 경우를 말한다.
39) 묶기	중요한 기물(왕이나 그 외 기물) 앞에 그 하위기물이 놓여 있을 때 아군의 기물로 그 하위기물을 노리고 있으면 그 기물이 묶기에 걸렸거나 또는 묶였다고 부른다.
40) 양차합세(兩車合勢)	차를 두 개 사용하여 합동으로 적진을 공격하는 상황을 양차합세 공격이라 한다. 양차로 적의 묶인 기물을 취한다든지 적의 외사를 공략하여 입궁수를 노린다든지 등등 유리한 결과를 얻기 위한 공격 방법 중 하나이다.
41) 가위다리차	양차가 서로 다른 선 이나 서로 다른 줄에서 적의 왕을 위협하는 형태를 말한다. 대부분 한쪽으로 궁이 위치되어 있는 경우(측 궁)에는, 양차로 가위다리차로 공격하면 치명적이 되는 경우가 많다.
42) 입궁(入宮)	쌍방 기물이 상대의 궁성의 중앙에 침입하여 공격하는 형태를 말함. 흔히 차입궁, 졸입궁이라는 말이 있다. 이는 차나 졸/병이 궁의 중앙에 들어가 장군을 부른 형태를 말한다.
43) 대차작전(對車作戰)	서로의 차를 교환하는 작전을 말한다. 일반적으로 기물이 우세한 쪽에서 상대의 저항을 줄이기 위해 종반전이나 중반전 후반에 시도하는 경우가 많다.

44) 포 다리	포는 행마의 특성상 포가 아닌 다른 기물이 있어야 움직이거나 상대를 타격할 수 있다. 중간에 들어가는 기물을 포다리라고 한다.
45) 중포(中包)	포를 배치시키는 한 형태로 왕이 있는 곳과 같은 선에 위치하는 포를 중포라 한다. 보통은 왕 옆에 배치를 시킨다.
46) 궁중포(宮中包)	궁성의 가장 가운데 자리에 포를 배치한 형태를 말하며 우형중 아주 좋지 않은 형태이다.
47) 면포(面包)	면에 배치된 포를 면포라 부른다.
48) 귀포	궁성의 좌하귀나 우하귀에 배치된 포를 귀포라 부른다.
49) 하포(下包)	궁성의 1선에 배치된 포를 하포라 부른다.
50) 농포(弄包)작전	포를 이용하여 상대의 기물을 위협하는 것을 '농포질'한다고 하든지 농포작전을 수행한다고 말한다.
51) 부동포(不動包)	포 다리가 끊겨서 장기판에 외롭게 고립되어 있는 상태의 포를 부동포라 한다. 흔히 우수개소리로 거들거들 거리는 쓸데없는 포라는 이미지를 가지고 '거들포' '거리포'라고 부르기도 하는데 공식적 용어는 부동포이다.
52) 포입궁(包入宮) 필패(必敗)	궁성의 중앙에 포가 위치하고 있으면 궁성의 좌, 우가 단절이 되어 왕이 아주 위험한 상황에 처할 수가 있다. 이것은 아주 안 좋은 형태이어서 예로부터 '포입궁 필패' 라는 말이 있다. 비슷한 말로 '마입궁 필패' 또는 '상입궁 필패' 라는 말도 있다. 이는 궁성에서 왕이 피할 자리를 자신의 기물이 왕의 활성도를 마비시키는 역할을 하기 때문인데 절대 피해야 하는 우형이다.
53) 귀마	우상귀나 좌상귀에 배치되어 있는 마를 귀마라 부른다.
54) 중앙마(中央馬)	중앙줄에 위치한 마를 중앙마라 한다.
55) 고등마(高登馬)	면상포진에서 면상 앞을 두텁게 하기 위해 졸/병으로 벽을 쌓고 그 졸/병 앞에 나간 마를 고등마라 한다. 흔히 콧등마라고도 부르는데 정식 용어는 고등마이다.
56) 곁마	궁성의 왕 옆의 좌중이나 우중에 마를 배치하는 형태도 있는데 이런 옆으로 행마한 마를 곁마라 부른다. 어깨에 배치했다고 해서 어깨 '肩' 자를 써서 '肩馬' 라고도 부르는 사람도 있는데 정식용어는 곁마이다.
57) 마입궁(馬入宮) 필패(必敗)	궁성의 중앙에 마가 위치한 형태를 마입궁했다고 한다. 이것은 아주 안 좋은 형태이어서 '마입궁 필패' 라는 격언이 있다. 이는 절대 피해야 하는 우형이다.
58) 마불변(馬不邊)	예로부터 마는 중앙에 있어야 좋지 변으로 가면 불리하다고 한다. 예로부터 '마불변' 이라는 말이 있는데 마는 중앙에 있어야 8군데를 노릴 수 있는데 변으로 가게 되면 가는 길이 벽에 막혀 멱이 막혀서 기동력을 상실할 수 있다. 가급적 넓은 중앙에서 활동을 하도록 행마를 하여야 한다.
59) 면상(面象)	면에 배치된 상을 면상이라 부른다.

60) 귀상	우상귀나 좌상귀에 배치되어 있는 상을 귀상이라 부른다.
61) 긴 상	상이 옆으로 행마해서 가는 형태(4가지 행마)를 긴 상 뛴다고 표현을 한다.
62) 바른 상	긴 상과 대비되는 상의 다른 행마를 말하는 것으로 앞으로 가는 4가지 형태의 행마를 바른 상 행마라 한다.
63) 상입궁(象入宮) 필패(必敗)	왕이 원래 있던 자리에 상이 들어 있는 경우를 말하며 왕의 처신을 힘들게 하여 격언에 이런 우형의 형태는 패하기 쉽다 하여 상입궁 필패라는 말이 있다. 비슷한 말로 마입궁 필패 또는 포입궁 필패라는 용어도 있다.
64) 합졸/합병(合卒/合兵)	졸/병이 서로 합쳐져서 있는 형태를 합졸/합병이라 한다. 이러한 형태는 서로 보호하기 때문에 아주 튼튼하고 안정적이 된다.
65) 독졸단명(獨卒短命)	졸/병은 서로 합해야 서로 안전한데 혼자 있는 졸/병은 불안하다고 해서 격언에 독졸단명이라는 말이 있다.
66) 중앙졸/병(中央卒/兵)	중앙줄에 있는 졸/병을 중앙졸/병이라 한다.
67) 좌변졸/병(左邊卒/兵)	좌변에 있는 졸/병을 좌변졸/병이라 한다.
68) 좌진졸/병(左陳卒/兵)	중앙졸/병과 좌변졸/병 사이에 좌진에 있는 졸, 병을 좌진 졸/병이라 한다.
69) 우변졸/병(右邊卒/兵)	우변에 있는 졸/병을 우변졸/병이라 한다.
70) 우진졸/병(右陳卒/兵)	중앙졸/병과 우변졸/병 사이에 우진에 있는 졸/병을 우진 졸/병이라 한다.
71) 낱장기 , 조각장기	종반전에 가면 서로의 기물이 많이 죽어서 쌍방 몇 개 기물이 남지 않은 경우에서 두는 장기를 말하는데 특히 서로 차가 없는 기물로만 승패를 다투는 형태를 조각장기라 한다.
72) 대삼능(大三能)	장기의 큰 조각 3개를 말한다. 즉, 어느 한쪽에서 포, 마, 상등의 큰 조각 3개의 조합을 대삼능이라 한다. 단, 일반적으로는 양쪽 모두 양사가 있는 경우를 말한다. 양차포, 상마차, 양포상, 양포마, 양마포, 마포상등의 기물로 공격하는 경우를 말한다. 차를 포함한 대삼능은 필승이나 만약 차가 없는 상, 마, 포의 조합인 경우는 포가 없는 대삼능인 경우는 이기지 못한다. 만약 사가 하나인 경우는 이길 수 있다.
73) 소삼능(小三能)	양쪽 다 양사가 있을 때 졸/병 과 큰 기물 2개의 조합(양포병, 마포병등등) 또는 졸2개와 큰 조각1개(차양병, 마양병, 등등)등을 소삼능이라 한다. 이는 대부분 이기지 못하는 비기는 형태이다.
74) 차이능(車二能)	한쪽에 양사가 있을 때 차와 대기물1개가 있는 경우를 말한다. 예를 들어 차포, 차마, 차상 등을 말하며 원칙적으로는 비기는 기물이나 방어를 잘 해야지 꼬여서 사 하나라도 죽이면 패할 수 있다.
75) 차삼능(車三能)	양사가 있을 때 차와 다른 기물 2개가 남은 경우를 말하며 포차병, 차마병, 차상병 등등의 형태가 이에 해당한다. 이것은 이기는 기물이다.

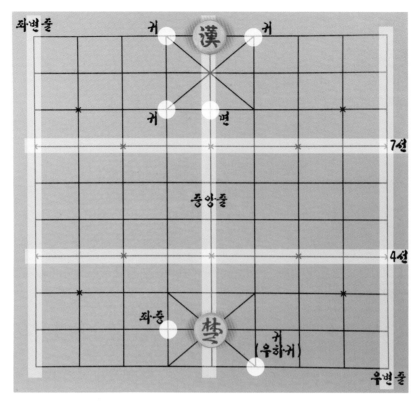

그림7 : 장기판과 그 용어

그림8. 왼상차림 : 상/마 ,상/마 : 아래를 기준으로 왼쪽 진영에 상,마가 배치되어 있고 오른쪽 진영에 상,마가 배치되어 있는 차림을 왼상차림이라 한다. 이 차림으로는 귀마 포진이 될 수도 있고 면상 포진이 될 수도 있다.

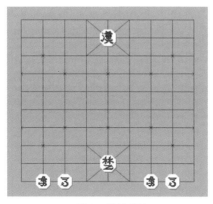

그림8 : 왼상차림

그림9. 오른상차림 : 마/상 ,마/상 : 아래를 기준으로 왼쪽 진영에 마,상이 배치되어 있고 오른쪽 진영에 마,상이 배치되어 있는 차림을 오른상차림이라 한다. 이 차림으로는 귀마 포진이 될 수도 있고 면상 포진이 될 수도 있다.

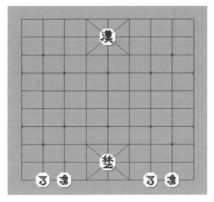
그림9 : 오른상차림

그림10. 안상차림: 마/상, 상/마 : 아래를 기준으로 왼쪽 진영에 마,상이 배치되어 있고 오른쪽 진영에 상,마가 배치되어 있는 차림을 안상차림이라 한다. 이 포진으로는 원앙마 포진 또는 양귀상 포진이 될 수 있다.

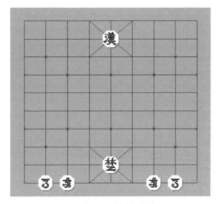
그림10 : 안상차림

그림11. 바깥상차림: 상/마, 마/상 : 아래를 기준으로 왼쪽 진영에 상,마가 배치되어 있고 오른쪽 진영에 마,상이 배치되어 있는 차림을 바깥상차림이라 한다. 이 차림에서는 양귀마 차림만 될 수 있다.

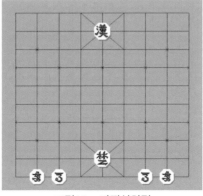
그림11 : 바깥상차림

2장 포진법의 기초

본 장에서는 독자들이 필히 알아 두어야 하는 포진에 관련된 이론적인 지식을 논하고자 한다. 이론이 없는 실기는 모래 위에 지은 집과 같이 거센 풍파에 쉽게 무너지게 되는 것과 비슷하여 강한 장기를 두기 위해서는 튼튼히 포진의 이론적인 백그라운드를 다지는 것이 좋다.

가. 포진이란?

집을 지을 때 좋은 설계도에 의해 차분히 계획을 세우고 토대를 잘 다진 후 튼튼히 지어야 좋은 집이 되듯이 장기에서의 포진은 장기게임을 시작하는 기초 설계단계에 해당하며 이 단계부터 잘 해야 한다. 포진은 중반전투를 잘 하기 위한 좋은 모양을 갖추고 좋은 위치를 차지하기 위한 단계이고 모양을 만들어 가는 과정이라 말할 수 있다. 이 단계에서는 상대방에게 수가 나지 않도록 약점이 있는 특정 모양을 피하면서 반면에 상대의 약점을 만들도록 유도한 후 만들어진 약점을 집요하게 파고드는 전략이 좋다.

포진은 짜여진 어떤 형태만을 만드는 작업이 아니고 차길 확보 및 면포 등 주요기물을 효과적으로 배치하는 작업이므로 상대 기물을 위협하기 쉬운 모양으로 배치해야 하고 위협을 받아도 서로 보호해 줄 수 있도록 조직적인 모양을 가지면 좋다.

또한 포진은 순리대로 짜야 한다. 그러기 위해서는 기물의 1차 포진(차림)에 따라 여러 수순이 다르게 진행되어야 하는 그 메커니즘을 잘 이해해야 할 필요가 있다.

나. 포진법의 중요성

포진법의 중요성을 다음과 같이 요약할 수 있을 것 같다.
1) 초반부터 기물 형태상 흠집이 생기면 상대에게 선수공격을 당하고 이를 방어하다 보면 기물의 손실이 생기든지 더 나쁜 우형의 형태가 만들어지므로 포진 단계에서 이를 미연에 방지해야 한다.
2) 포진이 잘못되면 기물의 배치속도가 늦어져서 활성화 되는데 시간이 많이 소요되어 상대적으로 수동적인 행마만 하게 된다.
3) 형태상 일단 엉키는 모양이 되면 기물의 기능이 비활성화되고 심한 경우 기능이 완전히 마비되어 조직적인 팀플레이가 어렵고 유기적 연관관계가 어려워지므로 포진 단계에서 이런 모양을 방지해야 한다.

상기의 이유로 초반 포진을 형성할 때 쌍방 총력을 기울여서 좋은 모양을 만들고 좋은 위치를 차지하도록 싸워야 한다.

다. 포진 원칙

포진 시 행마의 기본을 망각하면 포진도 짜기 전에 무너질 수 있다. 아래는 필자가 수천국

이상의 실전을 분석하여 각종 포진 차림을 막론하고 포진 단계에서 공통으로 지켜야 하는 가장 기본적인 8개의 포진 원칙을 요약 정리한 것이다.

아래의 포진 원칙을 잘 지키면서 포진을 짜야 쌍방 둘만한 기물 형태를 유지하면서 중반전투에 돌입할 수 있다.

① 강력한 기물을 즉시 쓸 준비를 하라.

예) 차길 열기, 면포 설치, 기물이 나갈 길 열기 등등

② 기물을 빨리 진출시켜서 모든 기물이 기동력을 갖도록 한다.

특히 위협하면서 기물을 진출 시키면 시간을 버는 효과가 있어서 더 좋다.

③ 효과적으로 힘을 쓰는 자리에 기물을 위치시켜라.

: 위치가 중요하다. 항상 좋은 위치를 차지하도록 노력하라.

④ 자기기물의 길을 막는 엉키게 하는 형태를 만들지 마라.

엉킨 모양을 피하고 오히려 상대를 엉키게 하라.

⑤ 자신의 약점을 만들지 마라. :

아군 기물끼리 서로 보호해 주지 못하는 약한 기물을 만들지 마라.

이 기물이 공격받게 되면 주도권을 빼앗기고 수비에 급급하여 전체 모양이 일그러진다.

예) 독졸, 아무도 지키지 않는 기물, 약한 자리, 졸이 없는 무졸지역, 천궁,

궁중포, 궁중마, 민궁등 치명적 급소

⑥ 선수를 가지고 주도권을 잡도록 노력하라. 선수가 아주 중요하다.

⑦ 성급한 공격을 하지 마라. 기물 하나 만으로 공격을 하지 마라. 시간만 허비할 수 있다.

⑧ 왕의 안전이 제일 중요하므로 가급적 안궁을 서둘러라.

라. 포진 단계에서 대국자가 해야 할 중요사항

1) 기물 진출

포진의 주요 목표는 기물들을 재빨리 원래 자리에서 꺼내어 활발하게 움직일 수 있도록 진출시키는 것이다. 적절한 시기에 필요한 위치로 배치시키는 것이 중요하며 자신의 기물이 막히지 않게 순리적으로 풀려나가는 수를 두어야 한다. 포진 단계에서는 서로 중요한 기물을 쓸 준비부터 해야 한다. 가장 일반적인 수순은 차를 가동할 준비를 먼저 하고 그 다음에 마, 포, 상이다. 이를 위해 졸/병을 이동하여 차 길을 열어 주고, 포를 이동시키기 위해 마로 포다리를 만들고 그 후 다른 기물이 나가도록 중앙 졸/병을 열어 주는 것이다.

만약에 두 개의 진출 후보수가 있다면 더 공격적인 수가 좋다. 예를 들어 상대를 위협하면서 진출을 하는 수나 작은 기물로 큰 기물을 위협하면서 진출하는 수는 시간을 버는 수이다. 상대가 아무렇게나 행마하면 안 되기 때문이다. 이 위협에 적극 대처해야 하므로 상대가 둘 수 있는 수의 선택이 줄어든다.

2) 좋은 자리 차지

포진 단계에서 해야 하는 일 중 가장 중요한 것은 상대보다 더 우월한 모양을 만들어 가는 것이다. 그러기 위해서는 기물들의 가동성이 최대화되고 최대한 영향을 미치는 주요 영역을 찾아서 필요 기물을 그리로 배치한다. 그리하여 위치상의 우위를 포진에서 얻도록 한다. 포진 단계에서는 자신의 형태를 중시하며 상대 모양을 약화시키기 위해 힘을 쏟는다.

3) 형태에 적절한 수 두기

확실한 논리적 전략이 세워지면 그 형태의 전략적 요구와 전체 계획에 들어맞는 수들을 찾아서 자신의 모양을 좋게 만들고 상대의 모양을 약화시킨다. 그러한 것들은 그저 우연히 만들어지는 것이 아니고 포진 과정에서 그러한 전략적 계획을 바탕으로 만들어야 한다. 기물 진출이 다 끝나기 전에는 큰 이익이 없다면 가급적 공격을 시작하지 말고 공격 개시 후 예상되는 상대의 저항을 미리 막는 것이 좋다.

4) 기계적인 수 탈피

특정한 모양에 대한 이해와 공격의 실현가능성에 대한 고찰 없이 기계적으로 기물들을 미리 정해져 있는 시스템에 끼워 맞추어 행마하는 것은 올바른 장기 두는 법이 아니다. 이것을 상대가 이용하게 되면 위험에 처할 수 있다. 예를 들어 만약 면상 포진이나 양귀상 포진을 하려고 했다 하더라도 그 형태가 자신에게 불리할 것 같으면 그 포진을 포기하거나 보류하여 적절한 시기가 왔을 때 변환을 하는 유연성이 필요하다. 이처럼 포진은 짜여진 수순에 연연할 필요없이 필요한 때가 되면 상황에 맞추어 즉시 변신할 준비를 해야 한다.

마. 포괄적 포진 전략(선수/후수 공통)

장기에서의 포진은 축구의 포메이션과 비슷한 개념이다. 여러분은 축구에서 '4-2-4 , 4-3-3, 4-4-2 , 5-3-2 , 3-4-3… 등등의 포메이션' 이라는 말을 들어 보셨나요? 축구에서 포메이션은 경기장에서 뛰는 선수의 배치를 말하는데 여기에는 각각의 특성이 있고 장, 단점이 있기 마련인데 마찬가지로 장기에서 포진이란 공격이나 수비수의 배치형태를 이루는 것을 말하는데 포진만큼 특히 전략이 중요한 단계도 없다. 각각의 특성을 잘 파악하여 이에 맞게 공격과 수비에 잘 활용을 해야 한다. 즉, 상대 기물의 공격 형태에 따라서 수비 형태가 달라져야 효과적인 방어를 할 수 있고 반대로 상대의 수비 형태를 잘 고려해야 효과적인 공격을 할 수 있는 것은 당연한 이치이다. 따라서 시작부터 포진완성까지 철저한 전략적 사고가 필요하다. 첫수에 이동할 기물 결정, 어떤 졸을 접을지 결정, 어느 포를 면포로 할지 결정, 하포를 설치하는 적절한 시기의 결정, 어느 마를 먼저 진출하고 마의 전체 배치 레이아웃 결정(곁마, 중앙마, 학익진 등등), 상을 중앙에 배치할지 변에 배치할지 결정, 안궁을 언제하고 궁 주위의 수비 기물을 어떤 모양으로 할지 결정, 상대 포진에 대한 대응방안 결정 등, 기습공격 결정, 농포전을 할지 여부 결정 등이 모두 포진 전략과 관련이 있다. 장기기물을 지휘하는 대국자 각자는 마치 축구의 감독같이 큰 시야를 가지고 포진 전략을 짜야 하는 것이다. 그런 이유로 계획 또는 전략이 없는 포진은 승리를 기약할 수 없다.

또한 포진 중이라도 상대의 중요 기물을 잡을 수 있는 계략을 펴거나 역습 전략을 가지고 공격과 수비를 하는 능력을 키워야 한다. 아무리 선수공격으로 시작했다 하더라도 뚜렷한 공격 전략이 없으면 즉시 선수를 빼앗기고 전략이 있는 쪽으로 주도권이 기운다.

바. 선수(先手) 대국자의 포진 전략 수립 시 고려사항

선수(先手)공격을 효과적으로 하지 못하거나, 정확한 공격을 하지 못하거나 또는 선공을 하는 측에서 후수가 진형을 편히 짜도록 내버려 두면 후수 대국자가 쉽게 동등함을 얻거나 상대에게 선수를 빼앗기거나 포진이 완성된 후 수읽기가 좋은 측에게 밀리게 되어 있다.

포진에서 선수(先手)공격을 하는 측은 선수를 유지하도록 행마를 하는 것이 중요하다. 마치 당구를 칠 때 공을 잘 몰면서 계속 칠 수 있게 각도를 잘 잡아서 공이 모일 수 있는 환경을 만들 듯이 선수 포진에서는 기물을 위협하는 모양을 계속 만들어야 선수를 유지할 수 있다.

기본적으로 선수(先手)공격자의 공격의 기본은 좋은 영역을 차지하고 상대를 계속해서 밀어붙이는 것이다. 이 결과로 상대의 활동영역을 좁게 만들고 상대의 형태를 나쁘게 유도한다. 그러면 영역이 밀려버린 측에서는 좋은 수를 찾기가 힘들고 할 수 없이 조바심에 과하거나 나쁜 수를 두게 되고 서서히 약점을 드러내게 된다. 따라서 우세한 위치 싸움의 결과로 이길 수 있는 합동공격의 기회가 주어진다.

선수(先手) 공격하는 측은 처음부터 위험을 무릅쓰지 않으면서도 안전하고 좋은 모양으로 가는 포진을 선택하는 것이 원칙이지만 가능하다면 초반부터 문제를 만드는 것도 좋은 전략 중 하나이다. 즉 처음부터 상대를 고민하게 하는 수를 두는 것이 좋다. 면포만 일단 완성되면 아주 중요한 수비는 일단락 된 것이니 그 후는 차로 상대 기물을 위협하면서 포진을 마무리하는 것도 선수(先手) 전략이다. 상대방에게 익숙한 공격 수법들은 가급적 피하면서 선수를 계속 유지하며 공격을 해야 한다. 너무 느슨한 공격을 하여 방어하는 측에서 반격을 하여 주도권을 낚아채거나 일찍 동등성을 가질 수 있는 방법이 생기지 않도록 정확한 공격수순으로 몰아붙여야 한다. 선수 공격하는 측에서는 후수 대국자가 반격을 하여 선수를 빼앗는 기회에 항상 주의를 하고 주도권 유지를 위해 싸워야 한다.

만약 후수의 응수가 너무 저돌적이고 지나치게 과한 무리수로 과잉반응을 보이면 잘못된 응수를 응징해야 한다. 이 단점을 이용하기 위해서는 의례적이고 정규적인 수를 두면 안 되고 몰아붙여서 단점을 추궁하여야 하고 흐트러진 모양을 강화할 시간을 주면 안 된다.

상대가 기물 교환을 하자고 하면 상황을 잘 판단해야 한다. 아무 생각 없이 기동성 있는 기물과 상대의 무기력한 기물을 교환하는 것은 선수공격자가 갖고 있는 이점들을 버려 버리는 것이다.

포진 시 후수가 반격을 하도록 유도한 후 차를 가두고, 흐트러진 모양을 응징하는 반격작전도 좋다. 수비가 안 된 상태에서 무리한 공격은 쉽게 무너진다.

사. 후수(後手) 대국자의 포진 전략 수립 시 고려사항

선공 대국자가 정수로 포진을 짜면 앞에서 살펴본 포진 원칙을 지키면서 순리대로 응해야 한다. 후수로 두는 대국자는 포진 초기에는 선수를 잡은 쪽이 주도하는 것을 막는 수를 두는 것이 현명하다. 기물들이 엉키지 않고 풀려나가도록 목표를 세우는 것이 중요하고 게임이 엉키지 않게 풀려나는 수를 두도록 노력하고 자신의 기물들이 위치할 자리들을 마련할 돌파구를 만들면서 주도권을 빼앗을 찬스를 노린다. 그렇다고 의지만 앞서서 무턱대고 주도권을 빼앗아 올 수는 없다. 선수 대국자가 만약 실수를 하여 시간을 낭비하든가 하면 모르겠으나 정확하게 둔다면 후수 대국자는 기회가 올 때까지 차분히 기다리며 조용히 기물의 진출에 힘쓰며 그저 동등성을 유지하는 것에 만족해해야 할 때도 있다. 그러다가 기회가 오면 즉시 역습을 펼치는 전략이 좋다. 필요 시 상대의 강력한 기물을 자신의 기물과 교환하도록 하는 기물 교환 전략도 주효하다

좋은 후수전략이란 상대가 어설픈 공격을 할 때 요리조리 피하면서도 자신의 기물을 하나씩 필요한 장소에 배치하는 행마를 하는 것이다.

후수 포진에서도 방어하면서 틈틈이 위협할 수를 찾는 기술이 중요하고 방어 대응수 자체가 상대의 기물을 위협하는 수일 때 더 좋다.

치밀한 방어란 상대의 예상 공격수를 대비하여 준비수를 수읽기 하여 대비하는 것이다.

후수로 두는 대국자가 무리하게 선수를 잡으려 하면 응징을 당한다.

만약 모양이 불리해지고 압박을 받아서 조직이 마비될 것 같다면 기물 교환을 유도하여 상대의 압력을 줄여서 엉킨 모양을 좀 더 자유롭게 풀도록 노력한다. 또한 궁성근처에서 상대 기물을 쫓아내는 것도 중요하다.

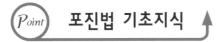

Point 포진법 기초지식

● 차림 : 1차 포진

처음 게임을 시작하기 위해 기물을 배치하는 것을 1차 포진이라 한다. 체스, 중국장기, 일본장기 등 다른 나라 장기와 크게 차이가 나는 한국장기의 우수한 특징은 처음 시작하는 포진 차림에서 전략적으로 상과 마를 자유자재로 위치를 변경시킬 수 있다는 점이며 처음 게임을 시작하는 형태는 크게 아래 5가지로 구분 된다.

Point 1. 귀마 포진 차림

차림(1차 포진)을 상/마/상/마 또는 마/상/마/상으로 차리는 포진을 귀마 포진이라 한다. 마 하나가 궁성의 우상귀 또는 좌상귀에 위치했다고 해서 귀마 포진이라 칭한다. 예로부터 많은 장기인들이 애호하는 대표적인 포진이다. 이 책에서는 일관된 설명을 위해서 귀마 포진과 면상 포진의 시작은 상/마/상/마로 통일하기로 한다.

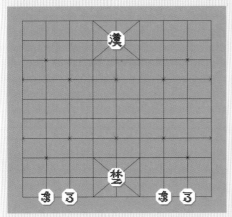

그림1 : 귀마 포진 상/마/상/마 배치형

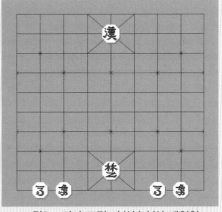

그림2 : 귀마 포진 마/상/마/상 배치형

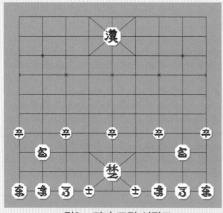

그림3 : 귀마 포진 시작도

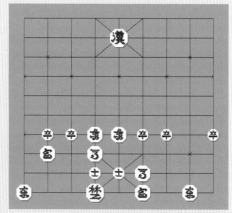

그림4 : 귀마 포진 완성예

*Point*2. 원앙마 포진 차림

차림(1차 포진)을 마/상/상/마로 차리는 포진을 원앙마 포진이라 한다. 궁성 앞 중앙줄에 마가 진출하고 다른 하나는 그 마를 지키는 형태가 되어 원앙새 같이 서로 사이좋게 짝을 이룬 형태라 하여 원앙마라는 이름이 붙었을 것이라 추정되며 아무튼 예로부터 이런 포진을 원앙마 포진이라 부른다.

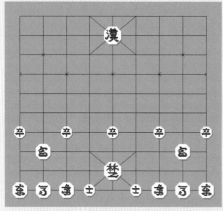

그림5 : 원앙마 포진 시작도

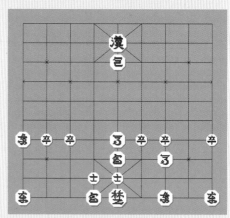

그림6 : 원앙마 포진 완성예

*Point*3. 면상 포진 차림

차림(1차 포진)을 상/마/상/마 또는 마/상/마/상으로 차리는 포진으로 귀마 포진과 1차 포진 차림은 같으나 2차 포진에서 변형을 한 형태이다. 궁성의 면에 포 대신에 상이 배치되어 있는 포진으로 양포의 활용을 극대화시키기 위한 포진이다.

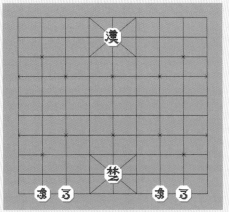

그림7 : 면상 포진 상/마/상/마 배치형

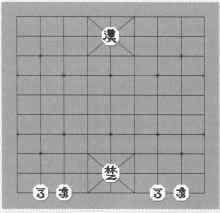

그림8 : 면상 포진 마/상/마/상 배치형

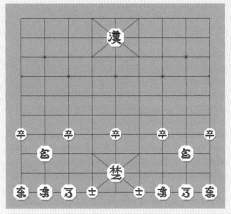

그림9 : 면상 포진 시작도

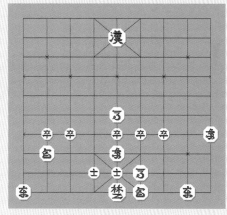

그림10 : 면상 포진 완성예

Point 4. 양귀마 포진 차림 : 상/마, 마/상

차림(1차 포진)을 상/마/마/상으로 차리는 포진을 양귀마 포진이라 한다. 우상귀와 좌상귀에 두 마가 배치되어 양귀마 포진이라 이름을 붙인 것 같다.

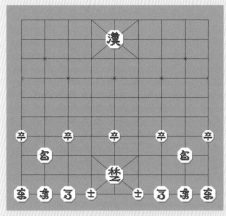

그림11 : 양귀마 포진 시작도

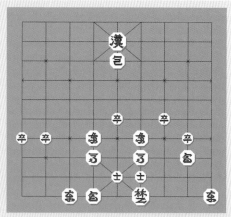

그림12 : 양귀마 포진 완성예

P_{oint} 5. 양귀상 포진 차림 : 마/상, 상/마

차림(1차 포진)을 마/상/상/마로 차리는 포진으로 1차 포진은 원앙마 포진과 차림은 동일하나 2차 포진에서 변형을 한 포진이다. 이 포진은 양쪽 귀에 상이 와서 배치되었다고 해서 양귀상 포진이라 하는 것 같다. 프로들은 잘 쓰지 않는 포진이나 아마추어 대전에서는 가끔 볼 수 있는 포진이다.

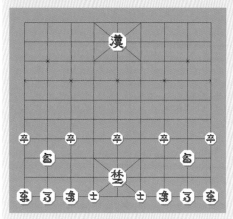

그림13 : 양귀상 포진 시작도

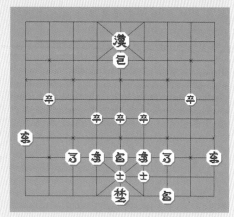

그림14 : 양귀상 포진 완성예

포진상 주요전략은 쌍방 어떤 차림(1차 포진)을 선택한 후 게임을 시작하느냐에 따라 크게 달라질 수 있다. 특히 포진에서는 다른 단계보다도 전략적 사고(思考)가 아주 중요하다. 기물이 배치가 되는 단계이고 공격목표를 만들어 가는 단계이기 때문이다.

Point 1. 귀마 대 귀마 포진법 (병렬형)

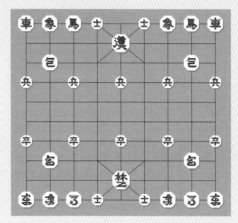

그림15 : 귀마 대 귀마 포진 차림

1.1. 귀마 대 귀마 포진법 특징

이 귀마 대 귀마 포진 차림에서는 선수(先手) 공격자인 청(초)이 공격의 템포를 쥐게 된다. 선수 공격자는 다양한 작전으로 상대를 공략할 수 있는 유리한 입장이고 장기 게임의 약 70%~80%이상이 귀마 대 귀마 포진 차림에서 게임이 진행된다. 이 포진 차림의 특징은 초, 한 모두 긴장감을 가지고 첫수부터 끝날 때까지 방심할 수 없을 정도로 모든 수가 중요하고 위험성이 넘치고 스릴 있게 게임이 진행될 수 있다. 특히 이 포진 차림에서는 타 포진 차림보다 선수활용이 특히 중요하다. 차에 의해 묶인 병을 움직이지 못하게 묶어놓고 중포를 이용한 작전을 구사할 수도 있고, 빨리 우진 차를 가동시켜서 상대를 교란하거나, 양차합세를 할 수도 있고, 한쪽 진영을 약하게 하여 상대방의 수비수보다 더 많은 공격수를 더 투입시키는 전략도 짤 수 있고 그 외 다양한 전략을 구사할 수 있는 포진 형태를 갖는다. 좌측이나 우측 진영 중 전략상 중요한 어느 한쪽을 장악한 후에 이 곳으로 공격수들을 침투시키는 전략도 구사할 수 있다. 초는 후수(後手)인 한이 어떤 응수를 하더라도 한 수도 헛된 수를 두지 않고 올바른 방어와 공격을 한다면 주도권을 가질 수 있다. 초는 상대로부터 반격 받을 염려는 있지만 선수를 잘 활용하면 다이내믹한 공격을 할 수 있다. 반면 한은 포진 원칙을 성실히 지키면서 동등성을 얻기 위해 싸워야 한다. 만약 한이 소심하게 두어서 기물의 신속한 배치에 실패하면 상(象) 나갈 길이 없어 매우 나쁘게 갇히게 되고 적절히 활동할 수 없게 된다. 같은 기물을 의미 없이 여러 번 움직이거나 부주의하게 기물진출을 하면 상대 반격에 의해 빠르게 응징 당할 수 있다. 또한 상황이 허락하지 않는 가운데 시기상조로 억지로 역공을 펼치려 하다가 실패하여 고전을 면치 못 할 우려도 많은 포진 차림이다. 반면에 이 포진 차림은 건전하고 양날의 검 같은 측면이 있어서 한에게 많은 반격기회가 있다. 특히 선수인 청(초)이 너무 야심만만하여 지나치게 섣부른 공격을 하는 성향을 가졌거나 전략 없이 무턱대고 공격을 하는 타입이라면 잘만 대응하면 쉽게 게임을 풀어나갈 수 있다. 후수 방어 측에서는 공격하는 측의 반대편에서 반격을 준비할 수 있다. 이렇게 되면 어느 한 쪽에서 초가 벌어놓은 이점을 한은 반대편에서 상쇄시킬 수 있다.

이 포진법에 대한 내용을 다 기술하자면 귀마 대 귀마 포진법 하나의 주제만으로 책한 권으로도 부족할 만큼 아주 복잡하고 다양한 변화가 많다. 포진법을 공부하면서 각 변화의 모든 수순을 외우는 것은 그 자체도 힘든 일일 뿐만 아니라 설사 외웠다 하더라도 실전에서 별로 득이 되지 못한다. 가장 중요한 것은 그 포진 수순에 숨어있는 아이디어이다. 독자들이 실전에서 부닥치는 상황은 책에서 언급한 수순대로 상대가 응하지도 않을 뿐 아니라 책에 있는 수순대로 진행되는 경우가 거의 없다.

단지 독자들이 책을 통해서 배워야 할 점은 포진의 원칙상 반드시 지켜야 하는 기본수순과 그를 어기면 어떻게 응징을 받는가에 대한 원리를 파악하는 일이다.

1.2. 귀마 대 귀마 포진 기본형

우선 여러분들이 유용하게 쓸 수 있는 기본형에 대해서 설명을 자세히 하고자 한다. 근 20~30년 동안 고수들이 가장 많이 애용하는 수순은 기본형으로서 소위 중앙병 좌 포진이라는 포진법이다.

여기에서는 대표적으로 기본형의 각수에 대해서 그 의미를 설명하고자 한다.

아래와 같이 기본형의 수순과 완성도는 다음과 같다.

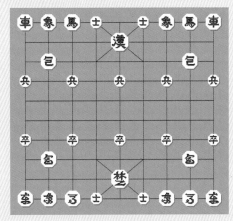

그림16 : 시작도

① a4졸b4 ② i7병h7 ③ h1마g3 ④ h10마g8 ⑤ h3포e3
⑥ h8포e8 ⑦ e4졸f4 ⑧ c10마d8 ⑨ g1상e4 ⑩ e7병d7

각 수의 의미를 포진 전략적 관점에서 알아보자.

① a4졸b4 : 귀마 대 귀마의 포진법에서 이 첫수는 적의 a7병을 고립시키기 위한 절대적
인 선수(先手)이다. 이 수는 겉으로 보기에는 a4졸이 c4졸과 합졸이 되고 a1차의 길
을 여는 단순한 의미로 보일지 모르지만 전략적인 의미가 숨어 있는 수이다. 이렇게
졸을 열면 첫수부터 인질작전을 펴는 효과가 있다. 즉, a1 초차가 a7 한 병과 a10 한
차를 묶는 효과가 있고 그 외의 또 다른 전략적인 이유가 있다. 즉, 한의 좌진의 병들
의 운신의 폭을 좁게 만드는 의미가 있다. 이 수를 이해하기 위해서는 기물의 배치를
잘 봐야 한다. 우선 시작도를 보면 초 좌진의 기물배치가 초차 옆에 b1상이 있고 그
상이 진출하게 되면 d4에 위치하게 되고 그 d4상은 한의 b7을 겨냥하게 된다. 또한
a4졸을 b4로 접게 되면 b3의 포가 b7을 자동으로 겨냥하게 되어서 b7 자리는 초의
공격 기물의 힘이 집중된 곳이 되어 한으로서는 아주 약한 부위가 된다. 그리하여 초
로서는 한의 병이 a7병을 보호하기 위해 b7자리에 오지 못하게 처음부터 전략적으로
방해를 하는 의미가 크다. 이런 이유로 b4포도 면포로 사용을 하지 않고 h포를 e4 면
포로 배치해야 하는 전략적 기물배치 레이아웃이 결정되는 것이다. 이런 심오한 의미
를 모르고 아무렇게나 졸을 i3졸h3으로 접는 실수를 범하면 초가 선수로서 처음부터
누릴 수 있는 선수의 혜택을 팽개치는 꼴이 된다. 가끔 초보자 분들 중에는 이 중요성
을 모르시는 분도 많이 계신데 이번 기회를 통해 이 수의 의미를 파악하시길 바란다.
이 한 수의 의미만 알아도 기력의 향상이 될 것이라 확신한다. 이런 원리는 타 포진에
서도 동일하게 적용된다. 이런 사고방식(思考方式)으로 포진을 접해야 완벽하고 튼튼한
장기를 둘 수 있다.

② i7병h7 : 한에서도 i10차의 길을 연다. 유사시에 한의 차가 중앙으로 진출할 기반을
만드는 수이다. 이 수도 한의 절대 중요한 수이다. 이 수를 생략하면 초에서 i4졸h4로
양차 길을 열게 되어 한이 초반부터 고전을 면치 못하게 된다.

③ h1마g3 : 앞에서 설명한 대로 h3의 포를 면포로 설치하기 위해 포다리 역할을 하는
h1마를 진출시킨다. 물론 전략에 따라 c1마를 진출시키는 변화형도 있으나 통상적으
로 이 수가 귀마 대 귀마의 정수이다.

④ h10마g8 : h8의 포다리를 놓기 위해 마를 진출시킨다. 만약 c10마를 포다리로 쓰게
되면 초에서 h3포를 이용한 초반 기습 농포공격이 가능한 상황이 연출될 수 있으므로
이 마를 먼저 진출시켜 i10차의 옆을 비워놓는 것이 안전하다.

⑤ h3포e3 : 예정대로 면포를 설치한다. 면포를 일단 설치하기만 하면 수비나 공격 면에
서 안정감을 찾고 다른 수를 둘 수가 있다.

⑥ h8포e8 : 이 h8포를 면포로 설치하여 농포공격을 대비한다.

⑦ e4졸f4 : 이 수는 두 가지 목적이 있는 수이다. 하나는 졸을 접음으로 인해 합졸
이 되어 양졸이 서로 안정적으로 되는 장점이 있고 또 다른 하나는 마나 상이 나
갈 길을 비워주는 의미가 있다. 이처럼 하나의 수로 두 가지 목적을 달성하는 수
는 포진 단계에서는 경제적인 수이다. 약 50~60년 전만 해도 중앙에 졸을 모으는

것이 유행이어서 이 수 대신 b1상d4 (귀마 앞에 위치되는 상을 진출시키는) 수가 보편적인 때도 있었으나 그 후에 이 수가 절대적으로 많아졌다.

⑧ c10마d8 : 귀마를 빨리 설치하면 궁의 안정화를 가져오고 졸을 보호해 주는 후원자역할을 할 수 있기 때문에 이 수를 서두르는 것이다. 이 귀마는 수비의 핵심이 된다.

⑨ g1상e4 : 중앙으로 상이 c7병을 위협하면서 진출한다. 이처럼 상대를 공격하면서 기물을 진출하는 수는 시간을 버는 수이다. 상대가 다른 선택을 할 수 없게 하기 때문이다. 이런 위협하면서 진출하는 수는 절대 영순위의 수이다.

⑩ e7병d7 : c7병이 상에 의해 위협을 받으므로 병을 지켜주기 위해 합병을 한다. 또한 상이나 마의 나갈 길을 여는 의미도 있다. 물론 이 수의 단점도 있다. 한의 b10상이 나갈 길을 막고 있어서 당장은 상이 나갈 길이 없지만 나중에 병의 재배치를 통해 포진을 꾸려갈 것이다.

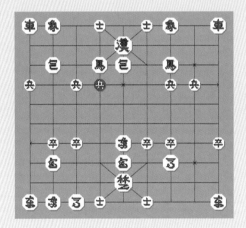

그림17 : 기본형 완성도

여기까지 귀마 대 귀마 기본형의 수순의 각 의미를 알아보았다. 이 수순 외에 다른 많은 기본형에 대해서는 2권에서 기본형 요약표에 정리를 했으므로 참조 바란다. 이 기본형은 가장 기본적이고 고수들이 과거로부터 많이 애용하는 수순이고 이 수순 이후의 많은 변화수가 생길 수 있다.

ℙₒᵢₙₜ2. 원앙마 대 귀마 포진법

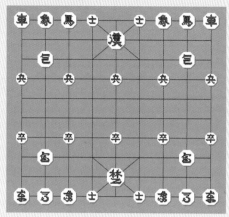

그림18 : 시작도

2.1. 원앙마 대 귀마 포진법 특징

이 포진 차림은 원앙마 포진이 선수로 귀마를 상대로 공격을 하는 차림이다. 원앙마 포진은 양마를 중시하고 마를 중앙으로 진출시키는 것이 특징이다. 이 원앙마 포진이 선수 공격자에게 주는 장점은 한마디로 압축하자면 강한 조직력을 통한 '압력'이다. 선수 공격자는 강한 조직력을 바탕으로 중앙을 통제하고 항상 상대의 면포를 위협할 기회를 노리고 상대를 크게 조이려고 한다. 이 조직적 압력이 강하기 때문에 일단 틀만 갖춘다면 상대방이 공격할 대상을 찾지 못하고 힘에 밀리다 패하는 경우가 많다. 특히 상대방의 차가 중앙에 진출했다가 마와 졸과 포의 그물에 걸려서 갈 곳이 없어 죽는 경우도 대단히 많아서 후수 귀마 입장에서는 차의 진출을 신중히 해야 한다. 원앙마는 일단 형태를 갖추고 나면 막강한 조직력을 갖기 때문에 전반적인 포진 전략은 일찍부터 마의 전진기지를 중앙에 세운 후 졸을 상대의 진영으로 전진시켜 교환을 한 후 잉여 졸을 이용하여 상대 수비 기물의 자리 이탈을 강요한다. 그 후 면포나 기타 4선에 있는 수비 기물을 강하게 수세에 몰리게 하면 유리하게 된다. 또한 변에 진출했던 상이 종반전으로 진입하는 시점에서 궁성을 공략하여 외사를 만들게 하면 그 후에 귀포의 공격으로 상대를 공략하기 쉬워진다. 원앙마 포진의 단점은 포진의 형태를 갖출 때까지의 시간이 상대적으로 너무 걸리고 상대방이 먼저 기습을 하면 수습하는데 시간이 많이 걸린다는 점과 상대에게 위협을 주지 않으면서 포진을 형성하기 때문에 귀마 대 귀마 포진에 비해 후수입장에서 후수포진을 형성하는데 그리 큰 어려움이 없고 덜 긴장하게 만드는 점과 상대방이 편히 안궁을 하고 여유롭게 기물의 형태를 갖출 때까지 시간을 허락한다는 점이다. 또한 양변의 상의 처신이 애매하고, 상이 상대 차에게 멱을 눌릴 위험이 있고, 공격속도가 귀마 포진에 비해서 다소 속도감이 떨어지고 비교적 공격 수법이 일정하고 단조로워서 상대방이 잘 대처한다면 게임을 풀어나가는데 어려움을 겪을 수 있으므로 전략적인 작전수립과 노련한 운영능력이 많이 필요하다.

원앙마 대 귀마 포진 기본형

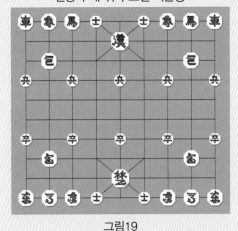

그림19

① i4졸h4 ② h10마g8 ③ h1마g3 ④ h8포e8 ⑤ h3포e3
⑥ a7병b7 ⑦ b1마c3 ⑧ b10상d7 ⑨ e4졸d4 ⑩ c10마d8

원앙마 대 귀마 포진 기본형

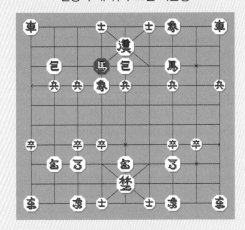

그림20 : 기본형 완성도

각 수의 의미를 포진 전략적 관점에서 알아보자.

① i4졸h4 : 원앙마 대 귀마의 포진법에서 이 첫수는 귀마 대 귀마 포진법에서 첫수로
졸을 접는 방향과 완전히 반대쪽 졸을 접는 것이 다르다. 여기에도 전략적인 의미
가 숨어있다. 여기서 만약 a4졸b4로 졸을 접게 되면 선수를 두었던 원앙마가 후수
인 귀마에게 공격을 당하는 결과가 된다. 즉, ② i7병g7병으로 우측에서 한이 병
을 접고 차후에 b10상과 b8포가 b4자리를 겨냥하여 한에서 포, 상 양득작전을 펴
서 초에서 불리하게 된다. 이러한 전략적인 이유가 졸과 병을 접는 행마와 깊은 연
관관계가 있어서 첫수부터 이런 것들을 잘 인식하고 조심이 행마를 해야 한다.

② h10마g8 : 빨리 면포를 설치하기 위해 마를 진출시킨다. 비상시에 i10의 차가 옆
으로 피할 자리도 마련하는 의미도 있다.

③ h1마g3 : 오른쪽 포를 면포로 설치하기 위해 h1마를 포다리로 쓰기 위해 진출시
킨다.

④ h8포e8 : 면포를 설치하면서 궁의 안정화를 시킨다.

⑤ h3포e3 : 같이 면포를 설치한다.

⑥ a7병b7 : 차길을 열기 위한 수이다.

⑦ b1마c3 : 원앙마를 이루기 위한 나머지 마를 진출시킨다.

⑧ b10상d7 : 비상시 농포공격의 위험을 미연에 방지하고자 차 옆을 비우는 효과도
있고 공격을 위한 의미도 있다.

⑨ e4졸d4 : 합졸을 하면서 졸을 튼튼히 하고 차후에 다른 기물이 나갈 길을 여는 효
과도 있다.

⑩ c10마d8 : 귀마장기의 수비의 핵심인 귀마를 설치한다. 궁의 수비를 위한 의미도
있고 차후에 졸을 보호해 주기 위한 의미도 있다.

여기까지 수순이 원앙마 대 귀마 포진의 기본형이다.

Point 3. 면상 대 귀마 포진법

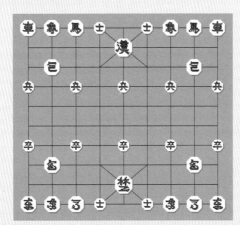

그림21 : 시작도

3.1. 면상 대 귀마 포진법 특징

면상 선수 포진에서는 가장 중요한 중앙의 수비수이자 공격 기물인 면포를 놓는 대신
에 면상과 졸과 고등마 등 수비 기물의 방벽을 중앙에 배치하여 면을 두텁게 강화한 후 서로
다른 선에 분할하여 배치된 두 개의 포를 활용하여 화려한 공중전을 하겠다는 지극히 다이내
믹하고 공격적인 포진이다. 이 포진에서 선수 공격 측에서 짤 수 있는 중요한 전략 중 하나
는 포를 좀 더 공격에 사용하여 초반부터 효과적으로 농포(弄包)를 활용하여 적진의 기물의
위치를 교란시키는 작전이다. 이것이 성공한다면 주도권을 잡게 되고, 공격수의 활동영역이
넓어지게 되고 반면에 후수 귀마 수비 측은 수비수가 위협받게 되어 기물들이 서로 엉키는

등 상당한 수비교란을 받게 된다. 면상 측의 기습적인 농포공격으로 한의 차가 고립되거나 묶여서 한이 기동성을 상실하게 될 수도 있다. 그러나 면상을 설치하기 위해 안궁을 하고 1선과 3선에서 활약하도록 상포와 하포로 분할하는 시간이 다소 걸려서, 지극히 선수 공격만으로 상대를 위협하면서 절묘하게 시간절약을 하면서 기물배치를 해야만 포진을 무난히 형성할 수 있다는 단점이 있다. 따라서 경험이 부족한 초보자가 단지 면상의 모양만 만드는 것을 목표로 시간을 허비하면서 어설프게 포진을 형성 한다면 상대가 대처하기가 용이하고 역습이 가능하기 때문에 상대의 반격에 수비적으로는 아주 위험한 포진이다. 이 면상포진은 실전경험이 풍부하고 노련한 고수들이 많이 구사하는 포진이기는 하나, 엉성하게 전략을 짜면 상대방의 면포공격에 대처하기에는 궁성의 중앙인 면이 너무 약해서 유리벽처럼 쉽게 부숴질 수 있는, 수비적으로 약한 면모를 보이는 포진이기도 하다. 자신의 허술한 수비의 약점을 잘 알아서 교묘히 상대방의 공격수의 침투를 방지함과 동시에 상대가 공격을 하지 못하게 시간적인 틈을 주지 않고 시간차 공격을 하고 선수공격을 이어가면서 수비를 자연스럽게 연결해야만 유리한 게임운영을 할 수 있는 포진이다. 특히 상대가 귀마인 경우는 상대방도 똑같이 면포를 이용해서 농포공격을 하면서 역습을 할 소지가 상당히 많기 때문에 치밀한 전략을 세워야 한다.

면상 대 귀마 포진 기본형

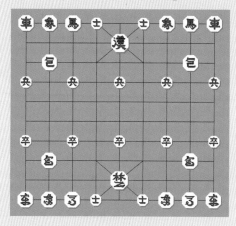

그림22 : 시작도

① a4졸b4 ② i7병h7 ③ c1마d3 ④ h10마g8 ⑤ h3포c3
⑥ h8포e8 ⑦ e2초e1 ⑧ c10마d8 ⑨ f1사e2 ⑩ e8포i8

면상 대 귀마 포진 기본형

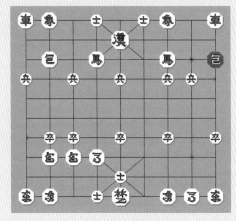

그림23 : 완성도

P_{oint}4. 양귀마 대 귀마 포진법

양귀마 대 귀마 포진법 기본형

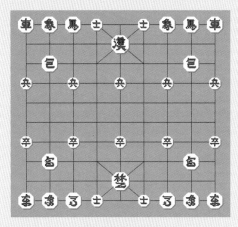

그림24 : 시작도

4.1. 양귀마 대 귀마 포진법 특징

이 포진 차림은 양귀마가 선수가 되어 후수인 귀마 포진을 상대하는 포진차림이다. 이 양귀마 선수 포진에서 선수 공격 측에서 짤 수 있는 전략 중 하나는 효과적으로 중앙 졸을 전진시켜서 중앙에 졸의 장막을 쳐서 적진을 마비시키는 작전이다. 또한 변의 한쪽을 졸로 벽을 만들고 열린 줄에 일찍 차를 배치시켜서 상, 차 합동작전으로 적진의 2선에 일찍 침투하여 상대를 교란시키는 작전이 주요하다. 이 양귀마 포진의 장점은 양상(兩象)의 길을 많이 열어 놓음으로 인해 상대방의 졸과 차에 위협을 가하면서 양득작전이나 침투작전이나 생포작전 등등 공세를 취하기 좋은 점을 꼽을 수 있다. 포진 초기에 차는 적진에 일찍 침투하여 들어가서 적진을 교란하기가 쉽고 양쪽의 졸/병이 상쇄된 후 상이 적진에 주둔하게 되면 궁의 중앙을 노리는 작전을 쓰기가 쉽고 이어서 뒤 따르는 마의 공격루트도 적의 궁 중앙에 침투하기 쉽게 되어 있다. 초반에 중앙 졸을 진격시키는 이 작전이 성공한다면 졸 뒤에서 후원하는 공격수의 활동영역이 넓어지게 되고 반면에 귀마 수비 측은 뒤로 후퇴하게 되어 상당한 압박을 받게 된다. 후수 귀마 측에서 차를 전면에 진출시킬 때는 양귀마 포진의 양상의 그물에 걸리기 쉬우므로 상의 위협을 잘 고려하여 행마를 해야만 차가 죽는 불행한 경우는 피할 수 있다. 또한 양귀마 차림으로 시작하여 면상포진으로 변환시킬 수도 있다. 상대가 이런 포진의 변화에 대처를 못하여 게임의 흐름을 양귀마가 쥐는 경우도 많다. 그러나 이 양귀마 선수 포진은 상대방이 양귀마 포진에 대해 방비법을 알아서 미리 조치를 하면 불리할 수 있다. 만약 상의 표적을 피하기 위해 졸을 재배치하여 상이 공격목표를 잃게 되면 공격의 실마리를 놓칠 수 있다. 또한 양귀마 포진 측의 차의 길을 포로 차단하여 궁성근처의 침투를 방지해 놓고 면졸의 대살(對殺)을 감행하는 동시에 졸 공격을 먼저 감행하게 되면 양귀마의 양상이 위협을 받아 오히려 꼬이게 된다. 이 포진 차림에서는 후수인 귀마 측에서 공격 표적을 피하여 적절한 전략을 구사하여 방어한다면 쌍방 서로 팽팽하게 맞서는 답답한 형태를 이루게 되어서 서로 상대 진영으로 침투하기가 너무 어렵게 되는 경우도 많다.

쌍방 모두 차의 돌파구를 잘 마련하는 것이 승패에 직결이 된다고 말할 수 있다.

양귀마 대 귀마 포진 기본형

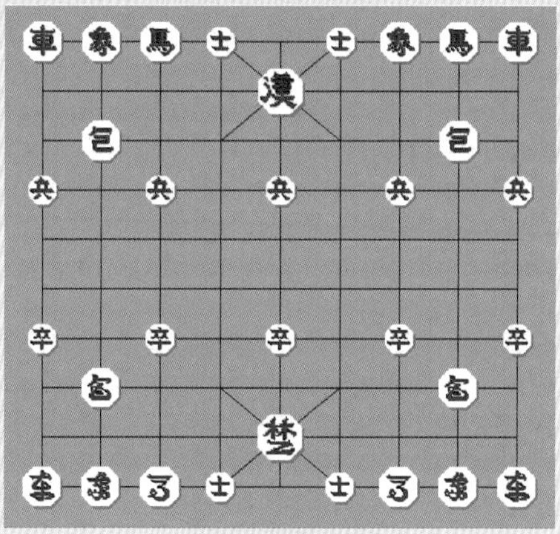

그림25 : 시작도

① a4졸b4 ② h10마g8 ③ c1마d3 ④ h8포e8 ⑤ e4졸e5
⑥ i7병h7 ⑦ h1상f4 ⑧ h7병h6 ⑨ b3포e3 ⑩ c10마d8

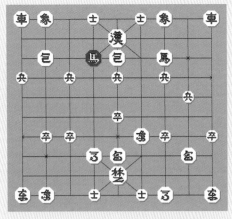

그림26 : 완성도

$Point$ 5. 양귀상 대 귀마 포진법

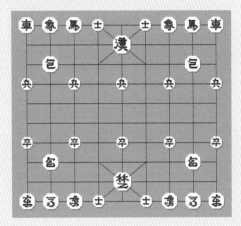

그림27 : 시작도

5.1. 양귀상 대 귀마 포진법 특징

양귀상 대 귀마 포진 차림은 선수인 양귀상이 귀마를 상대로 포진을 형성하여 공격을 하는 차림이다. 양귀상 포진은 양상이 면포 옆의 양귀에 배치되어 진을 짜는 포진으로, 포진법 중에는 아주 드물게 사용하는 포진법이다. 처음 시작하는 차림의 형태는 원앙마 차림과 같이 마/상/상/마로 차려져서 상대방은 원앙마 포진인줄 알았다가 포진이 진행되면서 비로소 양귀상인 줄 알게 된다. 이 포진의 특징은 양귀마 포진과 유사하게 양상을 잘 활용하는 데에 역점을 두는데 주로 졸을 전진시켜서 졸/병의 교환을 도모한 후 양상을 이용하여 상대방의 면포를 위협하는 전략을 구사할 수 있고 양상이 미치는 범위가 16군데나 되기 때문에 상대편 기물을 위협하기 쉽게 되어 있다. 양귀상을 차리는 전략도 양마를 어떻게 처리하는 가에 따라서 몇 가지로 나뉘게 된다. 양귀상 포진은 포진을 짜기에는 시간이 많이 소요되나 일단 형성이 되면 졸의 교환이 이루어 진 후 상의 활동범위가 넓고 상의 활약이 두드러져서 상대가 상당히 곤란해지는 포진이다. 후수 귀마의 입장에서 중앙에 일찍 차가 진출하면 졸과 양상의 그물에 걸려서 차가 횡사하는 경우가 많으니 특히 조심해야 한다. 후수인 귀마의 입장에서는 상대가 양귀상 포진을 차릴 기미가 보이면 차와 중포를 이용하거나 상, 마, 차의 연합작전을 하여 상대의 양귀상 차림을 최대한 방해하여 한 쪽 귀상만 만들게 하고 양귀상을 포기하게 하는 전략을 구사해야 중반전과 종반전에서 승산이 있다. 따라서 이러한 양귀상 포진의 장, 단점을 잘 파악하여 후수의 전략을 수립해야 한다.

양귀상 대 귀마 포진 기본형

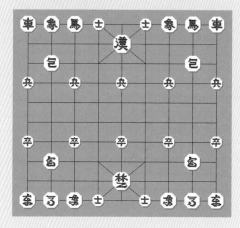

그림28 : 시작도

① i4졸h4 ② h10마g8 ③ h1마g3 ④ h8포e8 ⑤ h3포e3
⑥ a7병b7 ⑦ e4졸d4 ⑧ g7병f7 ⑨ b1마c3 ⑩ c10마d8
⑪ b3포d3 ⑫ b10상d7 ⑬ d1사d2 ⑭ d10사d9 ⑮ e2장e01
⑯ e9장d10 ⑰ c1상f3 ⑱ f10사e9 ⑲ d3포d1

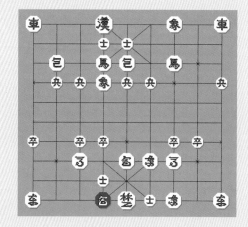

그림29 : 완성도

Point6. 귀마 대 귀마 포진법 (맞상형)

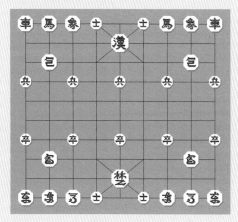

그림30 : 시작도

6.1. 귀마 대 귀마 맞상 포진법 특징

　　이 귀마 대 귀마의 맞상 포진 차림은 예전에 동네에서 많은 동호인들이 이런 차림으로 장기를 두곤 하였으므로 소위 '동네장기'라고 칭하는 차림으로서 처음 장기를 배울 때 여러분들도 이런 차림으로 장기를 둔 경험이 많았으리라 생각이 든다. 또한 아직도 인터넷의 아마추어의 대국에서 많이 등장이 되는 포진 차림이다. 그러나 이 포진 차림은 앞에서 1번으로 소개했던 귀마대 귀마 포진의 병렬형 차림과는 대조적으로, 선수공격을 하는 귀마에게는 별로 선수의 효과가 없는 포진 차림이다. 서로 기물들이 대칭으로 되어 있어서 흉내장기를 두기에는 좋으나 중요한 역할을 하는 귀마 앞에 놓인 '귀윗상'이 쌍방 서로 길이 같아서 싱겁게 교환을 한 후 다른 기물들을 단순히 배치하는데 중점을 두고 서로 긴장감 없이 아주 무미건조한 대국이 이루어지곤 하여 1.5점을 후수에게 덤을 주어야 하는 프로대국에서는 프로들은 피하는 포진 차림이다. 전략적이라기보다는 전술적으로 게임이 운영되는 경향이 짙은 차림이고 잔수를 잘 내서 상대의 기물을 교묘히 잡아 최종적으로는 기물의 우세로 승패를 결정짓는 작전이 주효한 포진 차림이다. 따라서 서로 빅을 형성할 가능성이 높은 포진이므로 변칙적으로 처음에는 면상을 차려서 초반에 농포로 기습 공격하는 수법을 구사하기도 하여 상대를 놀라게 하는 작전을 구사할 수는 있어서 경험이 많지 않은 초심자의 입장에서는 이에 대한 방비책을 가지고 있어야 한다. 이 포진의 특징은 어느 한 쪽이 면상 포진으로 시작했다가 경우에 따라서 귀마로 변환을 하는 포진의 변환 유연성은 가지고 있다. 그러나 작전에 따라서는 방어하는 측면에서도 똑같이 농포공격을 하면서 쉽게 대처할 수 있어서 선수공격을 하는 측에서는 작전을 잘 수립해야 효과적으로 게임을 풀 수 있다. 공격의 실마리를 좀처럼 잡기 힘든 경향이 높은 포진 차림이다.

이 차림은 초심자들이 서로 장기의 행마법을 익히기 위해서 두기에는 서로 부담이 없는 차림이지만 장기의 깊은 맛을 느끼기에는 너무 단조로운 포진 차림이다. 처음에는 이 포진으로 장기를 배운 후 다른 포진으로 깊이를 더 하는 것을 추천하고 싶다.

귀마 대 귀마 맞상 포진 기본형

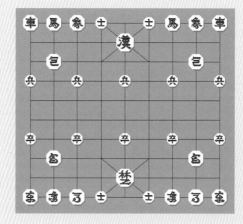

그림31 : 시작도

① c1마d3 ② g10마f8 ③ b1상d4 ④ i7병h7 ⑤ h3포c3
⑥ h8포e8 ⑦ c3포i3 ⑧ e8포i8 ⑨ b3포e3 ⑩ e9장e10
⑪ i4졸h4 ⑫ d10사e9 ⑬ a4졸b4 ⑭ h10상f7 ⑮ g1상i4
⑯ i10차g10 ⑰ h1마f2 ⑱ b8포h8

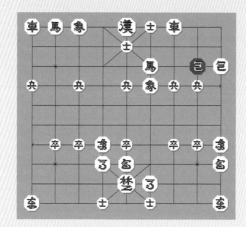

그림32 : 완성도

이상으로 포진의 기초적인 지식에 대해서 마무리하고 더 상세한 포진의 세부사항과 각종 포진의 상세한 전략과 꼭 알아야 하는 각종 기본형에 대해서는 2권에서 더 상세히 설명할 예정이니 2권을 참조 바란다. 다음 장에서는 포진을 잘 형성한 후 접전이 벌어지는 중반전과 종반전 전투에서 상대보다 더 유리하게 게임을 이끄는 구체적인 장기 작전법에 대해서 논하고자 한다.

3장. 장기의 전술

가. 장기 작전법

많은 사람들이 작전 없이 장기를 둔다. 자기 차례가 되어서 무엇을 둘까 생각 하다가 위협할 대상이 있으면 그저 충동적으로 단순히 1~3수만 생각하고 두는 사람들도 많다. 이처럼 작전이 없는 감각적이고 충동적인 공격은 상대가 쉽게 방어를 하면서 반격할 시간을 줄 수 있고 일단 상대가 방어태세를 갖춘 후 역공을 시작하면 무기력하게 한 순간에 무너질 수 있다. 작전을 짜는 능력에서 고수와 하수의 차이가 나고 이 능력을 키우지 않으면 장기가 어느 한계까지만 늘다가 더 이상 높이 올라갈 수가 없다. 장기를 장기답게 두기 위해서는 목적이 있는 작전수립이 앞서야 하고 작전을 짤 때는 전략과 전술을 잘 구분해야 한다.

우리는 장기를 둘 때 "수가 있다" 또는 "수가 없다" 아니면 "수가 났다"라는 표현은 자주 하지만 전술이나 전략이라는 말은 잘 사용하지 않았고 심지어는 아마추어 고수 중에도 이 개념조차도 명확하게 이해하는 사람이 많지 않다. 그러나 장기를 장기답게 두고 높은 고수 수준으로 올라가려면 단순히 '수'라는 개념보다는 전술과 전략이라는 개념을 정확히 알고 이에 대한 각각의 훈련을 받을 필요가 있다.

전략과 전술에 대해서 기본 개념을 묻는 사람들이 많은데 쉽게 설명 하자면 전략은 "무엇을 이룰 것인가?"에 대한 답이고 전술은 "어떻게 이룰 것인가?"에 대한 답이라고 말할 수 있다. 전략은 소위 '큰 그림을 그리는 작업'이며 기물이득이나 외통승 등 가시적인 이득이 당장 눈에 보이지 않더라도 목표를 정확히 정하고 좋은 위치를 선점할 수 있도록 넓은 시야를 가지고 방향설정을 하는 것 등을 포함하고 당장은 수가 나오지 않는 것 같아서 상당히 경험이 풍부한 고수가 아니면 잘 보이지 않는 고급 테크닉이다. 즉, 전략은 구체적인 목표를 정하고 방향제시를 하는 것이라 할 수 있다. 전술은 이런 전략을 바탕으로 유리하게 모양을 만든 상태에서 정확한 계산에 의한 구체적인 이득이 되는 수를 찾는 기술이다.

장기를 둘 때는 전략적(위치적 또는 형태적) 요소와 세밀한 계산을 바탕으로 한 전술적 요소를 적절히 판단하여 상황에서 요구하는 작전을 수립하는 것이 중요하다. 전략에 대해서는 추후에 2권에서 구체적으로 설명하기로 하고 이번 장에서는 전술에 대해 자세히 알아보도록 한다.

나. 전술이란 (Tactics)?

어떤 주어진 상황에서 대국자가 뚜렷한 목적이 있을 때 그 목적을 달성하기 위한 구체적인 수단을 전술이라고 말할 수 있다. 즉, 어떻게 그 목적을 달성하느냐에 대한 세부기술이 전술인 것이다. 그 목적이란 왕을 잡아 외통으로 이기는 것과 상대 기물을 잡아서 점수상 이득을 취하는 것, 두 가지로 크게 나눌 수 있다. 고수들의 장기게임에서의 전술은 전략을 지지해주는 단순한 역할 이상으로 중요하다. 단 한번의 전술적인 실수로도 즉시 패하거나 또는 그 실수로 인해 기물부족으로 고전하다가 서서히 숨막혀서 패할 수도 있다. 반면에 뛰어난 전술을 구사하면 차나 포 같은 가치가 높은 중요 기물을 잡는 등 급격한 변화를 꾀하여 빠르게 승패를 결정지을 수 있다. 특히 복잡하고 혼돈스러운 상황에서는 더욱 주의를 해야 한다. 아무리 훌륭한 전략을 짜더라도 아차 하는 순간에 중요한 기물을 잃거나 왕이 갈데없이 헤매는 등의 중대한 전술적 실수가 있으면 이것으로 인해 즉시 패할 수 있다. 그럼 이러한 전술에는 어떤 기술들이 있는가 알아보자.

다. 전술의 종류

1) 양걸이 (Forking Attacks) / 이중공격 (Double Attacks) / 양수겸장 (Double Check)

한 기물로 동시에 두 기물을 공격하는 경우를 양걸이, 양수걸이, 또는 이중공격이라고 한다. 때에 따라서는 세 개의 기물이 걸리는 경우도 있다. 그런 능력을 가진 기물 중 대표적인 기물이 마와 상이라고 할 수 있지만 두 기물뿐 아니라 더 나아가 다른 기물들에게도 이 개념을 넓게 적용하면 '한 기물로 두 기물을 공격하는 모든 경우를 이중공격'이라 하고 더 나아가서 두 개의 기물이 두 개의 상대 기물을 공격하는 경우도 이중공격이라 할 수 있다. 아래의 예제들을 보면 이해가 쉬울 것이다. 첫 번째 설명예제는 양걸이의 기본개념을 잘 보여준다.

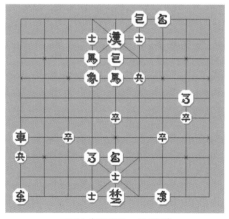
그림1 (양걸이 : 초차례)

첫수로 ① e5졸e6으로 e5졸을 e6으로 치밀어서 상대의 마를 위협한다. 한은 마가 죽으므로 ② e8포Xe6졸 할 수밖에 없고 그 다음수인 ③ d3마c5로 마가 한의 차와 포를 동시에 위협하는 양걸이를 하여 한은 두 기물 중 한 기물을 포기해야 한다. 이 문제는 졸을 희생하여 한의 포를 유인한 후 마로 양걸이를 하는 경우이다.

다음 예제도 첫수에 기물 희생을 하면서 작전이 시작된다. 문제도에서 알 수 있듯이 한의 i7 병이 초의 i1의 차에 의해 묶여 있는 상황이다. 여기서 초는 이 약점을 이용한다.

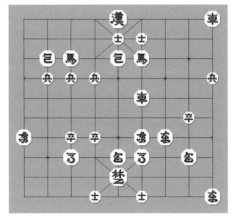
그림2 (양걸이 : 초차례)

초의 상으로 한의 병을 교환하여 ① f4상Xd7병 ② c7병Xd7상으로 상대방의 합병을 독병으로 만든 후 흐트러진 상대의 진영을 ③ g4차g7의 차의 양걸이로 공략하는 경우이다. 한은 양병이 걸려 있는 경우라서 양쪽 중 하나를 잃게 된다.

■ 이중공격은 상대 공격에 대한 반격으로 나올 수도 있다. 이 경우는 공격받던 대국자가 갑자기 돌변하여 상대를 도리어 공격하면서 다른 공격을 만들어 내는 경우이다. 결과적으로 서로 난타전이 되며 양측 모두 서로 먹고 먹히는 형태가 된다. 이런 상호간의 이중공격은 깊은 수읽기와 전술능력을 필요로 하는 것이어서 어느 한쪽이라도 계산을 잘못하면 자칫 큰 기물손해로 이어진다. 다음은 고수들의 대국에서 나온 예이다.

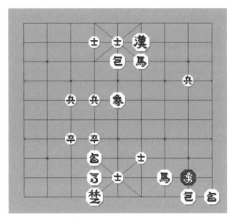
그림3 (이중공격 : 한차례)

상황을 설명하자면 위의 상황은 한의 마가 변에 갇혀 있는 초의 포를 위협하자 초의 상으로 막은 장면이다. 이때 한의 면포로 상을 위협하자 상이 갑자기 돌변하여 상대의 포를 되려 공격하면서 다른 공격을 만들어 내는 경우이다. 서로 난타전이 되어 결과적으로는 초가 교환에서 손해를 보게 됨을 알 수 있다.

그림3 해답 : ① e8포h8 ② h2상f5 ③ g2마Xi1포 ④ f5상Xh8포 ⑤ h1포Xh8상

다음 예제는 한의 차가 초의 c4졸을 위협한 장면이다. 초에게 이에 대한 가장 적절한 대응수는 무엇일까? 여러분은 그 수가 보이는가?

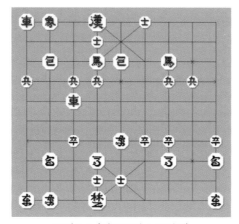

그림4-1 (이중공격 : 초차례)

넓은 시야를 가지고 수를 찾아야 한다. 우측의 초포와 한진영의 궁성형태와 기물의 배치 상태를 주의 깊게 보면 약점이 발견된다.

우선 ① i3포i10장군으로 초포가 한의 진영으로 건너가는 수가 첫수이다. 한의 수비수는 ② f10사e9 (또는 d10장e9)밖에 없고 초의 다음 공격수는 ③ i10포c10으로 한의 양차를 초포로 양수걸이를 한다. 두 개의 차 중 하나의 차를 피하면 포로 나머지 차를 잡는다. ④ a10차a9 ⑤ c10포Xc6차 그리하여 자연스럽게 초졸의 방어가 되고 유리한 기물 교환을 하게 되어 주도권을 잡을 수 있다.

■ 위의 예제에서도 잠시 보여 드렸듯이 이중위협을 만들기 위해 매우 다양한 종류의 희생기술을 사용하기도 한다. 예를 들어 상대의 기물을 몇 수 후에 이중위협에 필요한 위치로 끌어내기 위해 희생하는 경우도 있다. 다음 예가 그 경우이다. 그리고 그 외 여러 가지 목적을 위해 희생을 하는 경우도 있다. 아래의 예는 수비하는 기물을 제거하고 기물의 이득을 보기 위한 것을 잘 보여준다.

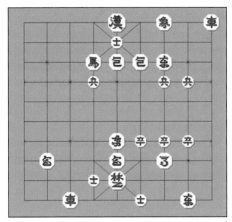

그림4-2 (이중공격 : 초차례)

① g8차Xg7병! 귀중한 초차와 한병을 교환하는 첫수는 초보자의 눈에는 놀라운 수가 될 수 있다! ② h7병Xg7차 후 기다렸던 다음 수는 ③ e4상Xg7병 장군으로 한왕과 i10 한차를 동시에 이중공격 하는 수이다. 한왕은 피할 수밖에 없고 그 이후에도 차를 잡은 상이 f8의 한포를 위협하면서 계속 선수를 유지하여 유리하게 된다. ④ e1장f10 ⑤ g7상Xi10 차

■ 지금까지 이중공격이 어떻게 발생되는지를 살펴보았다. 이중공격은 갑자기 나타나는 것 같이 보여서 매우 위협적으로 느껴지지만 잘 보면 사전예방 조치가 미흡해서 생기는 경우도 많다. 이중공격이 성공하려면 정확하고 깊은 수읽기가 필요하고 때로는 희생기술이 필요할 때도 있다.

다음 예제는 초가 d졸을 치밀어 한의 병과 교환을 하려는 장면이다. 이 수가 악수이다. 한의 반격수가 보이는가? 앞에서 설명한 희생수를 이용하면 좋은 반격을 할 수 있다.

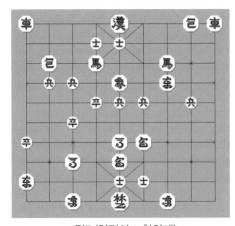

그림5 (양걸이 : 한차례)

우선 첫수는 ① e6병e5로 병을 희생하는 것이다. ②e3포Xe5병 이후 ③ f6병f5 한의 병으로 양걸이를 하는 것이다. 만약 포로 병을 잡지 않으면 병에 의해 초의 마가 병과 불리한 교환을 하여 기물에서 열세가 된다. 포로 병을 잡으면 병에 의해 양포가 동시에 위협을 당한다.

■ 이중위협을 가해도 상대가 성공적으로 방어하는 경우도 많으므로 이중위협을 가했다고 다 좋은 것은 아니다. 만약에 상대가 이중위협에 상응하거나 더 강한 다른 이중위협을 만들어 낼 수 있다면 처음 공격받은 이중위협은 무시할 수 있다. 따라서 이중위협으로 공격을 감행 할 때에는 상대측에게 반격이 될 만한 위협이 있는지 사전에 주의 깊게 살펴봐야 한다. 다음 예가 좀 더 복잡한 예이다. 이렇게 전술적으로 다양한 수단을 강구 할 수 있는 형태에서는 예상치 못한 수들도 의외로 발생될 수 있으므로 조심해야 한다.

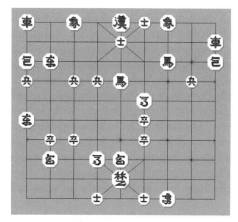

그림6 (이중공격 반격 : 초차례)

이 예제의 바로 전 상황은 한이 e8포a8로 이동하여 초의 양차가 한의 양포에게 이중공격을 당하는 장면이다. 초는 과연 이 난관을 어떻게 돌파할 것인가?

초의 창의적인 첫수가 난국을 모면하게 한다. ① b8차b10이 아주 좋은 수이다. 만약 ② a10차Xb10차라면 ③ b3포Xb10차 장군 #으로 한이 역전을 당한다. 따라서 여기서는 한의 차는 초의 차를 잡을 수가 없다. ② a8포Xa5차 ③ b10차Xa10차 후 한의 왕이 피하지 않으면 ⑤ a10차X c10상장군으로 한이 패하므로 ④ e10장d10으로 도망갈 길을 찾으면 ⑤ a10차Xc10상장군 ⑥ d10장d9로 일단락된다. 결과적으로 초가 한의 상을 하나 더 잡고 계속 주도권을 잡게 되어 역습이 성공한 모양이다.

■ 이중공격의 또 다른 형태는 두 개의 기물이 하나의 상대 기물을 공격하는 것이며 공격받는 기물이 상대의 왕인 경우 우리는 양수겸장이라 부른다. 두 기물이 모두 왕을 공격하면

수비법은 단 한가지 밖에 없다. 즉 왕을 움직이는 방법 밖에 없는 것이다. 만약 왕이 움직일 데가 없다면 왕이 잡혀서 게임은 끝난다. 이와 같은 이중공격은 간단한 공격 형태보다 훨씬 위협적이며 장기에서는 중요한 기술이 된다. 이중공격은 공격수단으로서 매우 강력하기 때문에 이를 익혀두면 좋다. 이해를 돕기 위해 실전에서 가장 자주 나오는 예제를 살펴보자.

아래 예제의 형세는 쌍방 아주 긴박한 상황이다. 초의 졸이 한의 궁성에 진입하여 다음 한 수로 졸이 중앙으로 입궁하여 한이 패하게 된다. 그런데 지금은 한이 둘 차례이다. 한에게 좋은 수가 있을까?

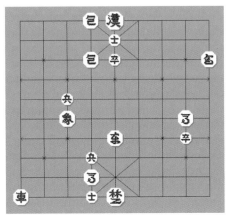

그림7 (양수겸장 : 한차례)

여기에서도 한은 놀라운 희생 수를 구사한다. ① b1차Xd1사 장군과 같이 귀중한 차로 초의 사를 잡으면서 장군을 부른다. 이렇게 하는 이유는 초의 왕을 d1위치로 유인하기 위함이다. ② e1장Xd1차로 초왕이 한차를 잡을 수밖에 없을 때 한의 병이 입궁하여 포장과 병장인 양수겸장으로 마무리 한다. ③ d3병e2 장군#으로 게임이 끝난다.

다음 예제도 양수겸장이 얼마나 위험한 것인가를 보여준다. ① e9마Xf7병으로 다음수로 ③ d10차e9장군 외통수를 노리므로 한은 이 초차를 잡지 않으면 안 된다. ② i10포Xd10차로 한포가 초차를 잡으면 한병을 잡으면서 이동했던 초마가 d8위치로 와서 마장과 동시에 초포장을 부른다. ③ f7마d8장군#이 좋은 수이다. 양쪽 장군을 다 피하려면 한왕이 피해야 하는데 피할 데가 없어 게임이 끝난다.

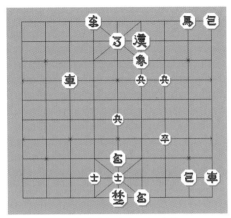

그림8 (양수겸장 : 초차례)

다음 예도 한왕에게 동시에 두 기물이 장군을 부르는 경우이다. 한의 마가 초의 차를 위협하는 장면이다. 초는 초차를 피하는 대신에 결정적인 KO펀치가 있다.

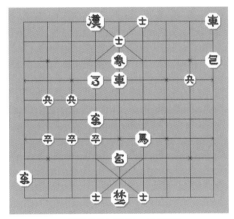

그림9 (양수겸장 : 초차례)

① a2차Xa10장군으로 한의 왕을 마장군을 칠 수 있는 위치로 이동하도록 강요한 후 ② d10장d9 ③ d7마b8 장군#으로 양수겸장을 치면 게임이 종료된다.

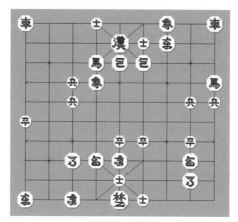

그림10 (이중공격 : 한차례)

이 문제를 잘 살펴보면 한의 d7상이 자신의 기물인 f8포에 가려서 잘 보이지 않지만 g9의 초차를 겨냥하고 있다. 이중공격은 이렇게 해법이 숨어있는 경우가 많다. 만약 이 차를 위협하면서 또 다른 위협을 동시에 가한다면 상대방은 둘 중 하나를 포기해야 할 것이다. 이 것이 이 문제를 푸는 열쇠이다. 다음 해답을 확인해 보기 바란다!! 이런 과정이 마치 보물찾기를 하는 듯한 장기의 매력이다.

그림10해답 : ① e8포Xe3상 장군 ② e2사Xe3포 ③ f8포a8
④ g9차Xf9사 장군 ⑤ e9장Xf9차 ⑥ a5졸b5

다음 문제의 해법도 비슷한 발상을 필요로 한다. 초의 g6상의 멱을 초g7차가 막고 있고 f8의 초졸과 g6상이 모두 적의 궁성의 중심인 e9를 향하고 있다. 여기서 기발한 생각을 하자면…,

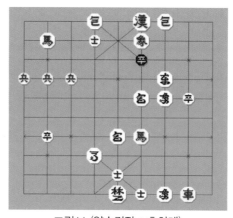

그림11 (양수겸장 : 초차례)

즉, 초차를 ① g7차Xg10포 장군으로 일부러 죽이면 초상의 길이 트이게 된다. ② d10포

Xg10차 이후 마지막으로 졸과 포장을 치면 한은 전혀 저항을 할 수 없다. ③ f8졸e9 장군#

■ 이중공격 중에서도 왕과 다른 기물이 동시에 공격대상이 될 때 특히 위험하다. 아래의 경우를 보자.

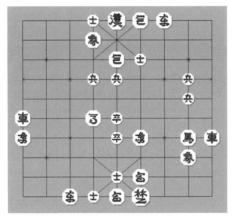

그림12 (이중공격 : 초차례)

이 상황에서 키를 쥐고 있는 기물은 초의 상(f4)이다. 이 상은 초포의 다리를 두 다리로 막고 있는 기물이다. 만약 ① f4상Xd7병 하게 되면 포다리를 풀어서 f2포를 활성화시키고 f10자리를 초의 이동한 상과 초의 포와 초차(g10)가 노려서 외통을 노리도록 할 수 있다. 한이 수비를 위해 ② f8사e9하면 그 틈에 ③ d7상Xa5차를 하여 한차를 잡게 된다. 이와 같이 이중공격은 순식간에 상대를 제압할 수 있는 괴력을 갖는다.

연습문제의 **양걸이 (양수걸이) & 이중공격 & 양수겸장** 연습문제들을 통해서 확실히 양걸이, 이중공격, 양수겸장에 대한 기술을 좀 더 다듬어 보도록 한다.

연습문제의 문제1~26의 문제를 풀어 보고 다음 전술로 이동한다.

2) 유인기술 (Decoy) 과 봉쇄기술(Blocking)

■ 유인기술이란 아군 기물의 희생을 이용해서 적의 기물들을 유인하는 기술이다. 아군 기물을 희생하여 상대 왕이나 다른 기물을 차기 공격에 유리한 지점으로 유인한다. 이러한 희생기술을 유인(Decoy)이라고 한다. 다음 예를 통해 유인전술을 이용하여 작전을 수행하는 수법을 알아보자.

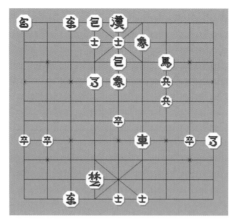

그림13 (유인 : 초차례)

첫 번째 예제에서는 포와 합동작전을 펴는 초차는 한의 포를 잡으면서 장렬히 전사한다! ① c10차Xd10포 장군! 그 대가로 한의 왕은 ② e10장Xd10차 차를 잡기 위해 d10으로 이동하고 ③ c1차Xc10 장군#으로 나머지 차가 다시 장군을 부르며 외통으로 마무리 한다.

다음 예에서는 깨끗이 한의 i6병을 제단 위에 올린다.

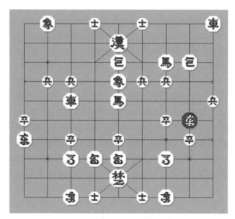

그림14 (유인 : 한차례)

① i6병h6으로 초의 차를 유인하는데 초차는 갈 데가 없기 때문에 거부할 수가 없다. ② h5차Xh6병의 이 위치는 마치 초의 차가 한의 차와 마를 묶은 것 같은 모양이 되었다. 한이 노리는 것은 가운데 기물인 마를 움직이면서 ③ e6마f4장군을 불러서 한차와 초차가 일직선 상에 놓이게 하는 것이다. ④ e4졸Xf4마 ⑤ c6차Xh6차로 마장군을 대응하는 사이에 한의 차가 초의 차를 잡는 작전이 성공하는 순간이다. 모든 것이 강요수이므로 초의 입장에서는 피할 수 없이 끌려 갈 수밖에 없다.

다음 예제에서도 비슷한 발상이 통한다.

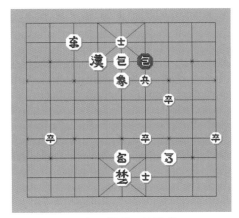

그림15 (유인 : 초차례)

초의 졸을 일부러 죽여서 한의 병을 유인한다. ① g6졸g7 ② f7병Xg7졸 그때 c9에 있는 차가 c7로 이동하면 ③ c9차c7 후에 그 후속수로 c7차d7 장군#으로 외통승하는 위험이 있으므로 왕이 외통을 피해야 하기 때문에 ④ d8장d9로 이동할 때 ⑤ c7차Xe7상으로 상이 차에게 죽는다.

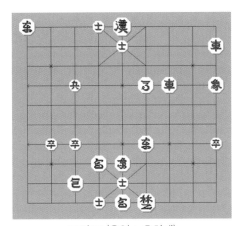

그림16 (유인 : 초차례)

이번 문제는 실전에서 자주 등장하는 상황이다. 첫수는 초마가 장군을 부르면서 아군인 f4의 초차의 길을 여는 것이다. ① f7마d8 장군의 상황에서 한은 사로 막을 수밖에 없고 ② e9사d9 여기서 a10차를 희생하는 멋진 유인수가 나온다. ③ a10Xd10사 장군!! 한의 왕이 차를 잡으면서 자리를 이동하면 다시 차가 장군을 쳐서 외통으로 이긴다. ④ e10장 Xd10차   ⑤ f4차f10 장군#

이번 문제도 묘한 감동을 준다!!

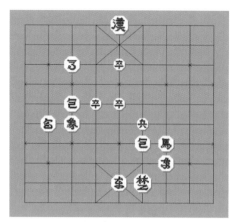

그림17 (유인 : 한차례)

이 문제의 해답은

먼저 상을 일부러 죽이는 희생기술을 이용해 b5의 초포의 다리를 끊고, 초왕을 f3자리로 유인한다. ① c5상f3장군 ② f2장X f3상 그 다음 두 번째 희생을 하여 f6지점을 자신의 기물인 포가 들어가서 호장을 하면서 죽고, 포가 피하면서 한의 마의 멱을 풀어서 왕이 피할 수 있는 퇴로를 차단한다. ③ f4포X f6장군 초졸이 한포를 죽이면 ④ e6졸X f6포 왼쪽에 있던 포가 다시 날아와 그 다음 호장을 하여 외통승을 한다. ⑤ c6포X f6졸 장군#

이 경우는 상대 왕을 유인하는 희생기술과 상대의 포다리를 끊게 하는 차단기술과 포가 이동하면서 마의 멱을 푸는 멱풀기 희생기술이 복합된 경우이다.

■ 봉쇄기술(퇴로차단기술)이란 적왕이 도망갈 길을 봉쇄하는 기술이다. 기물희생을 이용하여 상대방기물을 강제로 이동하게 하여 공격대상이 되는 기물의 퇴로를 봉쇄하는 기술이다. 이 기술은 유인기술과 개념은 비슷하나 왕이나 주요 수비 기물의 도망갈 퇴로를 봉쇄하는 것이 주된 목적이다. 아래 예제를 보자. 한에서는 마와 차만 달랑 남아있고 초의 기물들이 한의 궁성 앞에 포진해 있어서 풍전등화인데…,

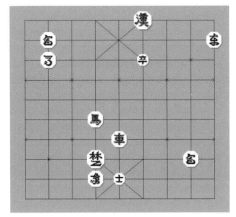

그림18 (봉쇄 : 한차례)

이 문제의 해답은 다음과 같은 작전구상에서 나온다.

① e4차|e3 장군 먼저 희생기술을 이용해 차를 일부러 죽이고 사를 e3자리로 유인하여 왕이 피할 수 있는 퇴로를 차단하는 동시에 차에 의해 멱이 막혀 있는 f4지점을 자신의 기물인 마가 장군을 칠 수 있도록 차를 죽여서 자리를 비워 멱을 튼다.

② e2사 X e3차.

③ d5마|f4 장군# 그 다음 마가 호장을 하여 외통승을 한다.

초왕은 자신의 기물인 상과 사에 막혀서 어이없이 마에 의해 횡사하게 된다.

이런 과정을 감상하다 보면 기기묘묘한 아이디어에 감탄하게 된다. 이것을 통해 장기는 논리적 사고가 필요함을 알 수 있다.

이어서 연습문제의 유인 연습문제들을 통해서 확실히 유인기술을 좀 더 다듬어 보도록 한다.

연습문제의 문제27~48의 문제를 풀어 보자.

3) 수비지역 이탈 강요 기술 (수비수 따돌림 기술, Deflection)과
수비수 제거 기술 (Removing the Guard)

■ 우리가 상대를 공격하려고 작전을 세울 때 항상 고려해야 할 점은 공격하는 목표를 지키는 중요 기물, 즉, '키맨 (Key man)'이 무슨 기물인지를 먼저 파악하는 것이 중요하다. 그 다음으로는 그 기물을 어떻게 따돌리거나 어떻게 제거할 것인가를 사전에 계획을 세워야 작전이 성공할 수 있다.

■ 대부분 고수의 수법에는 기물희생이 종종 동반되곤 하는데 장기에서는 희생기술은 매우 다양하게 전술적으로 수를 내기 위해 쓰인다. 특히 상대의 중요한 곳이나 기물을 방어하

는 수비수를 제거하거나, 수비수를 따돌리는데 즉, 수비하던 지역을 이탈하게 만드는데도 많이 쓰인다. 기물 희생 시에 수비수제거의 역할뿐 아니라 아군의 공격하는 기물들이 계속 공격을 하는 위치에 오게 만드는 등 다른 목적이 병합될 경우도 있다.

■ 수비지역 이탈 강요 기술이란 기물희생을 이용해서 수비를 담당하는 상대방의 중요 수비 기물을 수비임무로부터 벗어나게 강요하는 기술이다. 즉 수비수의 관심을 다른 곳으로 돌려서 그 수비수가 중요 수비지역을 이탈하게 만드는 기술이다. 이 '수비지역이탈강요' 란 용어는 마땅한 공식적인 용어가 없어서 필자가 개념을 정립하면서 붙인 용어이다. 영어로는 디플렉션(Deflection)이라 한다.

■ 수비수 제거 기술이란 알기 쉽게 말 그대로 기물희생을 이용하여 주요기물이나 중요지점을 방어하고 있는 수비수를 제거하는 기술이다. 이 기술의 개념은 수비지역 이탈 강요기술과 비슷하나 실제적인 수비 기물이 없어지는 점에서만 조금 다르다.

다음 예를 통해 수비수 이탈 강요기술의 개념을 잘 파악할 수 있다.

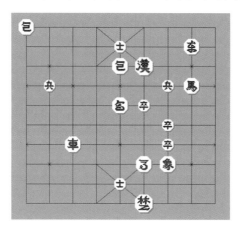

그림19 (수비지역 이탈 강요 : 초차례)

초의 졸을 일부러 죽여서 장군을 부르면서 한의 병을 유인한다. 이때 마를 보호하던 한의 병은 초의 졸을 잡을 수밖에 없다. ① f6졸f7 장군 ② g7병X f7졸. 그 이후는 한은 초의 작전에 끌려 갈 수밖에 다른 수가 없다. ③ h9차X h7마 ④ f8장f9 ⑤ h7차X f7병 장군 ⑥ e9사f8 ⑦ f7 차X b7병. 결과적으로 초의 졸 하나를 희생하여 7선에 있던 한의 모든 기물들이 전멸을 한다.

다음 문제의 상황을 잘 살펴보자. 초의 차와 초의 포가 d10의 사를 노리고 있고 한에서는 유일하게 마가 d10의 한사를 지키는 상황이다.

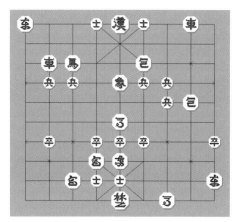

그림20 (수비수 제거 기술 : 초차례)

한가지 희생기술에서도 여러 가지 희생이 복합되어 나타나기도 한다.

한에서는 10선이 취약하고 이를 방어하는 수비수는 c8 마뿐이다. 결정적으로 공격을 방해하고 있는 기물은 수비 측의 마이다. 만약 이 마만 없다면 외통승이 가능해 진다. 이 점을 이용하기 위해 희생을 통한 공격방법을 찾아낸다. 여기서 수비수 제거 기술이 모두 사용되었다. ① c2포Xc8마 ② b8차X c8포 ③ a10차X d10사 장군# 만약 ② f10사e9로 수비를 보강하면 한의 마를 잡은 초의 c8포는 유유히 살아서 돌아오게 되어 기물 면에서 우세하게 된다.

다음 문제의 해법도 위의 문제와 동일한 발상을 필요로 한다. 현재 상황에서 초에게 가장 무서운 한의 기물은 f5에 있는 한의 마이다. 이 마가 g3로 가서 장군을 부르면 외통으로 패하게 된다. 다행히도 이를 저지하는 한의 유일한 기물은 e4마이기 때문에 모든 작전은 이 기물에 초점이 맞추어 진다.

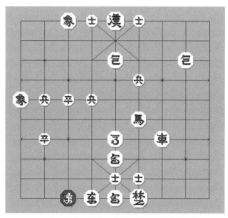

그림21 (수비수 제거 기술 : 한차례)

수비를 하는 e4의 마를 제거하는 것이 한의 첫 번째 과제이다. ① g4차X e4마 ② c1상X e4

차하면 ③ f5마g3 장군#으로 게임이 끝난다. 만약 초의 왕의 숨통을 트이게 하려고 ② f2사f3로 하면 ③ f5마g3+장군 후 4선에 있는 한차가 다시 움직여 주도권을 잡으면서 계속 공격을 하게 된다. 또 다른 다음 예제를 보자.

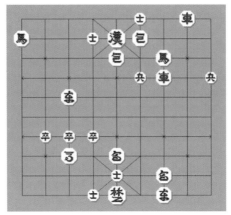

그림22 (수비지역 이탈 강요 기술 : 한차례)

현재 초가 공격을 당하고 있다. 초에서 현재 가장 약한 부위는 f1자리이다. 이 자리는 한포(f9)와 한차(h10)가 노리는 자리이다. 이 자리를 유일하게 지키는 초의 기물은 g1의 초차인 것이다. 그런데 초차는 현재 두 가지 일을 하고 있다. 1선을 지키는 일과 g2의 포를 지키는 이중일을 하고 있는데 이것이 약점이다. 그래서 한은 즉시 이 약점을 이용한다. 수비수를 따돌리는 수비수강요이탈 기술을 이용해서 말이다!!!

① g7차X g2포로 공격을 하여 만약 ② g1차X g2차로 두면 ③ h10차h1장군 ④ e2사f1 ⑤ h1차X f1사 장군#으로 지게 된다. 만약 ② g1차가 피하게 되면 g2포만 잃게 되는 결과가 된다.

다음 문제도 비슷한 발상으로 풀어야 한다. 현재 i5의 차는 e5마를 지키는 중대한 임무를 수행하고 있는데 이를 따돌리는 방법은 없을까?

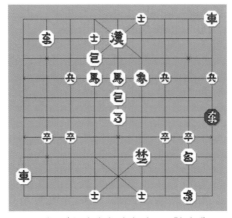

그림23 (수비지역 이탈 강요 : 한차례)

첫수 ① i7병h7 ‼ 이 기막힌 수이다. 오른쪽 한차 길을 열어서 초차를 유혹하는 것이다. 만약 이에 응하면 즉시 마가 마장을 쳐서 한이 승리한다. 만약 이를 응하지 않으면 오른쪽 한차를 적진에 투입하여 맹공을 퍼붓게 된다. 모범해답은 다음과 같다.

그림23 해답 : ① i7병h7 ② i5차X i10차 ③ d7마X e5마 장군#
만약 ① i7병h7 ② i5차h5 면 ③ d8포X d1사 ④ h1상e3 ⑤ i10차i2
⑥ b9차X d9사 장군 ⑦ e7마X d9차 ⑧ e5마d3 ⑨i2차e2 장군#

이 기술에 대해서 지금까지의 예제를 통하여 확고히 개념이 잡혔으리라 믿으며 이어서 연습문제의 수비지역 이탈 강요 기술 (수비수 따돌림 기술과 수비수 제거 기술)의 연습문제들을 통해서 확실히 이에 대한 기술을 좀 더 다듬어 보도록 한다. 연습문제의 문제49~74의 문제를 풀어보고 다음 기술로 이동하자.

4) 묶기기술 (Pin)

- 왕이나 그 외 중요한 기물 앞에 하위기물이 놓여 있을 때 적군의 기물로 그 하위기물을 노리고 있으면 그 기물이 묶기에 걸렸거나 또는 묶였다고 부른다. 이러한 현상은 왕을 향해서 장군을 부를 때에 다른 기물이 가려서 수비를 하는 경우에도 생기고 중요 기물이 공격을 받을 때 그를 수비하려고 하위기물이 와서 막는 경우에도 생기고 그런 상태를 공격자가 일부러 겨냥하여 만드는 경우에도 생긴다.

- 이처럼 묶기에는 보통 3개의 기물이 관련이 된다. 그 기물들은 같은 줄 이나 같은 선이나 대각선 길에 묶는 기물, 묶인 기물, 그리고 묶인 기물 뒤에 있는 기물이 줄줄이 놓여진다. 묶인 기물 뒤에 있는 기물이 왕인 경우는 장기규칙상 절대로 묶인 기물이 움직일 수 없다. 묶인 기물 뒤에 있는 기물이 왕이 아닌 경우에 묶여 있던 기물이 움직이면 뒤에 있던 기물이 잡힌다. 그리고 묶을 수 있는 기물은 차, 포, 마, 상이 있다.

- 묶인 기물은 기동성을 완전히 잃고 수동적이 되어 공격이나 수비 중 어떠한 기능도 수행을 할 수 없어서 상당히 불리해 진다. 아래의 예들은 묶임을 당하는 것이 상당히 위험하다는 것을 보여준다. 특히 왕을 상대로 묶여 있을 때 더욱 그렇다. 묶인 기물은 완전히 힘을 잃기 때문이며 아래의 예들을 살펴보면서 확실한 개념을 잡도록 하자.

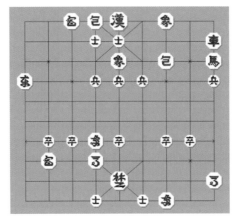

그림24 (묶기 : 초차례)

오른쪽 i줄의 한의 기물을 보면 기이한 형태로 되어 있다. 병, 마, 차가 일렬로 나란히 있다. 만약 초가 하나의 기물을 투자하여 이 한의 기물을 묶어 놓을 수만 있다면 경제적으로 유리하며 또한 한의 기동력을 마비시킬 수 있을 것이다. 여기에 착상을 한다면 해답은 ① b3포i3 이다.

다음 예제에서 행마하기 전에 초의 기물배치 형태를 먼저 분석해 보자. 초의 장은 자신의 기물들로 인해 전혀 움직일 수가 없다. 만약 한은 어떤 기물이라도 와서 장군을 부르면 맥없이 패하게 되는 모양이다. 여기에 다음수의 힌트가 있다. 만약 한의 마가 g3에 와서 장군을 부른다면 초는 패하게 될 것이다.

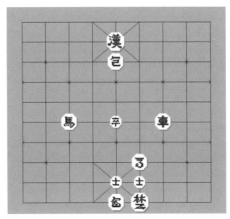

그림25 (묶기 : 한차례)

해답은 간단하다. ① c5마e4로 다음 수에 외통을 노리면 초에서는 사를 움직이어 왕이 도망갈 퇴로를 마련해야 한다. ② e2사e3이 당연한 수이고 ③ e4마g3 장군 ④ f1장e2 후 묶기를 이

용하여 한의 차가 초졸을 잡을 수 있다. ⑤ g5차X e5졸

다음 예제도 한의 장이 초포에 의해 묶여있는 것을 이용하여 기물이득을 취하는 경우이다.

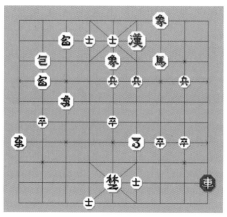
그림26 (묶기 : 초차례)

첫수는 ① a4차a8. 초차로 한포를 위협하는 것이다. 한의 포가 ② b8포f8로 도망가면 묶기를 이용하여 ③ a8차X e8상으로 상을 취한다. 외통의 위협을 느낀 한왕이 ④ f9장f10으로 피하면 ⑤ c9포X e9사로 포로 사를 취한다. 초상이 e9를 겨냥하기 때문에 한은 한사로 포를 취하지 못하고 f8포가 다시 차에 의해 위협을 당한다. ⑥ f8포X f4마로 포가 이동하면 ⑦ e8차X g8마로 차가 마무리한다.

다음 예제는 한이 풍전등화 상태에 놓여 있음에도 침착하게 선수를 활용하면서 묶기를 이용하여 승리하는 경우이다.

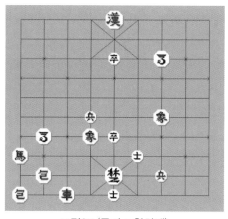
그림27 (묶기 : 한차례)

이 문제의 해답의 첫수는 ① c1차X e1사 장군 차가 사를 잡고 초장을 유인하는 수이다. 강

요수에 의해 ② e2장X e1차로 장이 할 수 없이 움직이면 이어서 ③ d4상b1 장군 ④ e1장e2 ⑤ a3마c2 장군 ⑥ e2장d3 ⑦ d5병d4 장군#으로 초는 고배를 마신다.

마지막 수에서 병이 장군을 치는 장면은 아주 인상적이다. e4졸은 g5상에 의해 묶여 있어서 허구적인 방어를 하고 있었던 것이다. 이처럼 묶기가 무서운 것이다.

■ 묶여있다고 다 위험한 것은 아니다. 경우에 따라서는 묶기를 무시하고 교묘히 빠져나가는 상황도 있다. 묶여있던 상태에서 중간기물이 움직이면서 다른 공격을 하여 오히려 위태롭게 되는 경우도 생길 수 있으니 묶었다고 안심해서는 안 된다. 아래의 예는 묶기를 교묘히 빠져나가는 경우이다. 초에서 g7상이 g8차를 묶고 있어서 f7차f8로 한차를 잡으려고 궁성에 진입했다.

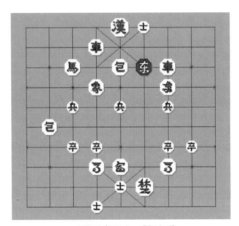

그림28 (묶기 : 한차례)

한의 위기상황이다!! 여기서 기막힌 수가 나온다. ① d9차f9!로 한차가 초차를 다시 묶는 수이다. f8의 초차는 초왕에 의해 묶여 있으므로 ② f8차Xg9차를 못하고 할 수 없이 ② f8차X f9차 ③ f10사X f9차로 차만 교환된다. 초는 얻은 것이 하나도 없고 오히려 상이 붙잡혀 죽게 되었다.

묶기 연습문제들을 통해서 확실히 묶기에 대한 기술을 좀 더 다듬어 보도록 한다.
연습문제의 문제75~99 의 문제를 풀어 보자.

5) 길트기기술

■ 길트기기술이란 기물희생을 통해, 아군기물들의 활동을 활성화시키는 기술로서 아군기물의 길을 막고 있는 기물을 일부러 죽여서 주요 공격수의 길을 트게 만드는 기술이다.

이 '길트기기술'이란 용어도 현재 공식적으로 없는 용어라서 필자가 개념을 정립하면서 붙인 용어이다.

- 길트기기술은 공격 기물들끼리 도움이 되기는커녕 서로 길을 막고 공격에 방해가 되어 차라리 없는 편이 더 나은 경우에 과감히 기물을 희생하는 기술이며 이런 경우 자신의 공격 기물을 일부러 없앤다. 이 희생기술은 다른 기물이 들어갈 수 있도록 빈자리를 만들기 위해서도 쓰이고 다음 공격수를 위한 길을 트기 위해서도 사용되며 상대의 수비를 허물기 위해서 쓰일 뿐 아니라 자신의 공격 조직력을 높이기 위해, 즉 아군을 방해하는 불필요한 아군기물을 없애기 위해서도 쓰인다. 차도 예외가 아니며, 기물 중 어느 것을 희생하냐의 결정은 상식적으로는 가치가 낮은 것을 희생하는 것이 좋을 듯 보이지만 반드시 그러하지는 않고, 오히려 위치상, 상황상 차, 포 등 가치 있는 것을 희생해야 하는 경우가 생긴다. 이것이 장기의 묘미 중 하나이고 고수일수록 이런 수를 잘 구사한다. 아래의 예들을 살펴 보자.

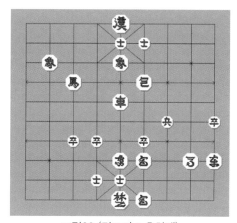
그림29 (길트기 : 초차례)

상황을 분석해 보자. i줄의 차와 졸이 같은 줄에 놓여 있고 졸이 차의 길을 막고 있는 셈이다! 여기서 착안을 해야 한다. 만약 졸이 없다면 노림수는 무엇일까? 이런 생각을 하면 금방 떠오르는 수가 있다. 졸을 희생하여 차가 7선에 가서 한의 포와 마를 양걸이를 하면 둘 중 하나의 기물은 잡을 것이다. 졸 하나를 희생해서 마를 잡는다면 기물상 유리한 교환을 하는 결과가 된다. 해답은 다음과 같이 간단하다.

  그림29 해답 : ① i5졸h5 ② g5병X h5졸 ③ i3차i7 ④ f7포f10 ⑤ i7차X c7마
다음 문제도 비슷한 발상을 요구한다. 그런데 희생을 해야 하는 기물이 '차'이기 때문에 쉽게 생각이 떠오르지 않을 수 있다.

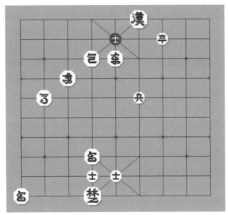
그림30 (길트기 : 초차례)

e8의 차가 c7상의 멱을 막고 있다. 만약 차만 없다면 g9졸로 장군을 쳐서 금방 외통으로 이길 수 있는 상황이다. 해답은 아주 간단하다. 차를 포기하면 되는 것이다! ① e8차X d8 포 ② e9사X d8차 ③ g9졸f9장군#

이처럼 차 같은 강력한 기물도 아군에게 방해만 될 때가 있다. 이때는 과감히 차라도 포기 해야 쉽게 해결책이 나올 수 있는 것이다.

다음 예제도 위의 경우를 잘 이해하면 쉽게 답을 얻을 수 있다.

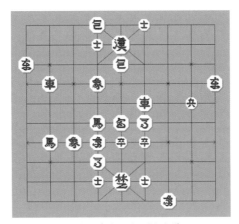
그림31 (길트기 : 한차례)

① f6차X f5마로 아군 상의 멱을 막고 있는 아군 차를 적군의 마를 잡으면서 희생을 하는 것이 첫수이다. 이게 웬 떡이냐 하면서 ② f4졸X f5차로 졸이 차를 잡으면 기다렸던 다음 수가 나온다. ③ d7상g5 장군으로 중간 기물인 상이 갑자기 장군을 치면서 희생을 한다. ④ f5졸X g5상으로 졸로 상을 잡으면 b7차가 유유히 i7의 차를 잡는다. ⑤ b7차X i7차

서로의 이득을 계산해 보면 한은 차, 상을 투자해서 차, 마를 얻었으니 상과 마가 교환되어 기물상 유리한 교환을 한 결과가 된다. 아주 미세한 상황에서는 이런 교환으로 인해 승패가 갈리는 경우가 실전에서는 비일비재 하다.

연습문제의 **길트기** 연습문제들을 통해서 확실히 **길트기**기술을 좀 더 다듬어 보도록 한다.
연습문제의 문제100~120 의 문제를 풀어 보자.

6) 멱풀기기술

■ 멱풀기기술이란 적의 수비수가 아군공격수의 길이나 멱을 막고 있는 경우에 쓰는 기술이다. 앞에서 설명한 길트기기술과 개념은 비슷한데 아군의 길을 막고 있는 기물이 자기 기물인 경우는 길트기기술이라 하고 멱풀기기술은 아군의 길을 막는 적의 기물이 아군 기물의 멱을 풀게 강요한다는 점에서 다르다. 이 기술은 기물희생을 이용하여 길을 막고 있는 수비수를 이동하게 만들어서 차기 공격수의 길이나 멱을 풀게 하는 기술로서, 직선길이나 대각선길이 열리게 된다. 이 '멱풀기기술'이란 용어도 역시 공식적으로 없는 용어여서 필자가 임의로 붙인 용어이며 이 기술은 묘수풀이 문제에도 자주 등장하는 고급기술 중 하나이다. 아래의 예들을 살펴보면서 확실한 개념을 잡도록 하자.

아래의 경우는 좌진의 병 (b7병)이 b1차의 길을 막고 있다. 차가 한의 좌진을 침투하려면 좋은 방법이 없을까? 만약 침투하면 당장 한의 c8마를 위협할 수 있을 것 같은데…,

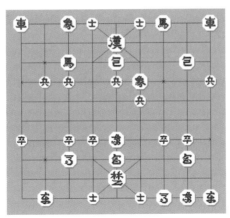

그림32 (멱풀기 : 초차례)

방법은 아주 간단하다. ① e4상X c7병으로 상을 희생하는 수가 좋다. 비록 상은 병과 교환한 것이지만 다음에 더 큰 보상이 기다리고 있기 때문에 희생을 하는 것이다. ② b7병X c7상 ③ b1차b8 ④ g10마h8 ⑤ b8차X c8마가 자연스러운 수순이다. 만약 ② b7병Xc7상을 두지 않고 a10차가 a9로 와서 초차를 견제한다면 ③ b1차Xb7병으로 두 병이 공짜로 죽는 형국이 된다. 한으로서는 이것도 큰 손해가 된다.

이제 멱풀기의 개념을 잘 이해 하셨으리라 믿는다. 다음 예제도 비슷한 발상에서 풀면 된다. 상황을 보면 e3의 초포는 두 다리를 가지고 있어서 초마가 ① a7마b9로 장군을 쳐도 한의 장이 e10으로 피하면 그만이다.

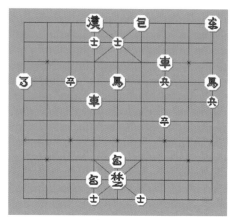

그림33 (멱풀기 : 초차례)

그런데 만약 e9의 사가 없다면 어떻게 될까? 이것이 이 문제해답의 열쇠이다.
만약 피할 수 없는 어떤 강요수에 의해 e9사가 이동하게 된다면 초마가 ① a7마b9로 장군을 쳐서 외통이 될 것이다. 이것은 다음 해답 수순으로 가능해 진다. ① i10차X f10포 장군이 멋진 희생수이고 멱풀기기술의 핵심이다.

그림33 해답 : ① i10차X f10포 장군 ② e9사X f10차 ③ a7마b9장군#

이제 다음 예제의 해답이 금방 떠오르리라 생각이 든다. 첫수는 무엇일까?

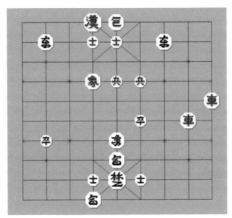

그림34 (멱풀기 : 초차례)

e9사의 자리를 초의 3개의 기물이 노리고 있는 상황이다. 초의 두 차와 포 (b9, g9, e3)인데 포다리가 두 다리인 것이 흠이다. 이를 해결할 첫수는?

① d1포X d7상 장군으로 ② g6졸X f6포를 강요하여 포의 두 다리를 외다리로 만드는 작업이 중요하다. 그 후 ③ g9차X e9사 장군 ④ d9사X e9차 ⑤ b9차X e9사 장군# 수가 외길 수순이다.

다음 예제의 풀이도 비슷한 발상에서 시작한다.

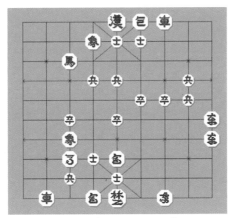

그림35 (멱풀기 : 한차례)

① f10포X f6졸로 양졸의 장막을 없애려 희생을 한다. 만약 ② g6졸X f6포로 졸이 포를 잡는다면 다음 수순으로 인해 외통으로 지게 된다. ③ g10차X g1상 장군 ④ e2사f1 ⑤ a1차 X d1포 장군 ⑥ e1장 X d1차 ⑦ g1차 X f1사 장군#. 그런데 만약 초가 한의 의도를 알고 ② i4차g4로 방어를 한다면 포는 졸을 잡고 다시 살아가게 된다. 따라서 기물이득을 챙기게 되어 유리하다.

연습문제의 멱풀기 연습문제들을 통해서 확실히 멱풀기기술을 좀 더 다듬어 보도록 한다. 연습문제의 문제121~140 의 문제를 풀어 보자.

7) 뜰장기술/ 뜰공격기술(Discovered Check/Discovered Attack)

■ 뜰장기술 또는 '뜨면서 공격' 또는 '뜰공격'기술이란 아군의 중요공격 기물과 상대방기물 중간에 또 다른 아군의 공격 기물이 있는 상황에서 중간에 있는 아군 공격 기물을 이동 하면서 차기 아군 공격 기물이 상대 기물을 공격하게 하는 기술이다. 공격대상이 적 왕 인 경우는 뜰장이라는 용어를 쓰고, 상대 기물이 왕 이외 다른 기물인 경우는 '뜨면서 공 격기술'/ '뜰공격'이라고 칭한다. 지금까지 이 용어에 대해서 왕을 상대로 한 용어인 뜰장 이외에는 다른 기물에 적용 가능한 적절한 용어가 없어서 필자가 고심 끝에 '뜰공격'이란 이름과 개념을 붙인 것이다. 즉, 사이에 있는 기물이 "움직이면서(뜨면서) 직접 공격에 노출되게 한다"는 개념이다. 아래의 예들을 살펴보고 확실한 개념을 잡도록 하자.
아래의 상황은 c4의 한상의 멱을 아군인 d2한차가 막고 있는 형국이다. 한은 이를 이용 하여 수를 낼 수가 있다. 뜰장을 이용하는 것이다!!

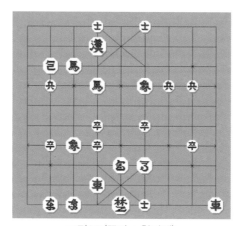

그림36 (뜰장 : 한차례)

해답은 아주 간단하다. ① d2차d3 장군으로 멱을 치워 중간기물인 차가 원하는 위치인 d3로 이동하고 ② d4졸X c4상으로 초가 상을 죽여서 상장을 모면하면 한차가 ③ d3차X f1사 장군#으로 이기는 것이다.

다음 문제는 실전에서 아주 자주 나오는 상황이다. i1 한포로 c5 초차를 잡을 수 있다.

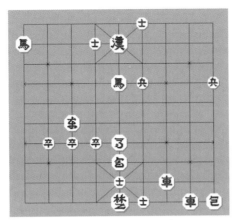

그림37 (뜰장 : 한차례)

차와 포가 같은 라인(선이나 줄)에 있을 때 아주 위력적으로 상대의 기물을 잡을 수 있는 방법이 있다. ① i1포g1 장군 ② f1사f2 ③ g1포c1장군 ④ f2사f1 후에 c줄로 건너간 한포가 c5에 있는 초차를 잡는 수가 생기는 것이다. ⑤ c1포X c5차 ⑥ c4졸X c5포

아래 예제도 실전에서 나온 문제이다. 초반 포진과정 중 자주 나올 수 있는 상황이다. 초의 차례인데 한의 좌진의 모양이 부자연스럽지 않은가? 더군다나 한포가 초의 진영에 넘어와서 초상의 멱에 의해 막혀 있긴 해도 마의 길에 있다. 이를 이용할 방법이 없을까?

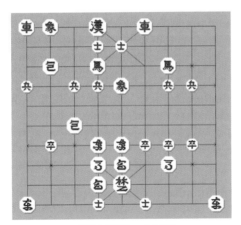

그림38 (뜰장 : 초차례)

① e3포a3으로 포로 좌진의 한차를 위협하는 수가 정수이다. ② a7병b7 후 ③ d4상a6으로 다시 한차를 위협하면 한차와 한포가 동시에 걸리는 이중위협형태가 나온다. 한은 둘 중 하나의 기물을 포기해야 한다. 만약 생각 없이 ④ a10차Xa6상??을 한다면, 또 뜰장의 노림수가 있다. ⑤ a3포a10 장군!! ⑥ a6차Xa10포 ⑦ a1차Xa10차 ⑧ d10장e10으로 피하고도 계속 초의 공격이 계속되어 아주 불리하게 된다.

그림38해답 : ① e3포a3 ② a7병b7 ③ d4상a6 ④ a10차Xa6상?? ⑤ a3포a10 장군!!
⑥ a6차Xa10포 ⑦ a1차Xa10차 ⑧ d10장e10

아래 문제도 실전에서 나온 상황이다. a6의 한차가 대차(차의 교환)를 청한 장면이다. 초
에서 좋은 수가 있을까?

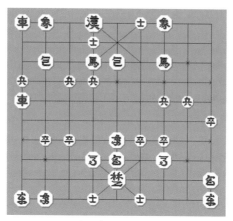

그림39 (뜰장 : 초차례)

① i2포a2로 버티는 수가 정수이다. 만약 ② b8포X b1상이라면 ③ b4졸a4로 또 버티고
④ a6차X a4졸이라면 초의 노림수에 걸려 들게 된다. ⑤ a2포a5 ⑥ a4차X a1차 ⑦ a5
포X a10차 장군 ⑧ d10장e9 ⑨ a10포X a1차가 외길 수순이며 한은 양차를 다 잃게 되어
아주 불리하게 된다. 실전에서는 ④ a6차X a4졸을 두지 않고 b1한포만 희생되는 것으로
마무리가 되었지만 이런 수법을 잘 알고 있어서 상대가 이런 수를 구사하더라도 함정에
빠지지 않게 주의할 필요가 있다. 이 모든 수법이 뜰장과 관련된 수이며 특히 포를 이용한
뜰장이 이렇게 강력하다는 사실을 잘 알기 바란다.

아래 예제도 실전에서 잘 나오는 상황이다.

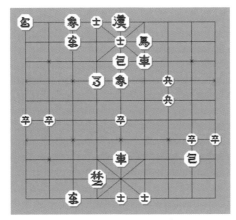

그림40 (뜰장 : 초차례)

초의 첫수도 포와 차의 뜰장 작전을 이용하는 수이다. 먼저 ① c9차X c10상으로 포와 차를 일직선 상에 놓고 다음 수를 기다린다. ② e3차f3으로 차가 위기를 모면해 보려 해도 이미 함정에 걸려 있다. ③ c10차c3 장군 ④ d10사d9 ⑤ c3차X f3차 ⑥ f8차X f3차 ⑦ c1 차c10 장군 ⑧ d9사d10 ⑨ c10차c3 장군 ⑩ d10사d9 ⑪ c3차X f3차

이 수순은 피할 수 없는 외길수순이며 이 뜰장기술의 결과로 한은 양차를 잃고 전의를 상실하여 기권을 하였다.

이렇게 뜰장은 강력하여서 장기에서는 아주 중요한 기술이 된다. 이어서 연습문제의 뜰장/ 뜰 공격 연습문제들을 통해서 확실히 뜰장/ 뜰 공격에 대한 기술을 좀 더 다듬어 보도록 한다.

연습문제의 문제141~162 의 문제를 풀어 보자.

8) 차단기술 (Interference)

■ 차단기술이란 기물희생 또는 기물의 멱을 이용해서 수비수의 길이나 멱을 차단하는 기술이다. 그 결과로 상대방의 기물들끼리의 연결이 끊기거나 중요지점으로의 접근이 일시적으로 차단되어 수비가 불가능해진다. 이 기술은 아주 자주 등장하는 기술은 아니지만 가끔 묘수를 내야 할 때 중요한 순간에 아주 요긴하게 쓸 수 있는 기술이다.

아래의 예들을 살펴 보고 확실한 개념을 잡도록 하자.

아래 문제의 상황에서 초 진영에 있는 한포를 어떻게 초가 포획을 하느냐가 관건이다. 이때 차단기술을 이용한다.

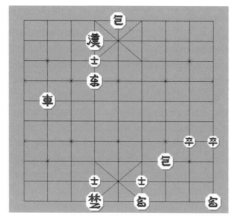

그림41 (차단 : 초차례)

우선 차로 포를 위협한다. 이때 포를 위협하는 위치가 중요하다. ① d7차g7 g7 위치에서 해야 차단기술을 쓸 수 있다. 그 후 한차가 ② b6차b3으로 방어를 해도 ③ f1포f3의 포를 차단하는 수로 한은 속수무책이다.

그림41 해답 : ① d7차g7 ② b6차b3 ③ f1포f3 ④ g3포g10 ⑤ g7차X g10포

다음 문제는 실전에서 잘 나오는 상황이다. 한차와 초차 사이에 한병이 묶여있다. 문제는 어떻게 초가 자연스럽게 한병을 잡는가인데…,

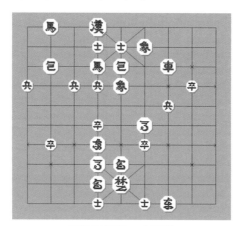

그림42 (차단 : 초차례)

해답은 아래와 같다. 즉, 초졸로 차단을 한 후 초차가 한병을 잡으면 된다.

그림42 해답 : ① h7졸g7 ② g8차h8 ③ g1차X g6병 ④ h8차h3 ⑤ f4졸e4 ⑥ h3차h5

다음 문제는 고수만이 풀 수 있는 난국 상황이다. 차단기술이 이럴 때 요긴하게 쓰인다.

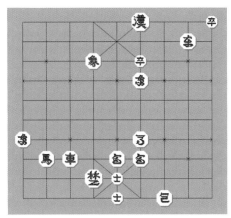

그림43 (차단 : 한차례)

한은 아주 어려운 상황에 처했다. 공격 기물은 단지 4개의 기물만 있고 초의 다음 수에 외통으로 지게 되어있어서 아주 긴박한 상황이다. 묘수가 있어야 하는데 무슨 좋은 수가 없을까? 절박한 심정으로 수를 찾기 바란다.

이 문제의 해답은 뜰장과 차단 기술의 복합된 해법에 의존해야 한다. 우선 첫수는
① c3차c6 장군으로 초왕의 위치이동을 강요하고 ② d2장d3으로 이동 후 마른하늘의 날벼락 같은 수인 ③ c6차d6!! 장군으로 차를 일부러 죽인다.
왜일까??? 그 의도를 알게 되면 그 깊은 뜻에 탄복하게 되지 않을까?
f7의 상길을 막기 위함이다. 이렇게 하면 ④ a4상X d6차로 인해 f7상길이 막히게 되어 일련의 ⑤ b3마c5 장군 ⑥ d3장d2 ⑦ d8상b5 장군#의 외길수순을 밟게 되어 초가 한에게 고배를 마시게 된다.
이 문제는 필자가 가장 좋아하는 문제이기도 하다. 차의 숭고한 희생으로 다 망해가던 나라가 다시 살아나게 된 것이 아닌가 하는 감상에 빠진다!!

이어서 연습문제의 **차단기술** 연습문제들을 통해서 확실히 **차단기술**에 대한 기술을 좀 더 다듬어 보도록 한다.
연습문제의 문제163~178의 문제를 풀어 보자.

9) 중간수 (Intermediate Move)

■ 중간수는 수와 수 사이에 행마를 하는 수를 일컫는다. 혹자는 사이수라고도 한다. 상대가 어떤 위협을 하거나 공격을 할 경우 이에 바로 대응하지 않고, 다른 더 중요하고, 상

대가 피할 수 없는 절대 선수를 두면서 선수공격을 먼저 하여, 그 순간을 모면하는 수를 말한다. 이런 수를 발견하여 두게 되면 상대가 아무리 고수라도 타격을 받게 된다.

■ 중간수는 상대의 의도대로 두지 않겠다는 의지가 담겨있다. 논리적으로 상대의 의도를 정당히 피할 수 있을 때 상대는 심한 타격을 받게 된다. 다음의 예를 보면서 개념을 정리하기 바란다.

한병이 초에게 겁 없이 대든 장면이다. 잘 살펴보니 믿는 구석이 있어서 유인하는 수로 보이는데! 빠져나갈 구멍을 살피면서 결정을 해야 한다. 여러분은 그 구멍이 보이는가?

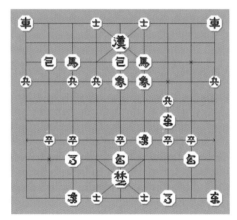

그림44 (중간수 : 초차례)

우선 겁 없이 덤빈 한병을 ① g5차X g6병으로 잡자. 이어서 노림수인 ② f7상X h4졸이 나오면서 초차가 한마의 길에 놓이게 되어 한상을 잡을 기회가 없어 보인다. 이때 중간수가 등장한다. ③ g6차f9 장군!과 같이 장군을 하는 수로 초가 한의 선수를 빼앗으며 한의 응답을 기다린다. ④ f10사f9로 응답을 받고 초의 졸을 공격한 한상을 처단한다. ⑤ g4졸X h4상, 이렇게 위협을 받는 사이에도 절대선수를 행사하여 위험을 유유히 빠져 나갈 수 있는 수가 중간수인 것이다.

다음 문제도 중간수의 개념정립에 도움이 되는 문제이다. 한의 병이 g9차의 힘을 믿고 e5로 상을 위협하는 상황이다. 이 한병을 저지할 수 있는 기물은 e3포밖에 없는데 g9차가 g3마를 노리고 있어서 e3포가 움직일 수 없는 상황이다.

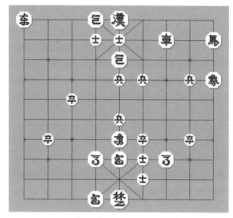

그림45 (중간수 : 초차례)

여기서 중간수의 개념이 다시 등장한다. ① d1포g1 ② g9차h9로 한차를 g줄에서 떠나게 만드는 것이 포인트다. 그 후 한병을 처단한다. ③ e3포X e5병!

다음 예제의 상황을 자세히 살펴보자. 한차례인데 한의 b6차가 초 b3포에게 위협을 당하고 있고 도망갈 퇴로가 없다. 꼼짝없이 죽게 되었는데 이때 중간수의 개념이 다시 등장한다. 그 수가 보이는가?

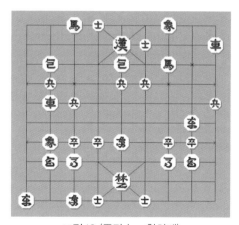

그림46 (중간수 : 한차례)

우선 초의 면포가 없는 약점을 파악하여 ① e8포e6 장군!이 아주 좋은 수이다. ② h3포e3으로 초가 포로 멍군하게 되면 ③ b6차a6 ④ a1차X a6차 ⑤ e6포X a6차로 대차(차의 교환) 시도를 하여 위기를 탈출한다. 이런 수가 노련한 고수의 수인 것이다.

■ 고수들이 구사하는 대부분의 기술들은 좀 더 한 차원 높은 희생을 동반한 기술들이다. 상대 왕을 공략하기 위해 기물을 희생하고 일시적으로 손해 보는 것도 마다하지 않는 경

우가 많고 공격 기물들을 상대의 궁성 쪽으로 배치하여 방어 하고 있는 진지를 무너뜨리기 위해서 희생기술이 필요하다. 이와 같이 상대 왕의 궁성을 공략하기 위해 기물을 희생하는 것도 주저하지 않는 경우가 생기는데 희생한 그 기물 이상의 가치와 그에 따른 보상이 있다는 것을 알기 때문이다. 즉 기물 교환 후 기물우위가 된다는 것을 예측한 후 기물을 일시적으로 투자하는 것인데 만약에 상대가 희생에 대해 응하지 않고 그 작전에 말려들지 않고 중간수 등으로 빠져나올 수 있다면 그것은 희생하는 입장에서 충분한 수 읽기를 못한 것이 된다. 따라서 희생수를 두기 전에는 정확하고 치밀한 수읽기를 해야 하고 일어날 수 있는 변화수들을 모두 사전에 심사숙고해야 한다. 그렇지 않으면 기물손해만 생긴다. 아래의 경우가 공격하는 초가 상대의 수를 충분히 보지 못한 경우이다.

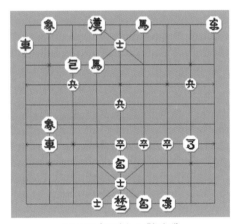

그림47 (중간수 : 한차례)

① f1포X f10마로 초가 한의 마를 잡고 궁성을 초토화 시키려고 시도하는데… 초는 한의 반격수인 중간수를 고려 못한 듯하다. 다음의 노림수가 ② c8포c1 장군 ③ d1사d2 ④ c1 포c10이다. 이로써 초의 포로 마를 치는 수는 수포로 돌아간다.

다음 예제는 실전에서 나온 상황문제이다. g1포가 한 진영으로 날아가서 ① g1포g10 장 군을 친 장면이다. 앞에서 여러분이 배운 이중공격 상황이다. 한의 f10차가 피하면 a10차 가 죽게 되어서 아주 난감한 상황이다. 이때 한은 놀라운 중간수를 발견한다! 여러분도 눈을 크게 뜨고 다음의 그 수순을 감상하기 바란다.

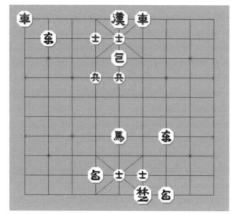

그림48 (중간수 : 초차례)

② f10차X f2사 장군으로 선수를 빼앗은 후 ③ e2사X f2차 ④ e4마g3 장군 ⑤ g4차X g3 마 ⑥ a10차a1 장군#의 수순으로 전세를 역전시키면서 승리를 한다.

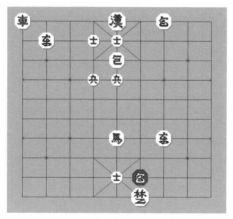

그림49 (중간수 : 초차례)

이 문제는 위의 문제인 그림48의 변화수로서 만약 ③ e2사Xf2차가 아닌 ③ d2포X f2차로 차 장군을 막으면 또 다른 변화수가 없는지 보여주기 위한 문제이다.
해답은 ④ a10차a1 장군 ⑤ e2사e1 ⑥ e4마d2 장군#이다.

아래 문제는 한이 과감하게 모든 것을 투자하여 초를 공격하는 장면에서 초 측에서 중간 수가 작용하는 상황을 보여주는 예이다. 한의 수읽기가 초 보다는 한 수 짧은 것 같다.

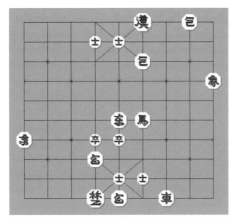

그림50 (중간수 : 한차례)

① f8포X f2사 ② e2사X f2포 ③ f5마e3 장군 ④ f2사e2 ⑤ i7상g4까지 상황으로는 한이 초를 몰아붙여서 초가 곤란한 상황이다. 이때 중간수인 ⑥ e5차f5 장군 ⑦ f10장e10으로 차가 수비에 나서면서 ⑧ f5차f2로 상길을 차단하니 한으로서는 더 이상 방법이 없고 한포 가 초사와 교환한 결과가 되어 상당히 손해 보는 장사를 한 것이 된다. 이래서 희생을 할 때는 중간수가 없는지 신중히 수읽기를 해야 하는 것이다.

이어서 다음의 연습문제의 **중간수** 연습문제들을 통해서 확실히 **중간수**에 대한 기술을 좀 더 다듬어 보도록 한다.
연습문제의 문제179~193의 문제를 풀어 보자.

10) 중요자리 선점기술

- 중요자리 선점 기술은 적진의 중요지점을 선점하여 후속 기물들을 침투시켜 수비 기물들 을 교란하고 주요 수비지역을 이탈시키게 하는 등 다양한 작전을 수행하는 경우에 필요 한 기술이며 기물 희생이나 호장(呼將) 또는 포획 위협을 이용하여 주요지점을 차지하는 기술이다.

- 위협의 종류 중에는 외통장군을 가하는 위협이나 기물을 취하기 위한 위협 등 실제적인 이득을 위한 눈에 보이는 위협만 있는 것이 아니다. 중요한 기물이 중요자리를 두고 빼 앗고 빼앗기는 상황도 위협이라 할 수 있다. 서로 그러한 중요자리를 빼앗기면 대세에서 밀리게 되고 갑자기 형세가 불리하게 된다. 이러한 상황은 이중 또는 다중위협으로 복잡 하게 얽혀 있을 수 있다. 예를 들어 상대가 아군의 차길을 빼앗아 아군의 차길은 막히고 상대방의 차 길은 열려있게 되면 대세에서 우위를 빼앗기게 되고 아군의 기물들이 초반

부터 위협을 당하여 고전을 면치 못하게 된다.

■ 이런 중요자리를 선점한다는 개념은 여러분이 전술적으로 발전하여 더 날카로워지고 좀 더 복잡한 모양에 대한 이해력을 높이기 위해서는 필수적으로 갖추어야 하는 중요한 전술적 요소이다. 깊이 숨어있는 이런 위협들을 찾아낼 수 있도록 그러한 감각을 익히고 훈련을 통해 이러한 위협을 찾아내는 능력을 연마하여 자신의 것으로 만들면 이런 상황을 충분히 예측할 수 있고 상대의 그런 공격에 대비할 수 있다. 이 중요자리를 빼앗기 위한 위협은 전술적 시야를 넓히기 위해서는 매우 중요한 것이다.

아래의 예들을 살펴 보고 확실한 개념을 잡도록 하자.
그림51의 초의 기물 배치를 잘 살펴보면 초의 양차가 모두 한의 궁성 중앙인 e9자리를 노리고 있고 수비 기물은 모두 2개이다. 만약 초의 다른 기물로 이 e9자리를 차지할 수 있다면 입궁수가 성립할 수 있다.

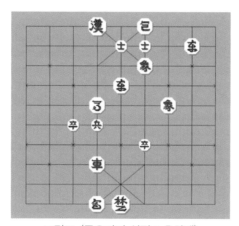

그림51 (중요자리 선점 : 초차례)

상황만 파악이 되면 해답은 아주 간단하다. 첫수로 ① d6마c8장군하여 장군을 치면서 d6마가 e9자리를 차지하는 것이다. 그 후 ② d10장d9 ③ e7차X e9사 장군 ④ f9사X e9차는 외길 수순이다. 마지막으로 마무리 수인 ⑤ h9차X e9사 장군#으로 초가 이긴다.

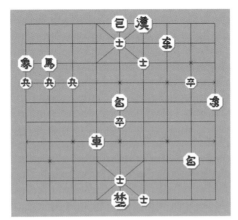

그림52 (중요자리 선점 : 초차례)

다음 예제는 조금 복잡하여 좋은 수를 찾는데 많은 생각이 필요하다. 한에서는 현재 제일 약한 부분이 왕 앞의 부분이다. 만약 한의 h줄에 있는 초의 포가 f줄에 위치한다면 아주 곤란할 것이다. 즉, 한의 왕 앞이 초포의 급소인 것이다. 여기에 착안을 하면 다음 수순은 외길 수순이다. 모범해답은 아래와 같다.

그림52 해답 : ① g9차g3 ② e9사f9 ③ h3포f3 ④ f10장e9 ⑤ i6상X f8사
⑥ f9사X f8상 ⑦ g3차g9장군 ⑧ f8사f9 ⑨ h7졸g7 ⑩ b8마d7

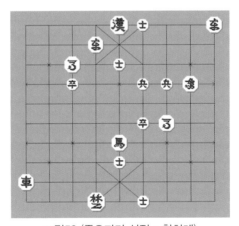

그림53 (중요자리 선점 : 한차례)

다음 예제도 마가 장군을 하면서 좋은 자리를 선점하는 것이다. 아래 모범해답대로 당신의 행마가 되었는지 확인해 보시라!

그림53 해답 : ① e4마c3 장군 ② d1장e1 ③ a2차a1장군 ④ d9차d1
⑤ a1차X d1차 장군#

다음 문제의 상황을 살펴보면 a줄은 a10차가 차지하고 있고 우측은 초차와 한차 모두 자신의 기물들로 인해 막혀있다. 여기서 차길을 차지하려는 날카로운 신경전이 벌어지는 장면이 발생한다. 이 예제를 통해 좋은 자리 차지하는 개념에 대한 정립이 확고히 되리라 믿는다.

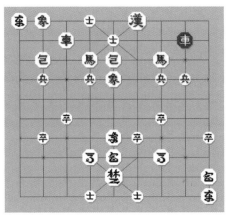

그림54 (중요자리 선점 : 초차례)

① i2포c2 ② c9차b9로 포로 차를 위협하면서 우변의 차 길을 막고 있는 포를 좌진으로 이동시킨다. 그 후 ③ c2포f2 장군 ④ f10장e10으로 포를 다시 궁성으로 포진을 시키면서 자연스러운 선수이동을 한다. ⑤ i4졸h4로 차길을 열면 초는 양차길을 확보하는 유리한 위치에 선다. 이때 한이 이를 빼앗기지 않으려고 ⑥ h9차i9 ⑦ i1차X i9차 ⑧ g8마X i9차로 대차를 청하여 우변은 서로 차를 교환하여 힘의 균형을 유지하게 된다.

이어서 연습문제를 통해서 확실히 **중요자리 선점기술**에 대해 좀 더 다듬어 보도록 한다.
연습문제의 문제194~213의 문제를 풀어 보자.

11. 스큐어공격 기술 (Skewer)

- 스큐어란 말은 영어로서 우리말로는 꼬치라는 뜻이다. 쇠꼬챙이에 고기나 야채를 꼽아서 바베큐로 먹는 꼬치처럼, 기물의 공격받는 형태를 나타낸 것이다. 즉 기물이 배치된 모양이 꼬치처럼 창같이 날카로운 것에 줄줄이 꽂아 놓은 것 같이 되는 현상을 표현한 것이다. 이 기술에 대한 개념은 서양장기인 체스에는 있는데 영어로 스큐어(Skewer)라 불린다.
- 이 기술은 장기에서 포와 차를 이용해서 자주 사용하는 기술인데 정작 마땅한 용어가 없다. 그래서 고민하다가 체스에서 사용하는 용어를 외래어처럼 사용하기로 결정하고 본

책자에서 이 기술의 정식 명칭을 스큐어기술이라 기재 했다. 마치 축구의 '코너 킥'을 북한에서 사용하는 용어인 모서리 차기라고 하면 듣기에 이상하듯이 '꼬치기술'이라고 하면 그 정도로 이상할 것 같아서이다.

■ 이 '스큐어공격기술'도 전술적으로 아주 강력한 기술 중 하나이다. 여기에 관여되는 기물이 3개인데, 2개의 상대편 기물이 한 줄, 또는 같은 선에 나란히 있을 때 아군 기물이 공격을 하는 경우이다. 공격받는 하나의 기물이 피하면 그 뒤에 있던 기물은 잡힌다. 묶기인 경우와는 반대로 스큐어 공격의 경우는 공격받는 기물이 뒤에 있는 기물보다 더 강력한 기물이다. 그래서 공격받는 기물이 피하면 그 뒤의 기물이 희생을 당한다. 장기에서 스큐어 공격을 할 수 있는 기물은 직선 공격수인 차와 포뿐이다. 아래의 예를 보고 개념을 정립하기 바란다.

초가 둘 차례인데 좋은 수가 없을까?

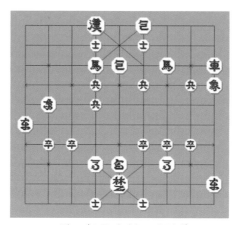

그림55 (스큐어기술 : 초차례)

① b6상X d9사 ② d10장X d9상에서 ③ a5차a9 장군으로 장군을 치면 ④ d9장d10 후 그 뒤에 있던 사가 초차에 의해 ⑤ a9차X f9사로 죽게 된다. 이런 기술을 스큐어(Skewer) 기술이라 한다.

아래 상황은 이 기술이 최상으로 잘 응용된 경우이다.

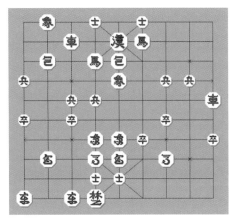

그림56 (스큐어기술 : 초차례)

① e3포i3!로 한은 중대한 기물인 차를 죽이게 되었다. 만약 우진의 차를 피하면
③ i3포i9장군으로 ④ 한왕이 피하거나 마가 피하면 ⑤ i9포 X c9차가 되어 포가 차를 잡고도
살아올 수 있다. 그래서 실전에서는 ② h7병i7 ③ i3포X i6차 ④ i7병X i6포의 수순으로 진행되
어 차와 포를 교환한 셈이 되었다. 한이 기물 면에서 대단히 불리하게 되었다.

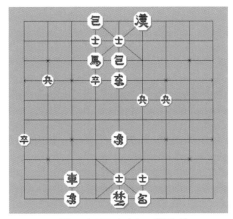

그림57 (스큐어기술 : 한차례)

이 문제도 포의 전형적인 스큐어기술 적용 장면이다.
① e8포e10 ② e7차i7로 포가 차를 위협한 후 차가 도망가면 뒤에 있던 상을 ③ e10포X
e4상 장군한 후에도 계속 선수공격을 한다.

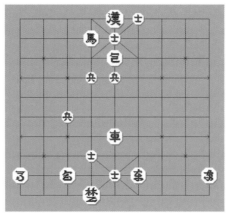

그림58 (스큐어기술 : 한차례)

이번 예제는 스큐어기술을 이용하여 한차가 초의 기물들을 교란시키는 장면이다.
① e4차a4 ② a2마c3 ③ a4차a1 장군 ④ d1장d2 후 ⑤ a1차c1이 스큐어기술이다. 포와
마 중 한 기물을 포기해야 한다. ⑥ c2포X c5병 ⑦ c1차Xc3마 ⑧ f2차f5로 실전에서 진행
되었다. 한이 아주 유리해졌다.

다음 장면은 묶기에 걸려 있는 초의 차를 이용하여 스큐어기술로 기물의 이득을 보는 장
면이다.

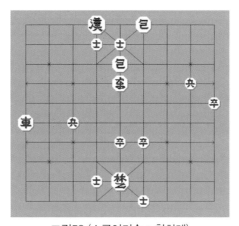

그림59 (스큐어기술 : 한차례)

① a5차a7로 우선 초의 차를 위협하면 한포에 의해서 초차가 묶여 있어서 중앙줄을 떠날
수 없어서 ② e7차e6으로 차가 피하면 ③ a7차a6 ④ e6차e7이 되어 ⑤ a6차X i6졸로 졸
을 취한다.

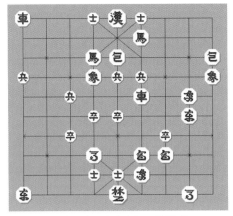

그림60 (스큐어기술 : 한차례)

한에서 포를 공짜로 잡을 찬스가 왔다. ① f6차X f3포로 잡고 ② e2사X f3이면 ③ i8포i1 장군한 후 ④ 초 왕이 피하면 ⑤ i1포X a1차를 한다는 구상이다.

이어서 연습문제의 **스큐어기술** 연습문제들을 통해서 확실히 **스큐어기술**에 대한 기술을 좀 더 다듬어 보도록 한다.
연습문제의 문제214~224 의 문제를 풀어 보자.

12) 외통급소 노림 공격 기술

■ 이 기술은 주로 끝선 (1선 또는 10선)에서 왕이 옴짝달싹 움직일 수 없게 되어 외통으로 지는 급소를 노려서 기물이득을 보거나 왕을 외통으로 이기는 방법을 말한다. 아래의 예들을 살펴 보고 확실한 개념을 잡도록 하자

아래의 상황에서 만약 한이 e포로 h8하여 초의 h4졸을 위협한다면 과연 이 졸을 피할 수 있을까? 만약 못 피한다는 것을 당신이 안다면 이미 외통급소 노림 기술에 대한 개념을 다 파악한 것이다.

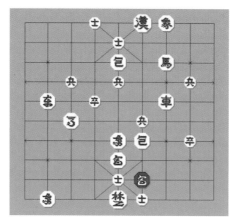

그림61 (외통급소 노림 : 한차례)

① e8포h8을 행마 한 후 졸이 피하면 포 장군에 의해 외통으로 지기 때문에 초는 급히 왕을 피신 시켜야 한다. ② e1장d1이 후 ③ h8포Xh4졸로 한은 기물이득을 본다.

다음 예제는 한 왕의 부자연스러운 위치를 둘러싼 복잡한 싸움이 벌어지는 실전 예이다.

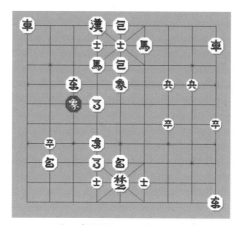

그림62 (외통급소 노림 : 초차례)

우선 첫수로 초차가 한상을 ① c7차X c6상으로 잡아도 한마가 차를 잡을 수 없다. 마장군으로 한이 지기 때문이다. ② e7상g4로 한이 초차를 위협해도 초는 선수로 ③ d6마c8 장군 ④ e8포X c8마 ⑤ c6차X c8포를 하여 d4상의 다음 장군을 노리게 된다. ⑥ e9사f10으로 한왕이 도망갈 자리를 마련하면 ⑦ b3포b9로 초포가 한왕의 퇴로를 차단하게 된다. ⑧ d8마c6으로 상의 장군 치는 멱을 차단하면 ⑨ c8차X c6마로 마가 다시 차에게 죽는다. 이때 한상으로 ⑩ g4상X i1차하면 초에서 또 뜰 공격을 이용한 후속수가 기다리고 있다. ⑪ c6차i6!으로 상 장군으로 위협하면 한차가 ⑫ a10차a7로 방어를 해야 할 때 ⑬ i6차X i9차로 한차를 잡아 차를 교환한 결과가 된다. 이 과정에서 한은 많은 기물이 희생이 되어 현격한 기물차이가 나서 패색이 짙다.

다음 예제도 초의 불안한 왕의 급소를 이용한 공격이다.

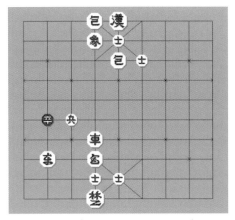

그림63 (외통급소 노림 : 한차례)

그림63 해답 : ① d4차c4 ② b3차b1 ③ c5병X b5졸

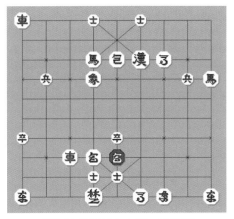

그림64 (외통급소 노림 : 한차례)

바로 전 문제와 비슷한 상황이다. 좌진에 한의 양차가 있어서 초의 기물손실을 막을 수 없는 상황이다. ① a10차X a4졸해도 초차가 한차를 잡을 수 없다. 외통으로 차 장군에 지기 때문이다. ② a1차b1로 피하면 초차가 이 약점을 물고 늘어진다. ③ a4차b4 ④ b1차a1 ⑤ b4차a4 ⑥ a1차b1 ⑦ e8포X g8마 ⑧ d3포X d8마로 실전 진행이 되었다.

이어서 연습문제를 통해서 확실히 **외통 급소 노림** 기술을 좀 더 다듬어 보도록 한다.
연습문제의 문제225~236의 문제를 풀어 보자.

13) 함정파기(Trapping) : 기물잡기

- 적이 피하지 못할 함정을 파서 기물을 오도 가도 못하게 하여 잡는 기술은 장기의 전술에서 가장 중요한 기술 중 하나이다. 여러 중요한 기물을 잡는 아래의 예제를 보기 바란다.

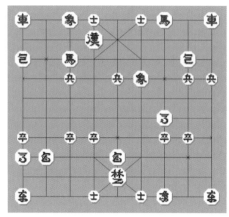

그림65 (함정파기 : 한차례)

한이 둘 차례이다. 어떤 좋은 수가 있을까?

① a8포X a3마로 도발을 해 왔을 때 만약 마가 아깝다고 해서 초차로 한포를 잡으면 다음 수순으로 그 초차도 죽게 되어 불리해 진다. 이때는 눈물을 머금고 참아야 한다. 차가 잡히는 수순은 ② a1차X a3포 ③ h8포a8 ④ a4졸b4 ⑤ c10상a7 ⑥ a3차a4 ⑦ a8포X a4차 ⑧ b4졸X a4포 ⑨ a7상X c4졸 ⑩ a4졸b4이다.

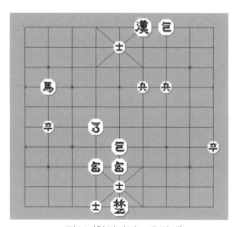

그림66 (함정파기 : 초차례)

적진에 들어온 한의 포를 잡을 방법이 없을까?

아래가 실전의 수순이다.

그림66 해답 : ① b5졸b6 ② b7마c9 ③ d3포f1장군 ④ f10장e10 ⑤ d5마c3

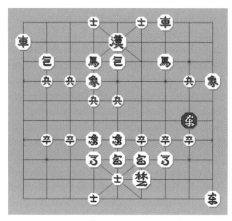

그림67 (함정파기 : 한차례)

아래의 경우는 실전에서 종종 나온다. 5선에 나간 초의 차가 갈 곳이 없도록 한의 기물들이 다 포진되어 있다. ① h7병h6으로 차를 위협하면 갈 곳은 단 한군데이다. ② h5차i5로하면 우변에 양차가 나란히 놓여 있어서 한포에 의해 양걸이를 당하여 다음 수순이 된다. ③ e8포i8 ④ i5차X i7상 ⑤ g8마X i7차 ⑥ i1차X i7마 한은 차가 하나 더 많은 상태에서 유리한 게임을 하게 된다.

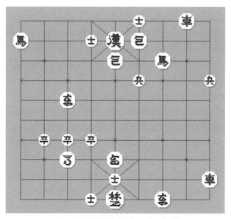

그림68 (함정파기 : 한차례)

다음은 한의 모든 기물이 초의 우변에 몰려 있어서 수가 나는 장면이다.
① i2차g2로 한차가 초차를 유인해도 초차는 1선을 뜰 수가 없다. ② g1차i1로 피하면 ③ e8포i8로 초차는 갈 곳이 없어서 죽게 된다. i1차가 d1으로 와서 차와 한포를 교환하는 수가 가장 최선인 것 같다. 초의 비세이다.

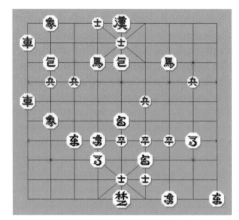
그림69 (함정파기 : 한차례)

다음 예는 한의 차례이다. 좌변에 한의 기물들이 몰려있어서 뭔가 수가 날 것 같은 느낌이 든다! 첫수는 포다리를 든든히 두 다리로 만드는 것이다. ① f6병e6! ② e5포e3으로 초포가 피하면 한포가 ③ e8포c8로 차를 위협한다. 그 이후는 외길 수순이다. ④ c4차b4 ⑤ a6차a1 장군 ⑥ e2사d1 ⑦ b5상e7 ⑧ d4상X b7병 ⑨ b8포X b4차 이로써 한은 초차를 잡고 유리한 국면을 이끌게 된다.

다음은 유인과 결부된 문제이다. 한이 신중해야 한다.

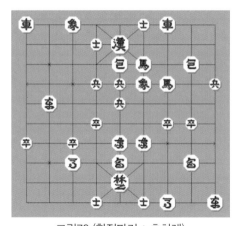
그림70 (함정파기 : 초차례)

첫수로 ① e4상X g7마하면 한은 손해를 여기에서 끝내야 한다. 억울하다 하여 ② g10차X g7상하면 초에서 노리는 수순이 있다. ③ e3포a3 ④ c10상a7 ⑤ a3포g3하여 한차가 함정에 빠진다. 만약 ⑥ e6병d6 장군 해도 ⑦ e2장d2 ⑧ g7차g10 ⑨ g3포X g10차 ⑩ f8마X g10포하는 결과가 된다.

이어서 연습문제를 통해서 확실히 **함정파기기술**에 대해 좀 더 연습해 보도록 한다.
연습문제의 문제237~257 의 문제를 풀어 보자.

라. 합동작전: 연합작전(Combination)

우리는 앞에서 전술적으로 중요한 공격수단들에 대해서 개념을 알아보고 각각의 기술에 대해서 연습문제를 통해서 좀 더 심도 깊은 기술들을 익혀 보았다. 이번에는 앞에서 배운 각각의 기술들이 복합적으로 적용되는 좀 더 복잡한 합동작전법에 대해서 알아보도록 하자. 실전에서 등장한 수순이 긴 고수들의 합동작전을 포함하여 많은 작전에 대해서 설명을 하고 특히 우리가 박보장기라고 부르는 '묘수풀이'에 대해서도 설명을 하고자 한다.

1) 합동작전이란?

● 합동작전의 필요성과 종류

· 기물에 대해서 간단한 공격은 통하지 않는다. 성공적으로 공격하려면 상대의 기물을 보호하는 기물이 없게 상황을 유도하면서 공격을 피할 수 없게 만들어야 한다. 그래서 합동공격이 필요한 것이다. 몇 가지 기물들로 상대의 기물을 공격하고 어떤 수비수단도 통하지 않게 만들면 비로소 공격이 성공한다. 이러한 합동공격을 감행함에 있어서 자신의 기물들을 잘 조화로운 형태로 만들어 공격하는 것도 중요하지만, 더더욱 상대의 수비 기물들을 교란시켜 서로 꼬이게 만드는 것도 결정적인 성공의 요소가 된다.

· 합동공격을 공격대상에 따라 다음의 3가지로 나눌 수 있다.

첫 번째는 차나 중요 기물 또는 졸의 적진침투 등 중요 기물이 적진의 중요지점을 확보하기 위한 것이고 두 번째는 왕 이외 상대 기물에 대한 것이고 세 번째는 왕에 대한 것이다.

① **좋은 위치를 차지하기 위한 합동작전** : 아군의 차의 길을 열면서 상대의 차길을 봉쇄한다든가, 졸의 적진침투를 통해 상대수비 기물을 수비지역으로부터 이탈하게 만드는 등이 대표적 예이다. 이런 합동공격은 전술 편에서 중요자리선점 편에서 자세히 설명이 되어 있으므로 참조 바라며 본 장에서는 부연설명을 생략하고 대신 기물을 잡는 합동공격과 왕을 잡는 합동공격에 좀 더 설명을 하도록 한다.

② **기물의 이득을 얻는 합동작전** : 이런 유형의 합동공격은 두 가지 부류가 있다. 합동공격으로 기물을 직접 공격하여 취하는 것과 두 번째는 왕과 기물을 이중위협을 가하여 왕을 보호하려 할 때 기물을 취하는 것이다.

③ 왕을 향한 합동작전 : 왕을 호장하여 외통승 하겠다는 위협과 관련된 것으로 승패와 직결되는 합동작전을 말한다.

2) 기물 이득을 위한 합동작전

2.1. 양득작전 및 유리한 기물 교환

■ 양득작전 : 이 연합작전은 기물이 서로 도와서 상대의 기물에 집중공격을 퍼부어 이득을 취하는 것으로 예를 들어 상으로 양졸을 취하거나 포로 양사 등을 취하는 작전 등을 말한다. 작전이 끝나는 시점에서는 수비에 전담했던 수비수의 다수가 없어져서 공간이 많이 생긴 틈을 이용하여 그 쪽으로 후속공격을 위한 아군 기물의 침투를 노릴 수 있다. 아래 예를 보도록 하자.

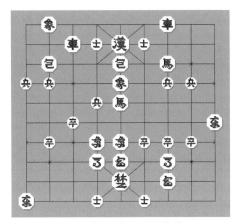

그림1 (양득작전 : 초차례)

그림1의 상황을 보면 면포가 한의 마를 위협하고 있으나 한의 병이 지키고 있어서 균형을 이룬 상황이다. 초의 중포로 병을 노리려 해도 아군의 상이 중간에 위치하여 포의 두 다리를 형성하고 있어 직접 위협은 안 된다. 이럴 때는 희생작전이 필요하다. ① d4상Xb7병 장군으로 희생수를 날린 후 ② a7병Xb7상으로 응수하게 한 후, ③ g2포d2로 병을 위협하여 마를 지키고 있는 병이 그 자리를 떠나게 되면 마가 죽으므로 떠날 수가 없게 되어 포가 병을 취하게 되면 상 하나로 병을 둘 취하는 결과가 되어 점수면 에서도 유리하고 선수 위협으로 계속 주도권을 쥐게 된다.

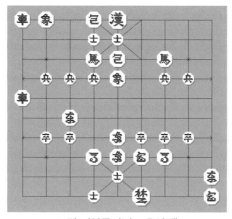

그림2 (양득작전 : 초차례)

그림2의 상황에서 초의 차례에서 감행할 수 있는 작전은 양상을 이용하는 것이다. 일단 상의 희생작전인 ① e4상Xg7병으로 한의 우진병 중 하나를 잡고 ② h7병Xg7상으로 응수하게 되면 외병이 된 한병을 ③ c5차g5로 초차가 위협을 하면 병과 마가 한 줄에 있어서 둘 중 하나를 포기해야 한다. 병이 한차의 힘을 믿고 앞으로 전진을 하여도 초의 면상이 이 병을 겨냥하고 있어서 한병을 살릴 수 없다. 결론적으로 상 하나로 양병을 잡는 결과가 된다. ④ g8마h10 ⑤ g5차Xg7병 ⑥ h10마f9

이것은 전형적인 양상/차의 합동작전이므로 잘 기억해 두면 실전에서 유용하게 써 먹을 수 있다.

■ 유리한 기물 교환 작전 : 이 작전은 기물들이 서로 도와서 상대의 약한 기물이나 약한 자리에 집중공격을 퍼부어 작전이 끝나는 시점에서는 기물 면에 있어서 수적으로 유리함을 취하는 작전을 말한다. 경우에 따라서는 일시적으로 기물을 완전히 희생하거나, 불리한 교환을 한 후 그 대가로 더 큰 이익을 취하기도 한다.

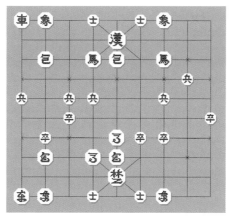

그림3 (유리한 기물 교환 : 초차례)

그림3의 상황을 보면 초가 한의 좌변에 한병을 묶어 놓고 있고 우진에는 한 병이 홀로 불안한 상태에 있다. 이를 이용하는 방법은 우선 좌변병을 위협을 하면서 초상을 진출 시키는 것이다. ① b1상d4 ② a6병a5로 수를 주고받고 진출했던 d4에 있는 상의 멱을 초의 중앙에 있는 e4마가 막고 있는 점을 감안하여 멱을 풀기 위해 마를 죽이는 희생작전을 감행한다. 즉, ③ e4마Xd6병 ④ c6병Xd6마로 손해 보는 교환을 한 후 상의 멱이 풀린 것을 이용하여 ⑤ d4상Xg6병 장군으로 호장을 하게 되면 상이 한의 마와 한 왕을 이중위협을 하는 상황이 된다. 한에서 병으로 ⑥ h7병g7하여 상장군을 막게 되면 ⑦ g6상Xd8마로 결과적으로 쌍방 마는 서로 상쇄되고 상으로 병 둘을 잡는 결과가 되어 유리한 기물 교환을 하게 되는 결과가 된다.

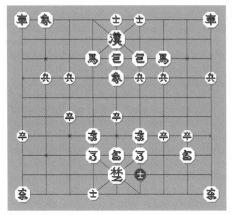

그림4 (유리한 기물 교환 : 한차례)

그림4에서 한에서 감행할 수 있는 작전은 우선 포로 중앙에 있는 초졸을 치는 것이다. ① e8포Xe5졸로 하면 당연히 초에서는 마의 멱을 막고 있는 상을 이동시켜서 ② d4상Xf7병으로 마로 포를 위협하면 ③ e5포e8 ④ f7상d4를 교환하여 겉으로는 쌍방 졸/병을 교환한 것처럼 보인다. 여기서 한에게는 이미 준비된 수가 있다는 것을 간파하시기 바란다. 5번째 수가 절묘한 위협수로서 ⑤ f8포d10 ⑥ d4상Xb7병 ⑦ c7병Xb7상 수순에 의해 초의 상이 할 수 없이 한의 병과 교환하도록 강요하는 것이다. 한의 궁과 사의 위치를 보면 5번째 수를 위해 한에서는 미리 앞을 내다보고 d10의 사를 e10으로 미리 옮겨 놓았던 것을 알 수 있다. 결과적으로 서로의 이득을 계산해 보면 한은 초의 상이 한의 병과 교환을 했으므로 이득이고 또한 중앙에 있던 초의 병과 f병과 교환을 했으므로 한이 더 이득인 것이다. 중앙에 있는 상대의 졸과 아군의 변에 있는 병을 바꾸는 것은 위치상으로 이득인 것이다.

2.2. 희생작전

■ 앞의 예제에서도 여러 번 강조했듯이 공격 기물들을 상대의 궁성 쪽으로 배치하여 방어하고 있는 진지를 무너뜨리기 위해서는 희생기술이 필요하다. 대국을 하다 보면 종종 상대를 공략하기 위해 기물을 희생하고 일시적으로 손해 보는 것도 마다하지 않는 경우가 생긴다. 희생한 그 기물 이상의 가치와 그에 따른 보상이 있다는 것을 알기 때문이다. 다시 말해서 기물 교환 후 기물우위가 된다는 것을 예측한 후 기물을 일시적으로 투자하는 것이다. 그러나 실패하면 기물상 손해를 볼 수 있기 때문에 일단 손해를 보는 희생수를 두기 전에는 정확하고 치밀한 수읽기를 해야 하고 일어날 수 있는 변화수들을 모두 사전에 심사숙고해야 한다. 희생기술은 매우 다양하게, 전술적으로 수를 내기 위해 쓰인다. 특히 상대의 중요한 곳이나 기물을 방어하는 수비수를 제거하거나, 수비수의 주의를 끌어 수비하던 지역을 이탈하게 만드는데도 쓰인다.

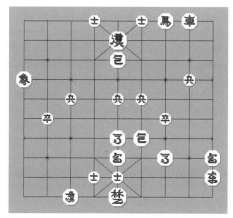

그림5 (희생작전 : 초차례)

그림5의 바로 전 상황은 한의 포가 초의 진영으로 와서 초졸을 잡은 장면이다. 이렇게 포가 아군진영에 들어오게 되면 어떻게 허점이 생기는지 눈 여겨 볼 필요가 있다. 우선 한의 합병된 병을 독병으로 만들면 어떻게 되는지 수읽기를 해보면 수가 생길 수 있는 모양임을 알 수 있다. 마의 희생으로 스큐어기술을 쓸 수 있는 모양이 생기는 것이 보인다. ① e4마Xf6병 ② e6병Xf6마로 수를 교환한 후 한병이 독병이 된 것을 이용하여 차로 선수공격을 감행한다. 여기서는 앞에서 배운 스큐어기술을 쓸 수가 있다. 즉, ③ i2차f2로 포를 위협하면 ④ f4포f9로 포를 살리기 위해 포가 한 진영으로 돌아가면 뒤에 있던 한의 독병이 차에게 노출이 되므로 ⑤ f2차Xf6병으로 차가 병을 잡고 6선에 있는 한의 독병을 또 위협하게 된다. 한은 초의 마를 하나 희생하여 계속 유리한 모양을 형성하게 되어 주도권을 쥐게 된다.

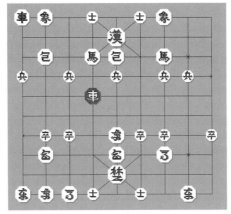

그림6 (희생작전 : 초차례)

그림6의 상황을 보면 초가 주도권을 잡기 위해 앞에서 배운 멱풀기기술과 스큐어기술을 응용하면 수가 난다. 일단 상을 희생해야 한다. ① e4상Xg7병 ② h7병g7상으로 상을 잡기 위해 h7에 있던 한병이 초의 h1차의 길을 열게 만든 후 ③ h1차h9 장군 ④ e9장e10 ⑤ h9차g9 ⑥ g8마e9로 한의 우진을 교란시키면 독병이 된 한병이 차에게 노출이 되어 ⑦ g9차Xg7병처럼 차가 병을 잡게 된다. 득실을 따지면 초는 상을 하나 잃고 한은 양병을 잃고 수비 형태는 궁중마가 되도록 강요되어 우형으로 모양이 엉망이 되는 결과가 되어 초가 유리한 국면이 된다.

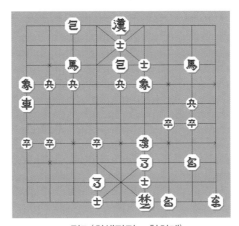

그림7 (희생작전 : 한차례)

그림7의 상황은 초의 졸이 한병을 위협한 상황이고 한병 뒤에는 한마가 있는데 병/졸이 교환이 되면 초의 포가 한마를 노리게 되어 있다. 여기서 한병은 병, 졸을 교환할 것인지 말 것인지 아니면 마를 피해야 할 것인지 이 대목에서 고민이 될 것이다. 어떤 것이 유리한 상황인지 수읽기를 차근히 해야 한다. 단순히 우변에 있는 4개의 기물만

생각하지 말고 크게 보면서 작전을 구상하면 의외로 수가 많이 숨어 있음을 알 수 있다.

우선 ① h6병Xh5졸 ② h3포Xh8마를 교환한다. 포에게 마를 잃기는 했어도 적진을 돌파한 한병이 ③ h5병Xg5졸로 자리를 잡으면 한은 포다리를 위해
 ④ f4상h7 수를 진행해야 하고 한에서 ⑤ g5병g4로 전진한 후 한포가 ⑥ g1포e1로 귀환을 하면 ⑦ a6차g6 ⑧ f3마e5 ⑧ g6차g7 ⑨ i1차h1 ⑩ e8포Xe5마로 유리한 국면을 끌 수가 있다. 이 이후에도 한에서 위치가 좋아서 많은 전략을 짤 수가 있다. 자세히 보면 초의 왕의 위치가 아주 불안함을 알 수 있다. 아군의 f7의 상이 이 초왕을 노릴 수 있는 위치인 h4로 갈 수 있어서 유리한 상황이 전개될 수 있다. 아래의 중간 완성도를 보고 차후에 어떤 작전을 구상할 수 있는지 연구해 보길 바란다.

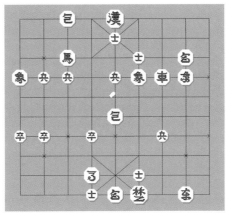

그림8 : 중간 완성도

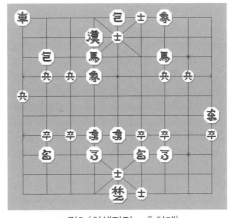

그림9 (희생작전 : 초차례)

그림9는 희생작전의 또 다른 좋은 예이다. 초가 현재 아주 유리한 위치에 있다. 형세를 분석해 보면 한의 왕이 좌측으로 측궁을 하여 좌중궁을 한 상태인데 왕 근처에 포

가 둘이나 있지만 정작 왕의 바로 앞에는 엷어서 만약에 초의 포가 한왕의 앞을 겨냥하게 되면 크게 몰릴 수 있는 상황이다. 이에 착안을 하여 한의 좌진을 초의 상이 교란시키는 것이 포인트이다. 초가 이런 약점을 이용하기 위해 희생작전을 감행하여 첫 단계로 ① d4상Xb7병 ② c7병Xb7상 ③ f3포d1의 교환을 통해 한왕의 앞을 허전하게 하고 세차게 포격작전을 감행하게 된다. 그 후 귀마가 출동하여 한의 좌진을 농락하고 이어서 초의 우진차가 한의 궁성을 노리게 되어 최종적으로 한의 차가 죽게 되어 한이 포기하고 경기가 끝나게 된다. 상세한 수순을 아래의 해답을 보면서 장기판에 기물을 놓고 한 수 한 수를 음미하기 바란다.

그림9 해답 : ① d4상Xb7병 ② c7병Xb7상 ③ f3포d1 ④ d9장d10 ⑤ d3마c5
⑥ e9사d9 ⑦ c5마Xd7상 ⑧ b7병c7 ⑨ d7마f6 ⑩ c7병c6
⑪ f6마Xg8마 ⑫ f10사e9 ⑬ g8마Xe9사 ⑭ g10상e7
⑮ i5차i9 ⑯ a10차a9 ⑰ e9마d7 ⑱ b8포e8 ⑲ d1포Xd8마 장군
⑳ d9사Xd8포 ㉑ i9차Xa9차

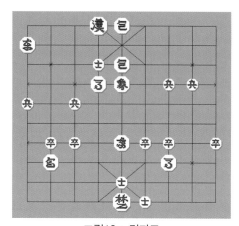

그림10 : 결과도

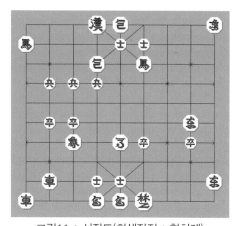

그림11 : 시작도(희생작전 : 한차례)

그림11은 또 다른 희생작전의 예이다. 이 작전은 단순히 몇 수 만에 이루어지는 작전이 아니고 적어도 19수를 내다보는 작전이다. 아래처럼 단계별로 분석해 보면 1단계에서는 ①~⑦ 수순을 밟아서 한의 마가 초의 궁성에 침투하여 초궁의 수비수중 하나인 사를 제거한 후 2단계에는 ⑧~⑪ 수순에서 보이는 것처럼 d2의 사를 한의 4개의 기물이 집중공격을 퍼부은 후 3단계에 ⑬~⑯ 수순처럼 초의 면포를 이탈시키게 만들고 마지막 단계에서 ⑰수에서 ⑰ d7병e7로 한의 면졸이 공격에 합류한 후 ⑲수에서 ⑲ b3차i3으로 좌측에 있던 한의 차가 우측으로 이동한 후 양측 공격을 감행하려고 하는 장면이다. 조금 복잡한 수순이지만 장기에서는 공격자는 이처럼 복합적으로 전략을 구상하여 주도권을 잡고 게임을 리드해 나간다. 이런 수순을 음미하다 보면 장기의 수의 깊음에 감탄을 할 수밖에 없다.

그림11해답 : ① f8마e6 ② h4졸g4 ③ d8포f10 ④ e1포e3 ⑤ e6마d4
⑥ f1장e1 ⑦ d4마Xe2사 ⑧ i2차Xe2마 ⑨ f10포d8 ⑩ h5차h2
⑪ e10포e8 ⑫ i10상g7 ⑬ b2차b3 ⑭ h2차h10장군 ⑮ f9사f10
⑯ e3포e5 ⑰ d7병e7 ⑱ h10차h6 ⑲ b3차i3

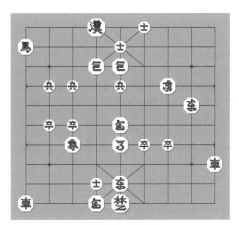

그림12 : 결과도

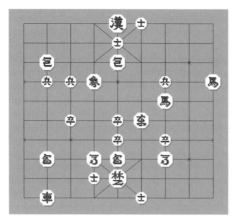

그림13 : 시작도(희생작전 : 한차례)

그림13의 문제를 통해 독자들에게 알려주고 싶은 내용은 여러분들이 작전을 짤 때 어떻게 생각을 해야 하는지 생각하는 법을 알려주려 한다.

문제 상황을 분석해 보면 b1에 있는 한의 차가 b3의 초포를 위협하고 있으나 e3의 면포가 보호하고 있어서 취할 수는 없다. 따라서 중앙줄에 있는 면포가 움직일 수 없도록 상황을 만들면 차로 포를 취할 때 이득을 얻을 수 있을지도 모른다는 생각을 해야 한다. 이에 착안을 하여 작전을 짤 수 있는지 주위의 기물의 배치를 살펴본다. 한은 중앙의 졸이 두 개가 있어서 포의 두 다리가 되어 두텁게 되어서 e8의 한포가 위협이 되지 못하나 만약 이를 한 다리로 유도하면 e8의 한포가 초왕을 겨냥하기 때문에 e3의 초포가 움직일 수가 없다. 이 아이디어를 바탕으로 우선 ① g6마Xe5졸로 마와 졸을 교환하는 희생타를 날린다. 이후 ② f5차Xe5마로 차가 마를 잡으면서 계속 중앙줄에 두 다리를 만들면 이어서 준비되었던 다음수인 ③ i7마g6 ④ e5차e6 ⑤ d7상g9로 인해 결국은 ⑥ e6차a6으로 차가 중앙줄을 떠나야만 하는 상황이 되면 ⑦ b1차Xb3 포로 차가 한포를 취하게 되어 마를 하나 희생하여 포와 졸을 얻게 되는 결과가 된다. 해답을 다시 보면서 수순을 잘 음미하시기 바란다. 이것이 바로 장기가 주는 즐거움이다.

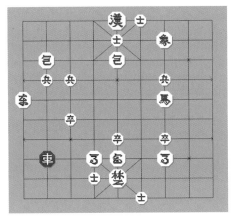

그림14 : 결과도

3) 왕을 향한 합동작전

● 중반전투에서 왕을 둘러싼 궁의 모양에서 약점이 생기기라도 하면 즉시 상대의 공격을 받게 된다. 특히 안궁이 안된 면포는 즉시 상대의 역습을 받을 수 있다. 따라서 기회가 있을 때 안궁을 하여 왕의 안전을 도모하는 것이 중요하다.

그러나 왕이 안궁을 한다고 해서 완벽히 안전해지는 것은 아니다. 여전히 공격받을 여지가 많다. 그래서 안궁된 왕을 보호하는 궁 근처의 기물을 이유 없이 이탈시키는 것은 좋지 않다. 꼭 필요할 때만 움직여야 한다. 예를 들어 궁성을 지키는 궁귀나 면포를 이탈시키면 궁성이 약해진다.

● 궁성파괴공격 전술

·이 기술은 상대방 왕을 공격하기 위해 희생을 포함한 과감한 공격으로 적왕을 보호하는 보호막을 파괴하여 궁극적으로 외통으로 이기는 전술방법을 말하며 포로 사를 치는 희생 작전이든지 앞에서 예로 설명한 그림11의 예처럼 마로 사를 치는 작전이라든지 기물의 점수를 초월하여 궁성의 수비가 되는 모든 기물을 없애는 모든 방법은 이 기술에 포함된다. 안궁된 왕을 공격하는 데는 몇 가지 전형적인 패턴이 있고 이를 익혀두면 실전에 많은 도움이 된다. 실전에서 빈번하게 등장하는 외통형태를 기억해서 공격의 원리를 해득해 놓으면 상대 왕을 공격할 때나 혹은 자신의 왕을 방어할 때 유용하게 쓸 수 있다.

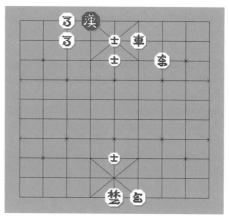

그림15 (궁성파괴공격 : 초차례)

그림15의 상황을 분석해 보면 양마, 포, 차가 한의 궁을 위협하고 있다. 여기서는 궁성을 지키는 궁성의 양사를 없애는 것이 최우선이다. 아래 수순이 외통으로 이기는 수순이다.

첫 단계로 ① c9마X e8사 ② e9사X e8마 ③ g8차X e8사의 수순을 거쳐 마로 사를 없앤 후 ④~⑨수순처럼 차를 이용하여 궁성을 위협하면 외통수가 생긴다. 해답을 따라서 한 수씩 복기를 하면서 최종적으로 해답도를 확인하시기 바란다.

그림15 해답 : ① c9마X e8사 ② e9사X e8마 ③ g8차X e8사 ④ f9차c9 ⑤ f1포d1
⑥ c9차f9 ⑦ e3사d3장군 ⑧ f9차d9 ⑨ e8차e9장군#

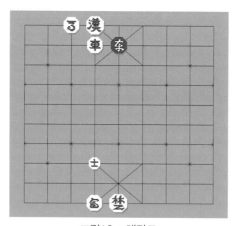

그림16 : 해답도

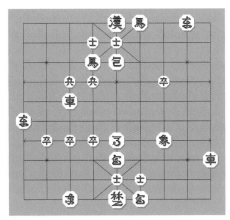

그림17 (궁성파괴공격 : 초차례)

그림17의 문제는 왕을 공격할 때 수비수의 수보다 더 많은 공격수를 투입하면 반드시 외통의 찬스가 난다는 공격의 원칙을 보여주는 예라 할 수 있다. 잘 분석해 보면 현재 궁성에서 가장 약한 자리가 f10 자리이다. 왜냐하면 한의 f10자리에 초의 기물이 2개나 이미 힘을 집중시키고 있어서 추가로 더 압박할 수 있다면 기회가 올 수 있다. 이를 파악하면 해법이 저절로 나온다. 힘을 더 집중시키기 위해 좌변에 있던 초의 차를 f10자리에 힘을 집중시키는 ① a5차f5 수가 아주 좋은 첫수이다. 이후 2~5의 수순을 거쳐서 게임이 끝난다. 해답 수순은 다음과 같다.

그림17 해답 : ① a5차f5 ② e10장d10 ③ f5차Xf10마 장군 ④ e8포e10
⑤ f10차Xe10포 장군#

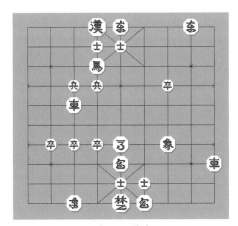

그림18 : 해답도

· 외통위협공격은 하나이상의 기물들이 서로 협동하여 공격을 하는 경우가 대부분이다. 외통공격을 위해서는 상대 수비 기물들의 엉킨 위치들을 이용하는 경우도 많다. 그러한

우형의 형태에서는 수비 기물들이 자신의 왕의 퇴로를 봉쇄하는 경우가 많은데 공격하는 측은 이 점을 이용해서 최소한의 공격수를 가지고 효율적인 공격을 할 수 있다.

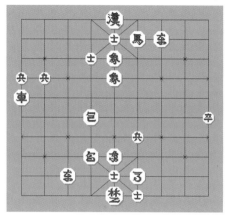

그림19 : 시작도(외통 위협 공격 : 초차례)

그림19의 상황에서 한의 귀포가 d5로 나와서 상대 기물을 취한 것이 화근이다. 다음의 연결수는 무엇일까? 수읽기가 되어 있다면 다음의 수순으로 외통이 되는 것은 조금만 집중해서 수읽기를 하면 수가 보인다. 가장 약한 부위가 d10 자리이므로 이 곳에 힘을 집중하면 된다.

해답의 첫수는 ① c3차c10 장군이고 여러분 스스로 수읽기를 해 보시고 확인을 위해 마지막으로 해답을 보시기 바란다.

그림19 해답 : ① c3차c10 장군 ② d5포d10 ③ c10차X d10포 장군 ④ e9사X d10차
⑤ g9차g10 장군 ⑥ e10장e9 ⑦ g10차Xd10사 장군#

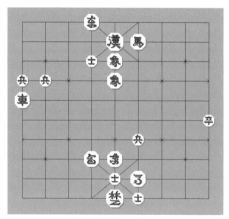

그림20 : 해답도

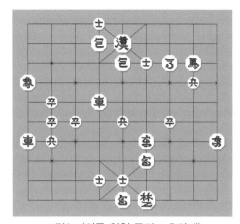

그림21 (외통 위협 공격 : 초차례)

그림21의 상황은 조금만 주의 깊게 분석하면 외통수순이 보인다. 착안점은 한 궁이 f줄로 오면 g8의 마로 인해 e9로 돌아갈 수 없다는 점에 주목하라!

일단 차를 희생해서 한의 왕을 f8로 유인해라! 첫수로 유인하는 수는 ① f4차X f8사 장군 이다. 2~9까지의 그 후 수순은 해답에서 확인해 보시기 바란다.

그림21 해답 : ① f4차X f8사 장군 ② e9장X f8차 ③ g5졸f5 장군 ④ d6차f6
⑤ f5졸X f6차 장군 ⑥ e5병f5 ⑦ f6졸f7 장군 ⑧ f8장f9 ⑨ f7졸f8장군#

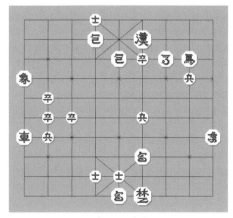

그림22 : 해답도

연습문제들을 통해서 확실히 외통을 위한 공격기술에 대해 좀 더 다듬어 보도록 한다.
연습문제의 문제258~300의 문제를 풀어 보자.

4) 묘수풀이(박보)문제풀이법

묘수풀이문제 또는 박보문제라고 불리는 이 장기퀴즈문제는 합동공격의 전형적인 예이다. 이 박보문제는 실전에서 나온 문제라기보다는 어떤 특정한 목적을 위해 인위적으로 조작한 것이 대부분이고 일부러 함정도 많이 넣고 그 풀이과정이 상당히 수순이 복잡하고 다양한 전술이 복합적으로 나타나기 때문에 이에 대한 심도 깊은 이해가 없으면 **일반인으로서는 아무리 많은 시간을 무한정 준다 하더라도 해답을 내기가 거의 불가능하다.** 본 책자에서는 이 '묘수풀이(박보)문제'에 대해서 상세히 풀이과정을 알아보고, 그 풀이의 메커니즘을 이해하고, 그 수법을 익히고, 더 나아가 실전에 적용할 수 있는 실력을 기르도록 하자. 저자가 독자들에게 권하고 싶은 것은 이 책에 나온 묘수풀이의 유형을 그 수법별로 그 해법을 이해하고 수차례 반복하여 거의 암기하다시피 하다 보면 아주 교묘히 꼬아놓은 영업용 박보문제를 제외한 15수 이하의 시중에 나온 대부분의 박보문제를 해득하는 데는 문제가 없으리라 생각이 든다. 본 책자에서는 그런 수준의 문제를 풀 수 있는 능력을 함양하는데 교육목표로 삼고 설명을 하고자 한다. 15수 이상~수십 수 걸려 풀어야 하는 문제도 잘 분석해 보면 본 과정에서 다 다루는 범위 내에 있고 단지 그 수법이 반복되어 수순만 아주 길 뿐이다. 아무튼 장기실력이 느는데 이 묘수풀이의 수법이 아주 유용하게 쓰일 수 있으므로 이를 공부하는 자체가 의미가 있다고 본다.

4.1. 호장수의 종류와 그 대응 법

우선 묘수풀이를 설명하고 그 해법을 이해시키기 위해 몇 가지 기초적인 설명을 하고자 한다. 연장군 묘수풀이는 대부분이 연속으로 장군을 불러서 왕이 더 이상 도망갈 수 없게 몰아붙여서 항복을 받아내는 과정을 거친다. 그 과정 속에서 장군을 부르는 것을 호장(呼將)이라 하고 호장에도 다음과 같이 다양한 호장 종류가 있다.

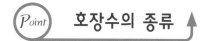
1. 호장 후 호장하는 기물이 안 죽는 경우
   이 경우는 아래와 같이 4 경우가 있다.

   1.1. 단순 이동하여 호장하는 수 : 이 호장수는 호장할 수 있는 기물이 단순히 호장을 하는 경우를 말한다. : 약자로는 단.이.호라 쓰자.
   아래의 경우에서 d1에 있는 포를 이동시켜서 장군을 부르는 수를 말한다.

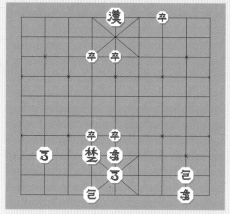

그림 23 : 시작도

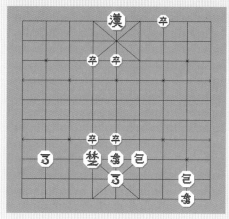

그림 24 : 결과도

해답 : ⑦ d1포f3장군

1.2. 제거 이동 호장 수 : 이 호장수는 호장하는 기물이 상대의 기물을 제거하면서 호장을
하는 경우를 말한다. : 약자로는 제.이.호 라 쓴다.

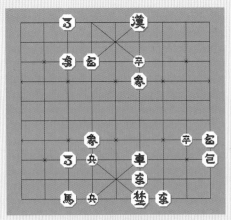

그림 25 : 시작도

① f7상X h4졸 장군

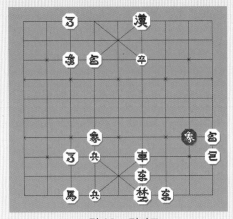

그림 26 : 결과도

해답 : ① f7상Xh4졸 장군

1.3. 단순 이동하여 장군을 협조하는 호장수 : 이 호장수는 호장하는 기물이 가려져 있던 상태에서 뜰장을 하여 뒤에 기물이 호장을 하도록 도와주어 호장을 하는 경우를 말한다.
: 약자로는 단.이.협.호 라 쓴다.

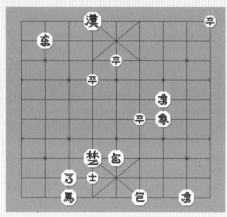

그림 27 : 시작도

① c1마e2장군

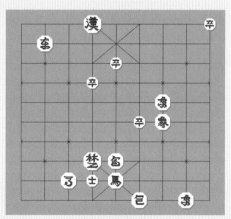

그림 28 : 해답도

해답 : ⑪ c1마e2장군

1.4. 제거 하면서 이동하고 장군을 협조하는 호장하는 수 : 이 호장수는 호장하는 기물이 가려져 있던 상태에서 뜰장을 하여 뒤에 기물이 호장을 하도록 도와주는데 상대 기물을 잡으면서 이동하는 경우를 말한다. : 약자로는 제.이.협.호 이다.

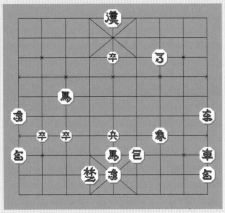

그림 29 : 시작도

① e3마c4졸 장군

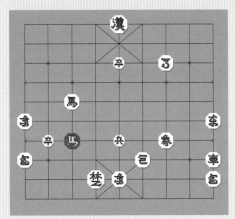

그림 30 : 해답도

해답 : ① e3마c4졸 장군

2. 호장 후 호장하는 기물이 죽는 경우 (희생)

2.1. 단순히 희생을 하면서 호장하는 수 : 이 호장수는 호장을 하는 기물이 단순히 죽으면서 희생을 하면서 호장을 하는 경우를 말한다. : 약자로는 단.희.호이다.

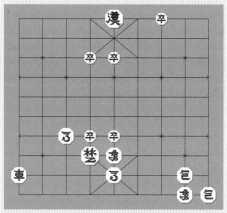

그림 31 : 시작도

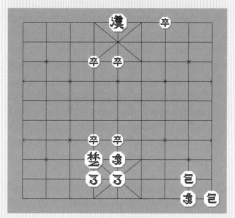

그림 32 : 결과도

해답 : ① a2차d2 장군 ② c4마Xd2차

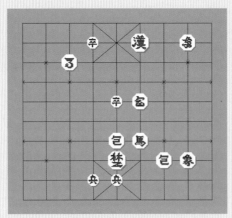

그림 33 : 시작도

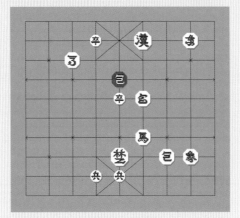

그림 34 : 결과도

해답 : ① e4포e7장군 ② e6졸Xe7포

2.2. 단순히 희생을 하면서 뜰장을 협조하는 호장수 : 이 호장수는 호장을 하는 기물이 단순히 죽으면서 희생을 하면서 호장을 협조하는 경우를 말한다. : 약자로 단.희.협.호 이다.

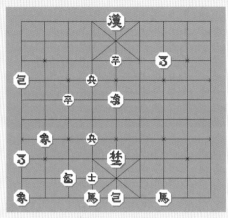

그림 35 : 시작도

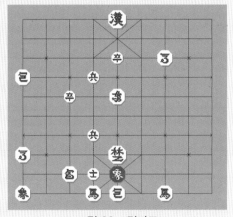

그림 36 : 결과도

해답 : ① b4상e2장군

2.3. 제거와 희생을 하여 호장하는 수 : 이 호장수는 호장을 하는 기물이 상대의 기물을 제거하면서 호장을 하지만 그 기물이 희생을 하는 경우를 말한다. : 약자로 제.희.호 이다.

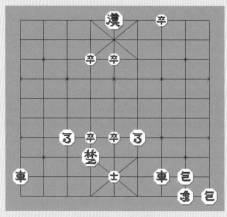

그림 37 : 시작도

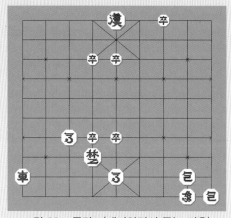

그림 38 : 중간도(제거하면서 죽는 경우)

해답 : ① g2차Xe2사 장군 ② f4마Xe2차

4.2. 호장수에 대한 그 대응법

앞장에서 호장을 하는 7가지 호장수의 종류에 대해 알아보았다. 이번에는 각 호장에 대한 응수법에 대해서 알아보자. 호장을 부른 상대에 대해서 응수할 수 있는 방법은 다음과 같은 3가지 응수법이 있다.

4.2.1. 피한다 : 왕이 다른 자리로 이동하면서 피하는 경우이다.

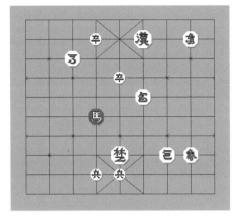

그림39 : 시작도 - 호장

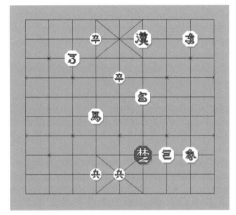

그림40 : 결과도 - 피한 경우

해답 : ③ f4마d5장군 ④ e3장f3 ⑤ g3포i3장군#

4.2.2. 막는다 : 왕을 위협하는 기물과 왕 사이에 수비수가 들어와서 그 길을 막는 경우
이다. 만약 상대가 포장을 부른 경우는 포다리를 치우거나 포다리를
두 다리로 만드는 응수법이 이 방어에 해당한다.

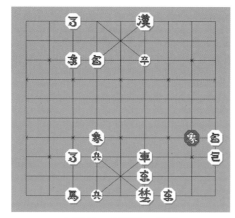

그림41 : 시작도 – 호장

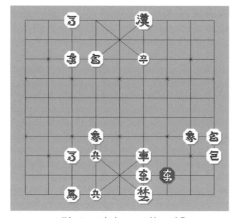

그림42 : 결과도 – 막는 경우

해답 : ① f7상Xh4졸 장군 ② g1차g2

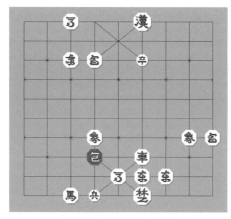

그림43 : 시작도 – 호장

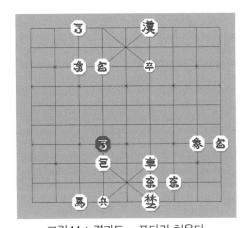

그림44 : 결과도 – 포다리 치운다.

해답 : ⑤ i3포d3장군 ⑥ e2마Xd4상

4.2.3. 제거한다 : 왕을 위협하는 기물을 수비 기물로 제거하는 경우이다.

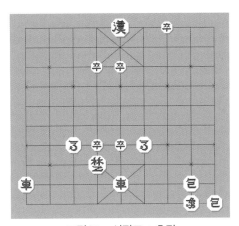

그림45 : 시작도 : 호장

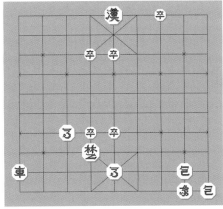

그림46 : 결과도 – 제거하는 경우

해답 : ① g2차Xe2사 장군 ② f4마Xe2차

앞장에서 호장수와 그 대응법의 종류에 대해서 알아보았다. 묘수풀이에서 나오는 모든 호장수와 그 대응수에 대해서 다 살펴본 것이다. 다음은 마지막으로 아래의 예를 보면서 종합적으로 그 호장수의 종류와 그 응수법을 복습해 보자.

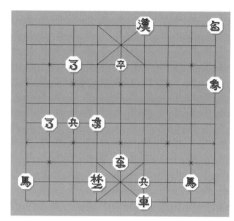

그림47 : 시작도(한차례)

그 각각의 수와 각 수의 호장수의 분류와 방어수의 분류는 다음과 같다.

① f2병e2 장군 : 단순히 희생을 하여 수비수를 중앙으로 유인하는 수 : 단.희.호

② e3차Xe2병 : 호장 기물을 제거하는 방어법 : 제거한다.

③ i7상g4 장군 : 단순 이동하여 호장하는 수 : 단.이.호

④ e2차e3 : 호장하는 기물의 멱을 막는 방어법 : 막는다.

⑤ f1차d3 장군 : 단순히 차가 호장하면서 희생한다. 왕을 유인하기 위함 : 단.희.호.

⑥ d2장Xd3차 : 왕이 호장하는 기물을 제거하는 방어법 : 제거한다.

⑦ a2마c1 장군 : 마가 단순 이동하여 호장하는 수 : 단.이.호.

⑧ d3장d2 : 왕이 피하는 방어법 : 피한다.

⑨ h2마f1 장군 : 마가 단순 이동하여 호장하는 수 : 단.이.호

⑩ d2장d1 : 피하는 방어법 : 피한다.

⑪ f1마Xe3차 장군 : 마가 이동하여 차를 제거 하면서 호장하는 수 : 제.이.호

⑫ d1장d2 : 피하는 방어법 : 피한다.

⑬ e3마Xd5상 장군 : 마가 상을 제거 하면서 이동하여 장군에 협조 하는 수 : 제.이.협.호

⑭ d2장d1 : 왕이 피하는 방어법 : 피한다.

⑮ d5마e3 장군 : 마가 단순 이동하여 호장하는 수 : 단.이.호

⑯ d1장d2 : 왕이 피하는 방어법 : 피한다.

⑰ e3마c4 장군 : 마가 단순 이동하여 상 장군을 협조 하는 수 : 단.이.협.호

⑱ d2장d1 : 왕이 피하는 방어법 : 피한다.

⑲ c4마b2 장군# : 마가 단순 이동하여 호장으로 마무리하는 수 : 단.이.호

이 문제는 다소 수순도 길고 복잡하지만 박보 묘수문제의 거의 모든 호장수와 방어수를 포함한 문제라 할 수 있다. 한 수 한 수 그 수순을 음미하시면 장기실력이 느는데 적지 않게 도움이 되리라 생각이 든다.

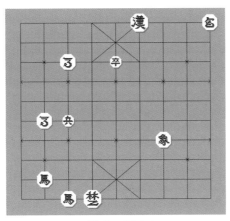

그림48 : 해답도

4.3. 공격수의 기본개념

아래 내용은 묘수풀이를 잘 설명하기 위해 필자가 용어도 만들고 그 개념을 정립한 것으로 독자들에게는 다소 생소할 수 있을 것 같지만 일단 개념이 잡히면 모든 풀이과정을 이해하는데 아주 도움이 되리라 생각이 든다.

㉮ **중요지점 노림 공격수 (저격수)** : 중요지점을 노리는 공격수로서 미리 존재했던 경우도 있지만 호장을 하면서 새로 만드는 경우도 있다. 예를 들어 상이나 마를 이용하여 귀에 있는 적왕을 호장하여 장군을 부르는 동시에 궁의 중앙을 노리는 경우를 말한다. 일종의 저격수로서 중요지점에 왕이 못 도망가게 차단하는 역할을 한다. 역할은 중요지점을 노려서 왕이 그 지점으로 도망하지 못하게 하는 것이다.

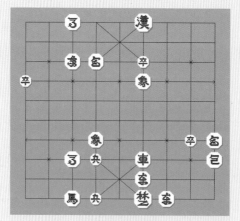

그림49 : 시작도

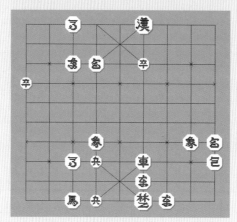

그림50 : 중간도

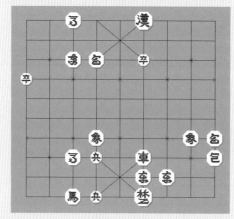

그림51 : 결과도

해답 : ① f7상Xh4졸 장군 ② g1차g2

상이 호장을 하면 방어법으로는 차가 막을 수밖에 없다. 이때 호장을 한 상은 결과적으로는 그 위치에 주둔을 하면서 e2자리를 겨냥하는 셈이 된다. 이런 공격수를 중요지점 노림 공격수(저격수)라 한다.

㉯ **후속 공격수** : 처음 공격수가 그 목적을 다하고 사라진 경우 후속으로 차기 공격을 연결하기 위해 설치되는 공격수를 말한다.

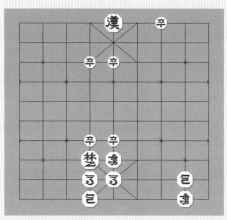
그림52 : 시작도

이 전의 장면은 한이 차를 희생하여 초마가 차를 잡느라고 d2자리에 마가 오게 된 것이었는데 차를 희생한 목적은 후속공격으로 h1에 있던 포가 d1을 오기 위함이었다. 즉, 포가 **후속공격수**이며 그 다음수로는 d1에서 f3로 가서 호장을 할 예정이다.
해답 : ⑤ i1포d1장군 ⑥ d2마b3 ⑦ d1포f3장군

㉰ **유도 공격수** : 왕을 유인하거나 수비수를 유인하는 공격수로서 수비를 교란시키는 일종의 바람잡이 역할을 하는 공격수이다.

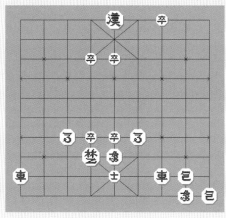
그림53 : 시작도

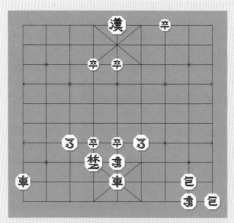

그림54 : 중간도1

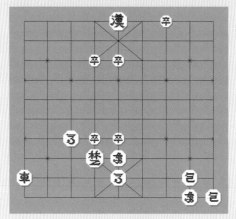

그림55 : 중간도2

양차가 다 희생을 한 이유는 i1포→d1→f3의 후속 공격을 연결하기 위함이었다. 이런 목적으로 희생을 한 g2차와 a2차를 유도 공격수라 한다.

해답 : ① g2차Xe2사 장군 ② f4마Xe2차 ③ a2차d2장군 ④ c4마Xd2차
⑤ i1포d1장군 ⑥ d2마b3 ⑦ d1포f3장군#

㉒ **마무리 공격수** : 최종 장군승 시키는 공격수. 축구의 골게터에 해당하는 공격수를 말한다.

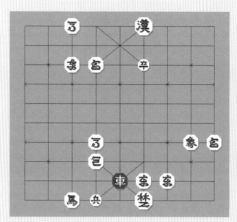

그림56 : 결과도

f3에 있던 차가 e2로 오면서 호장을 하여 최종 외통승을 하게 되는 장면이다. 이때 차 같이 최종 마무리를 하는 공격수를 마무리 공격수라 칭한다.

해답 : ① f7상Xh4졸 장군 ② g1차g2 ③ d3병e2장군 ④ c3마Xe2병
⑤ i3포d3장군 ⑥ e2마Xd4상 ⑦ f3차e2장군#

4.4. 박보장기의 외통 승리 모양 분류

다음은 1수 외통 문제를 최종적인 외통모양의 유형별로 분류한 것이다.

1수로 외통 되는 문제를 풀어 보기 바란다.

문제를 푸는 동시에 외통모양을 잘 숙지하게 되면 문제를 처음 접하여 풀이를 시작할 때 대충 어떤 형태로 해법이 진행되겠다는 추측이 가능해지리라 믿는다. 여러분들이 그 유형들을 이해하기 쉽게 비슷한 유형끼리 모았다.

유형별 1수 외통문제

1) 자신의 기물로 인해 중앙이 봉쇄되는 외통형태 (궁중마/궁중상/궁중포 등등)

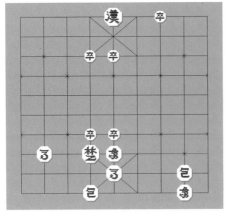

문제1 : 한차례

문제1 해답 : ⑦ d1포f3장군#

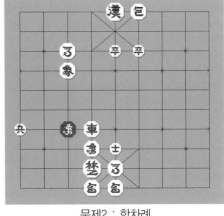

문제2 : 한차례

문제2 해답 : ⑪ f10포f2장군#

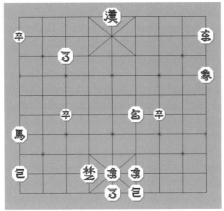

문제3 : 한차례

문제3 해답 : ③ i7상g4장군#

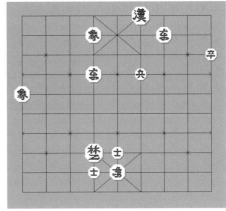

문제4 : 한차례

문제4 해답 : ③ d9상f6장군#

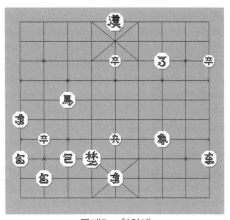

문제5 : 한차례

문제5 해답 : ⑦ c6마Xb4졸 장군

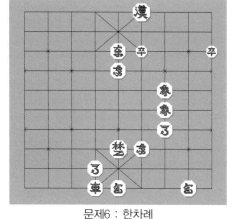

문제6 : 한차례

문제6 해답 : ③ d1차Xe1포 장군#

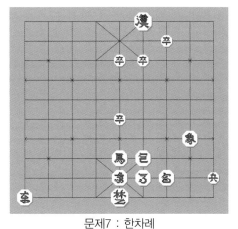

문제7 : 한차례

문제7 해답 : ⑦ e3마c2장군#

2) 자신의 기물로 인해 귀/중/면이 봉쇄되는 외통형태

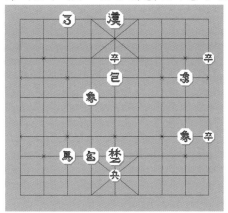

문제8 : 한차례

문제8 해답 : ⑦ c3마d1장군#

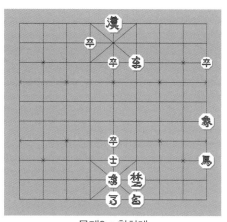

문제9 : 한차례

문제9 해답 : ⑦ i3마h1장군#

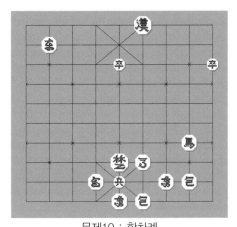

문제10 : 한차례

문제10 해답 : ⑦ h4마f5장군#

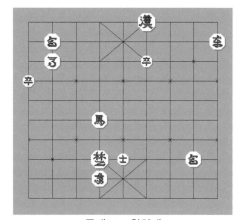

문제11 : 한차례

문제11 해답 : ③ d5마f4장군#

3) 중요지점 노림공격수가 적 궁의 중앙(e2)을 겨냥하는 외통형태

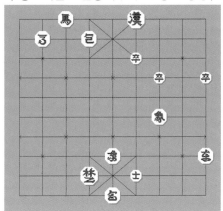

문제12 : 한차례

문제12 해답 : ③ c10마d8장군#

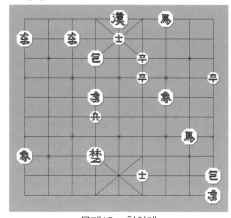

문제13 : 한차례

문제13 해답 : ⑪ d5병d4장군#

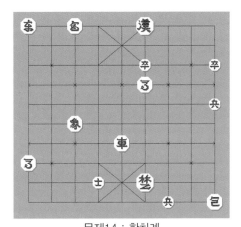

문제14 : 한차례

문제14 해답 : ⑬ e4차f4장군#

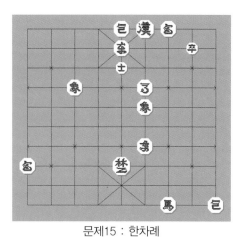

문제15 : 한차례

문제15 해답 : ⑪ e8사Xe9차 장군#

4) 포의 귀 점령으로 대각선으로 적왕을 외통으로 승리하는 외통형태

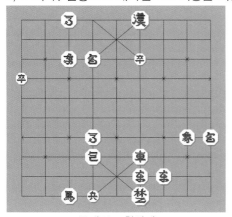

문제16 : 한차례

문제16 해답 : ⑦ f3차ㅔe2장군#

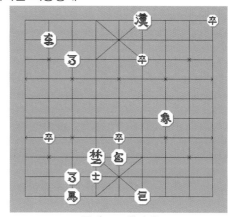

문제17 : 한차례

문제17 해답 : ⑪ c1마e2장군#

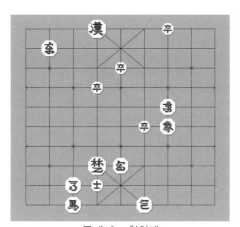

문제18 : 한차례

문제18 해답 : ⑪ c1마e2장군#

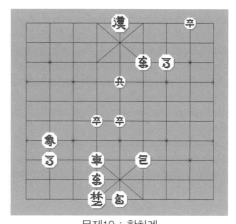

문제19 : 한차례

문제19 해답 : ⑤ d3차e2장군#

5) 적을 묶어 수비수가 무력해진 외통형태

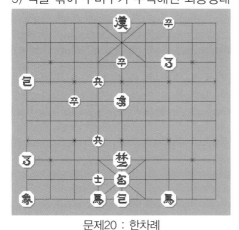

문제20 : 한차례

문제20 해답 : ③ d4병d3장군#

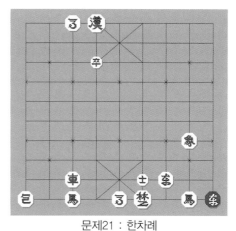

문제21 : 한차례

문제21 해답 : ⑦ c2차Xf2사 장군#

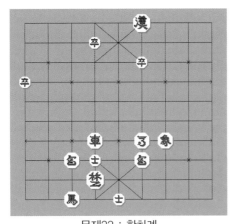

문제22 : 한차례

문제22 해답 : ⑨ d4차Xd3사 장군#

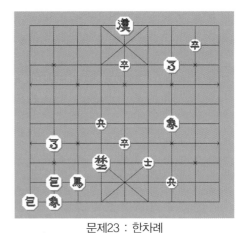

문제23 : 한차례

문제23 해답 : ⑦ d5병d4장군#

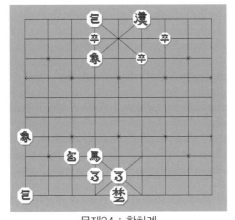

문제24 : 한차례

문제24 해답 : ⑦ a4상c1장군#

6) 입궁형(궁 중앙 찌르기) 외통형태

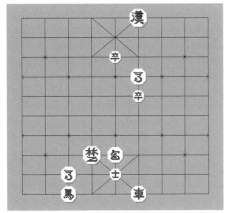

문제25 : 한차례

문제25 해답 : ⑨ f1차Xe2사 장군#

7) 옆구리(귀,중) 찌르기 외통형태

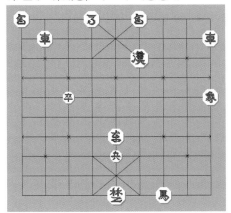

문제26 : 초차례

문제26 해답 : ⑤ e4차e8장군#

문제27 : 한차례

문제27 해답 : ⑤ e4병Xe3포 장군#

8) 묘한 포장 외통형태

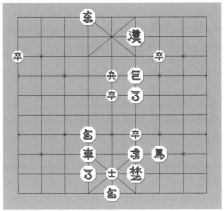

문제28 : 한차례

문제28 해답 : ⑦ f7포Xf4졸 장군#

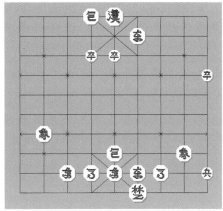

문제29 : 한차례

문제29 해답 : ⑪ d10포d3장군#

9) 그물형 외통형태 : 적왕을 도피불가 부동상태로 만들기.

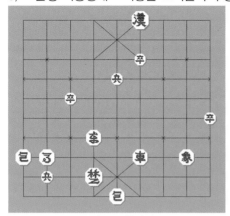

문제30 : 한차례

문제30 해답 : ⑨ b2병c2장군#

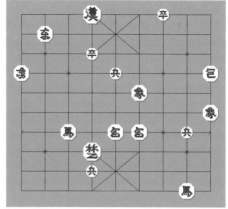

문제31 : 한차례

문제31 해답 : ⑨ h1마f2장군#

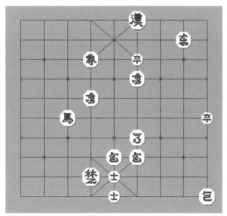

문제32 : 한차례

문제32 해답 : ⑦ d8상b5장군#

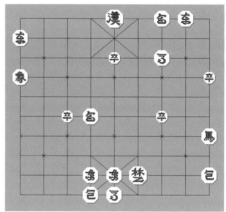

문제33 : 한차례

문제33 해답 : ⑦ a7상c4장군#

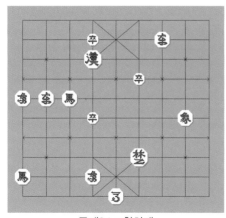

문제34 : 한차례

문제34 해답 : ⑦ c6마d4장군#

10) 직선 공격수의 공격으로 1줄/1선을 모두 장악하는 외통형태

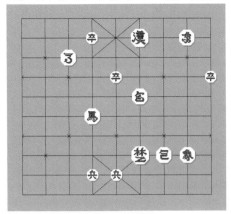

문제35 : 한차례

문제35 해답 : ⑤ g3포i3장군#

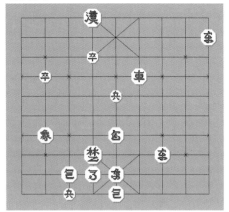

문제36 : 한차례

문제36 해답 : ⑦ f7차d7장군#

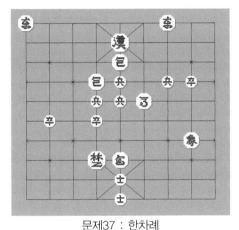

문제37 : 한차례

문제37 해답 : ⑦ d6병Xd5졸 장군#

4.5. 묘수풀이의 핵심기술 : 희생기술

● 묘수풀이에서는 주도적으로 역할을 하는 기물이 있고 그를 돕는 부차적인 기물들이 있다. 어느 기물을 주도적으로 움직이고 어느 기물을 희생하여 목적을 달성하는가는 기물의 점수에 의한 가치에 의해서가 아니고 놓여있는 상황과 기물의 형태에 따라 다를 수 있다. 예를 들어 힘이 가장 센 차와 졸 둘 중 하나를 희생해야 하는 경우가 있을 때 대부분의 사람들은 당연히 차를 살리고 졸을 죽이지만 묘수풀이 문제에서는 의외로 차를 일부러 죽이고 졸이 최종 결정적 호장수로 작용하는 경우도 많다. 따라서 그 상황과 작전에 맞추어서 유연성 있게 기물을 잘 활용해야 묘수문제를 잘 풀 수가 있다.

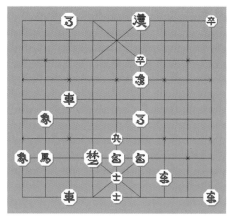

그림57 : 시작도 : 한차례

문제의 상황은 천궁이 되어 있는 초왕을 어떻게 잡을 것인가의 방법을 선택해야 하는데
여러 호장수 중 우선 ① c6차fd6장군 ② f5마Xd6하여 f줄에 있는 마를 위치이탈 시키
는 것이 급선무이고 ③ c1차d1장군을 하게 되면 e1의 사로 잡거나 포로 차를 잡으면 마
장군에 외통이 되고, 할 수 없이 e2사로 차를 잡는 ④ e2사Xd1차 수를 두면 최종적으로
는 ⑤ e4병Xe3포 장군#으로 병이 게임을 끝내게 한다. 이처럼 의외로 양차를 다 죽이고
병이 최종결정 호장수가 되는 경우가 묘수문제에서는 얼마든지 있다.

● 묘수풀이에서 희생기술은 단순한 경우도 있으나 복합되어 나타나기도 한다. 한가지 희생
기술에서도 여러 가지 희생목적이 복합되어 나타나기도 한다.
다음의 예에서 상대 기물을 유인해서 수비위치로부터 이탈시키게 하는 희생기술과 자신
의 자리를 위해 길트기를 하는 희생기술 등이 복합된 경우를 살펴보자.

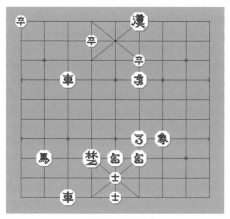

그림58 : 한차례

우선 첫수로 ① c1차c3장군(길트기기술)으로 차를 죽인다. 그 이유 중 하나는 차가 마의

길에 있어서 서로 방해를 하기 때문에 차를 치우기 위함이고 그 차를 죽이기 위해 ② e3 포X c3차 (수비위치 이탈로 인한 아군 상의 멱 풀기)로 e3의 포가 이동하게 되면 포가 위치했던 그 자리가 열리게 된다. 또 다른 이유는 차가 있던 자리에 마가 가서 장군을 칠 수 있게 되어 ③ b3마c1장군 ④ d3장d2(유인)로 왕이 피하면 왕이 d2로 가게 되어 결과적으로 멀리 있는 g4의 상이 왕을 겨냥하게 되는 결과가 된다. 그러면 f4의 마가 묶인 상태가 되어 이동을 할 수 없어서 그 수비기능이 마비된다. 마지막으로 ⑤ c7차d7장군 ⑥ f7상d4 ⑦ d7차 X d4상 장군(수비수제거) ⑧ e2사d3 ⑨ d4차Xd3사 장군#(수비수제거) 수순으로 차가 앞 장군을 쳐서 방비하는 기물을 모조리 쓸어버리면 게임이 끝나게 된다. 희생을 통해 상대 포를 c3 자리로 오게 하여서 e3 자리의 방어를 못하게 하였다. 이처럼 차를 희생하는 수를 시작으로 하여 일련의 호장이 연결이 되고 최종적으로 적의 왕을 잡게 되는 것이다.

위의 경우는 길트기기술, 수비수제거기술, 유인기술 및 멱풀기기술 등 4가지 희생 기술이 모두 복합되어 나타난 경우이다.

● 희생을 하는 이동수 선택 시 주요 고려사항 중 하나는 기물을 일부러 죽일 때는 반드시 뚜렷한 이유와 목적이 있어야 한다는 것이다. 뚜렷한 목적이 없이 기물만 희생을 하는 수는 의미가 없고 대부분이 답이 아니다.

● 희생을 하는 목적을 아래와 같이 6가지로 분류할 수 있다.
    ① 차기 공격을 연결하기 위해
    ② 궁의 한 지점 또는 여러 지점을 겨냥하기 위해
    ③ 중요한 지점을 수비하는 기물을 강제로 위치 이탈하도록 하기 위해
    ④ 적의 수비가 강요에 의해 위치이탈을 하도록 하여 수비하는 기물들이 서로
        엉켜서 수비를 못하도록 교란하기 위해
    ⑤ 적왕이 도망갈 퇴로를 적의 기물이 막아서 퇴로차단을 하게 하기 위해
    ⑥ 왕이 더 이상 도망갈 곳이 없도록 완전히 부동의 위치로 고정시키기 위해

각각의 경우를 아래의 예를 보면서 살펴보자.

1) 차기 공격을 연결

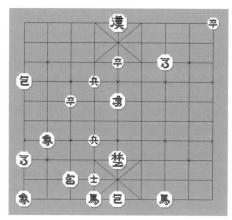

그림59 : 한차례

첫수인 ① b4상e2장군으로 상을 일부러 죽이는 이유는 포장군을 막기 위해서는 포장을 친 상을 포로 잡는 수밖에 없어서 ② c2포Xe2상을 강요하게 해서 포가 상을 잡기 위해 이동하다 보면 a1에 있는 한의 상길이 열리게 된다. 그러면 상의 후원을 받아서 안심하고 마지막으로 ③ d4병d3장군#으로 병이 궁성에 진입할 수 있게 된다. 하찮아 보이는 병이 장군을 쳐서 게임을 끝내게 된다. 이처럼 그 다음 후속공격을 연결하기 위해 ① b4상e2장군으로 상을 죽이는 것처럼 기물을 희생하는 경우가 있는 것이다.

그림59 해답 : ① b4상e2장군 ② c2포Xe2상 ③ d4병d3장군#

2) 궁 공격목표 겨냥

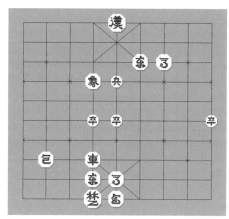

그림60 : 한차례

비록 이 문제는 포를 희생하는 수가 아니지만 궁 공격목표지점을 겨냥한다는 점에서 적절해서 예제에 사용한 것이다. 우선 ① b3포f3 장군으로 호장을 하여 포를 궁 귀에 배치를 시키는 것이 첫수이다. 한은 ② e2마d4로 포의 다리를 끊을 수밖에 없고 그 다음수로 d1자리와 e2자리를 동시에 노리는 궁 공격 목표 겨냥 호장수인 ③ d7상b4장군을 두고 ④ d4마b3하면 ⑤ d3차e2장군 수로 차장과 포장의 양수겸장수로 게임을 마무리 짓는다. 여기서 포와 상이 궁 공격목표 겨냥을 하는 목적으로 두어진 수임을 주목하기 바란다.

3) 주요 수비수 위치이탈 및 제거

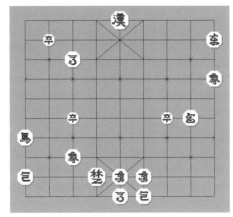

그림61 : 한차례

현재 초의 왕의 상황을 보면 전혀 움직일 수 없는 부동의 상태이다. 만약 움직이면 f1포에 의해 죽기 때문이다. 해답으로 첫수인 상을 죽이는 희생수 ① c3상f5장군을 통해 초의 졸이 움직이든지 아니면 해답처럼 ② h5포Xf5상 포가 움직일 수밖에 없다. 그렇게 되면 i7에 웅크리고 있던 한의 상이 번개처럼 날아와 ③ i7상g4장군으로 장군을 불러서 외통으로 이기게 된다. 이때 첫수로 상을 죽이는 이유는 상의 멱을 막고 있는 졸이나 포를 움직이게 할 목적이었던 것을 잘 음미하기 바란다. 이처럼 박보문제는 이유 없이 기물을 죽이는 경우가 없다.

이 같이 중요지점을 수비를 하는 수비수를 위치이탈 시키게 하거나 아예 그 수비수를 제거할 목적으로 사전공작을 하는 경우가 묘수풀이 문제에서는 많이 등장하고 이런 수법은 실전에서도 자주 등장한다.

4) 적 수비 위치교란

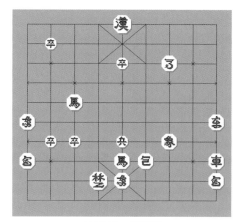

그림62 : 한차례

이 문제는 뜰장을 교묘히 잘 이용하는 문제이다. 첫수로는 ① e3마Xc4졸 장군으로 뜰 장을 하면서 적의 졸을 잡고 상 장군을 부르는 수인데 초에서는 ② d2장d3으로 왕이 피하여 천궁을 할 수밖에 없다. 그 다음 수로는 ③ c4마b2장군 ④ i2포Xb2마 수순으로 마를 일부러 죽인다. 포에 의해서 죽는 것이 뻔한데 마 장군을 쳐서 마를 일부러 죽이는 이유는 마지막 장면에서 c6의 마가 b4로 마장을 부를 수 있도록 멱을 풀어주기 위함이다. 이처럼 묘수풀이 문제는 깊은 뒷수를 봐야 문제를 풀 수가 있다. 그 다음 수순으로는 바로 마 장군을 치지 않는다. 그 이유는 e2에 웅크리고 있는 음흉한 상이 마 장군을 막고 있기 때문이다. 이 또한 주의력이 없는 초보자들이 덜컥 실수하기 쉬운 대목이다. 이런 방비수를 피하면서 외통승을 하는 수법이 다음에 나오는데 ⑤ f3포c3장군으로 차 장군을 부르면 초에서는 ⑥ i5차Xi3차로 호장을 부르는 차를 제거하여 호장을 막게 되는데 여기서 눈 여겨 봐야 하는 대목이 있다. 왜 포가 c3로 가서 뜰장을 부르느냐 하는 점인데 이는 마지막 해답도를 보면 그 이유를 비로소 알게 되는데 포가 c3로 가서 e2에 있는 상의 멱을 막아서 최종 마무리 공격수인 마가 ⑦ c6마Xb4졸 장군#을 할 수 있게 e2상의 길을 차단하기 위해서이다. 이처럼 묘수풀이에서는 자신의 기물을 희생하여 적의 수비 기물의 위치를 교란시키고 차기 공격이 성공하도록 희생을 하는 묘수들이 많다. 그 해를 한수 한 수 음미하면 감탄이 절로 나오는 묘수들이다!!!

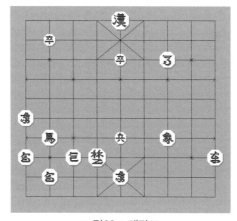

그림63 : 해답도

5) 적 왕 퇴로차단

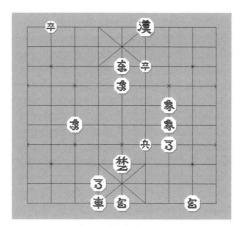

그림64 : 한차례 : 시작도

이 문제는 비교적 쉽게 풀 수 있으리라 생각이 든다. ① f4병f3장군 ② c5상Xf3병으로 왕
이 도망갈 길을 초의 상이 퇴로를 차단하도록 강요를 한 후 ③ d1차Xe1포 장군으로 깨끗
이 마무리를 하면 된다. 이런 수법도 실전에서 많이 나오고 알아두면 많은 도움이 된다.

6) 적 왕 위치고립

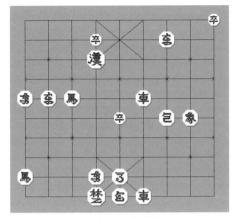

그림65 : 한차례

이 문제는 첫수가 가장 중요하다. 상황을 보면 한의 포가 상의 멱을 막고 있고 초의 왕은 궁 깊숙이 숨어있다. 첫수로는 희생수가 필요하다. 자신의 상길을 막고 있던 포를 일부러 죽여서 상길을 여는 것이 묘수이며 ① g5포d5장군!! ② e5졸Xd5포 그 다음 차를 희생하여 초왕을 천궁으로 강요하는 수순이 그 다음이다. ③ f1차Xe2마 장군! ④ d1장Xe2차 ⑤ f6차f3 장군! ⑥ e2장Xf3차 ⑦ c6마d4장군#

까지의 수순을 통해 포, 양차를 다 죽이고 궁성 깊숙이 숨어 있던 초왕을 f3 자리까지 유인을 한 후 마지막으로 마 장군에 의해 외통승을 하는 문제이다.

그 수순을 음미하시기 바란다.

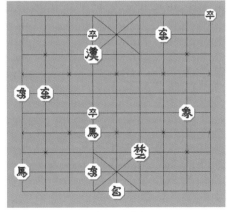

그림66 : 해답도

이상으로 희생에 대한 그 수법과 개념을 확실히 이해하셨으리라 믿고 그 다음 단계로 넘어가도록 하자. 묘수풀이 한 문제에서 이러한 희생수법이 모두 다 포함되거나 한 목적이 계속해서 여러 번 반복될 수도 있다. 다음은 아래의 표에 각 희생의 큰 목적별로 사용되는 상세한 기술과 기물의 변동사항이나 수비 형태의 변화를 분류해 놓았다.

합동작전의 주요 목적 별 분류 (차/포/마/상/졸 희생 공통)		
목적	상세기술	세부행마
1. 차기 공격 연결	멱풀기/ 길트기/길놓기 유인/뜰장기술	· 아군 포다리 놓기/포길 열기
	상동	· 아군 상 멱풀기/상길 열기
	상동	· 아군 마 멱풀기/마길 열기
	상동	· 아군 차길 열기
	상동	· 적 왕 이동 강요
2. 궁 공격 목표 겨냥	중요자리 선점 기술. 뜰장기술	· e2 겨냥
	상동	· 상귀 (d3/f3) 겨냥
	상동	· 면 (e3/e1) 겨냥
	상동	· 중 (d2/f2) 겨냥
	상동	· 하귀 (d1/f1) 겨냥
3. 주요 수비수 위치 이탈/제거	수비수 이탈강요/수비수제거 뜰장기술	· 포 이동/제거
	상동	· 적 상 이동/제거
	상동	· 적 마 이동/제거
	상동	· 적 차 이동/제거
	상동	· 적 사 이동/제거
4. 적 수비 위치교란	차단기술/뜰장기술	· 수비 포 다리 끊기
	상동	· 수비 상 멱 막기
	상동	· 수비 마 멱 막기
	상동	· 수비 차 길 막기
5. 적 왕 퇴로차단	유인/봉쇄 기술/뜰장기술	· 중 (d2/f2) 차단
	상동	· 중앙 (e2) 차단
	상동	· 상/하귀(d1/f1/d3/f3)차단
	상동	· 면(e3/e1)차단
6. 적 왕 위치고립	유인 기술	· 막다른 궁지로 몰기

4.6. 묘수풀이 문제의 합동공격 작전수행단계

묘수풀이 즉, 박보문제를 푸는 과정 자체를 세세히 분석하다 보면 마치 오케스트라가 교향곡을 연주하는 것과 비슷하다는 느낌을 받는다. 하나의 작품을 위해서 각자 주어진 역할을 성실히 이행해야 좋은 화음을 이루고 훌륭한 연주가 되는 것과 같이 적의 왕을 잡기 위해 여러 단계를 거쳐서 최종 목표를 향하여 나아가 외통으로 게임을 마치는 것이다. 이를 위해 많은 전술이 등장하고 그 각각의 전술을 적절한 수순에 의해 조합하는 종합작품이라 말할 수 있다.

- 묘수풀이에서 주로 등장하는 전술을 나열하자면 아래와 같다.
    ① 먹풀기기술
    ② 길트기/길 놓기 기술
    ③ 유인기술
    ④ 중요자리 선점 기술
    ⑤ 수비수 이탈 강요/ 수비수 제거 기술
    ⑥ 차단기술
    ⑦ 봉쇄기술
    ⑧ 뜰장기술

상기 기술들은 모두 우리가 앞장(전술 편)에서 살펴본 전술이므로 이미 독자들에게는 익숙한 기술이라고 생각이 들어서 더 이상 설명할 필요는 없는 것 같고 그 기술들을 어디에서 사용하는 가에 대해 살펴보자.

묘수풀이의 첫수부터 적의 궁성을 공격하여서 최종적으로 적왕을 항복시킬 때까지의
과정을 크게 3단계로 보면 아래와 같이
1단계 (공격 환경 정립단계 및 공격 사정권 유인 단계), 2단계 (적왕 부동 유도단계), 3단계 (결정적 타격단계)로 나눌 수 있다.

1단계		2단계	3단계
1. 공격 환경 정립단계 및 공격사정권 유인 단계 (유도 공격수 활동 공통)		2. 적왕 부동 유도 단계	3. 결정적 타격 단계
A. 공격 기물 활성화 및 공격 기물 위치 재조정 행마	B 노림 공격수의 중요지점 선점 행마	C. 도피 불가 위치로 유도 행마	D. 최종 마무리 행마

상기 표는 편이상 묘수풀이 풀이 단계를 1단계부터 3단계로 크게 단계별로 나눈 것이지만 그 문제의 해법은 항상 그 순서대로 진행되지는 않는다. 어떤 경우에는 1단계로 시작하여 2단계로 갔다가 최종 단계로 가는 경우도 있고 어떤 경우는 2단계를 거쳐서 1단계로 여러 번 반복하다가 바로 최종단계 3으로 가는 경우도 있다. 즉, 묘수풀이 문제의 상황에 따라서는 각 단계를 건너 뛰거나 한 단계를 여러 번 반복하다가 바로 그 마지막 단계들로 가는 경우도 있을 수 있다.

사실상 1단계와 2단계의 경계가 모호하여 이 두 단계를 합하여 단순히 크게 1단계로 나눌 수도 있을 것 같지만 표 대로 단계를 표기한 이유는 단지 묘수풀이과정을 이론적으로 설명하기 위해 처음단계, 중간단계, 마지막 단계라는 개념으로 명칭만 붙였을 뿐, 실제로는 그 자체가 중

요한 것은 아니고, 독자들에게 더 중요한 사항은 앞에서 설명한 희생작전의 목적 별 분류 세부 사항 6가지와 그 구체적 행마인 A. 공격 기물 활성화 및 공격 기물 위치 재조정 행마, B. 노림 공격수 지대 선점 행마, C. 도피 불가 위치로 유도 행마, D. 최종 마무리 행마 등 그 구체적 행마의 내용이 더 중요하다.

🅟oint 첫수 찾는 요령 ⬆

문제를 처음 접할 때 문제속의 기물들의 배치 상태를 분석하여 **최종적인 외통형태를 추측해** 보는 것이 **키포인트**이다. 앞에서 연습하였던 종반전 이기는 모양의 다양한 형태를 미리 그려서 그 필요한 과정을 상정해 본다. 즉, 왕을 잡는 전략을 논리적으로 짜야 한다. 그러다 보면 키(Key)가 되는 첫수를 찾을 수 있게 된다. 이 단계에서는 호장 수순이 대단히 중요하다. 호장할 수 있는 수가 외길 수순이라면 단순히 수읽기를 하면서 그 길을 따라가면 좋으나 처음부터 선택해야 하는 호장수가 많다면 무조건 하나씩 모두 기계적으로 수읽기를 할 수도 없고 너무 복잡하여 머리가 꼬여 버린다. 가장 좋은 방법은 **가능한 시나리오를 머리에서 생각하면서** 그에 필요한 전술을 수읽기하다 보면 문제의 형태에 적절한 전략과 전술을 발견할 수 있게된다. 이때 주목해야 할 점은 전혀 실전에서 일어날 것 같지 않은 손해 보는 수도 고려 대상에 반드시 넣어야 한다는 것이다. 아이러니 하게도 이런 어처구니없어 보이는 희생수가 정답인 경우가 많다. 그리고 기묘한 모양, 기묘한 희생도 고려대상에 넣는 것이 중요하다. 묘수 풀이 과정의 대부분 수순은 유도공격수가 활동하는 행마가 많고, 적왕을 공격이 유리한 위치에 유인하거나 상대의 수비 기물이 자신의 왕의 퇴로를 봉쇄하도록 유인 또는 강요하는 수순이 긴 경우가 대부분이다.

앞에서 이미 익숙해졌으리라 생각하는 문제도를 가지고 첫수를 찾는 방법을 생각해 보자.

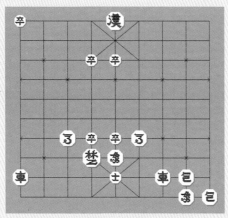

그림67 : 시작도

이 문제의 첫수로는 다음의 5가지의 선택수가 있다.

① a2차 a3장군
② a2차X e2사 장군
③ a2차 d2장군
④ g2차X e2사 장군
⑤ i1포f1 장군

이 5가지 가능수 중 해답의 첫수는 무엇일까?

시작도로부터 아래 그림의 예상되는 외통형태를 그리게 되면 그 시나리오를 대충 머릿속에서 그릴 수 있다. 즉 차를 죽여서 적의 마를 궁의 중앙에 오게 만들어 이 마가 적 왕이 도망 못 가게 봉쇄를 하는 역할을 하게 하고 아군의 포다리 역할을 하게 만든다. 또 다른 차를 죽여서 또 다른 마를 궁중에 끌어 들인 후 i1에 있는 한포가 이를 다리 삼아 d1에 사뿐히 일차적으로 안착을 한 후 다시 징검다리를 건너 가듯이 e2의 적의 마 다리를 이용하여 펄쩍 뛰어 f3으로 가서 장군을 불러 외통승을 하는 스토리를 생각하면서 수읽기를 해 본다. 그렇게 되면 첫수는 4번인 g2차로 e2사를 잡고 죽는 희생수가 가장 유력하게 된다. 이런 생각과정을 많이 훈련/연습하고 그 수법에 익숙하게 되면 전략적이고 전술적인 사고방식이 몸에 붙게 된다.

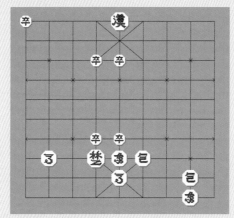

그림68 : 예상 외통 형태

그림 해답 : ① g2차Xe2사 장군 ② f4마Xe2차 ③ a2차d2장군 ④ c4마Xd2차
⑤ i1포d1장군 ⑥ d2마b3 ⑦ d1포f3장군#

1단계		2단계	3단계
1. 공격 환경 정립단계 및 공격사정권 유인 단계 (유도 공격수 활동 공통)		2. 적왕 부동 유도 단계	3. 결정적 타격 단계
A. 공격 기물 활성화 및 공격 기물 위치 재조정 행마	B 노림 공격수의 중요지점 선점 행마	C. 도피 불가 위치로 유도 행마	D. 최종 마무리 행마

다음은 각 단계별 특징을 살펴보기로 한다.

1단계 : 공격 환경 정립단계 및 공격사정권 유인 단계

: 공격 기물 활성화, 위치 재조정 행마 및 노림 공격수의 중요자리 선점 행마

: 희생, 제거, 단순 이동 행마 등에 의해 자리를 잡는 단계와 노림 공격수의 중요자리 선점 행마 및 유도 공격수 활동 행마가 중요하다.

말 그대로 이 단계는 최종목적인 외통 장군을 실현하기 위해 주어진 문제에 있는 기물들을 더 잘 써먹을 수 있게 위치를 재조정하거나 그것을 방해하는 상대 기물이나 심지어 아군기물까지도 위치를 조정해서 더 잘 써먹도록 공격 기물을 활성화 시키는 단계이다.

위치를 재조정하는 방법도 선수를 계속 유지해야 하므로 주로 호장을 하면서 자연스럽게 연결해야 하는 교묘한 기술이 필요한 점도 눈 여겨 봐야 한다.

A. 이 단계에서는 앞에서 배운 희생기술을 통해 공격 기물을 활성화 시키거나 공격 기물의 위치를 재조정하는 일들이 벌어진다. 주로 사용되는 전술이 먹풀기, 길트기, 포다리 놓기, 유인전술 등이며 전형적인 수법으로는 계속되는 호장을 위해 일부러 아군기물을 죽이고 호장하는 행마 후에 또 다른 후속 기물이 등장한 후 다음 공격 장소로 이동하고 또 다른 희생하는 기물이 나와서 후속 기물들이 위치를 잡도록 희생을 하는 등 아주 복합적인 단계를 거치는 다양한 수법이 이 단계에서 등장한다. 묘수풀이문제풀이 과정은 시작모양에서 최종 승리모양으로 만들어 가는 과정이라 말할 수 있으며 그 풀이 과정에 논리적 사고와 치밀한 계산이 필요하다. 착상은 시작모양의 급소발견에서 시작된다.

묘수풀이문제에서 가장 신경써야 하는 점이 수순이다. 호장을 할 수 있는 수 중에서 아무 수나 해답의 첫수가 되는 것이 아닌 만큼 앞서 설명한 첫수 찾는 요령을 염두에 두어야 한다.

이 단계는 다음 공격을 하려는 공격수의 세력권을 형성하고 그 세력권에 왕이 떨어져 있는 경우에 그 세력권으로 끌어 들이는 과정을 말한다. 즉, 궁의 안전한 곳에 피신해 있는 적 왕을 아군의 힘이 미치는 곳으로 유인하는 작업을 하는 단계이다. 그렇게 하기 위해서는 많은 기물이 희생을 하거나 교묘한 기술을 써야 한다.

B. 이 단계에서는 노림 공격수와 후속 공격수 및 유도 공격수가 주로 활동한다. 주로 사용하는 기술은 앞에서 배운 희생기술을 포함한 중요자리 선점 기술, 수비수 이탈 강요, 수비수 제거 기술, 유인/봉쇄 기술 및 차단 기술이다.

중요 자리를 선점하는 수법은 한 번의 호장으로 노림 공격수가 제2의 겨냥하는 점을 마련하는 수법으로서 상이나 마로 중앙을 노리는 수가 전형적인 수법이다.

적 왕을 공격 사정권으로 유인하거나 기묘한 수순으로 호장을 하면서 공격 기물들의 위

치를 잡아가는 행마 등 다양한 행마가 등장하며 그 행마의 순서가 대단히 중요하다. 가장 상투적으로 사용하는 수법들을 나열해 보면 아래와 같다.

1) 다른 기물을 일부러 죽여 왕을 이동시키고 저격수가 그 위치를 겨냥하여 호장을 하며 이 동하나 중앙이나 다른 중요한 위치도 동시에 겨냥하여 추후 왕의 퇴로를 차단하는 수법 : (차기 공격 연결 및 궁 공격 목표 겨냥)

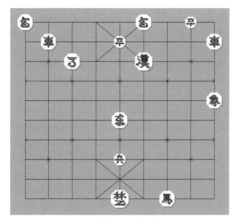
그림69 : 초차례

첫수로 졸을 희생하여 한왕이 자리를 이동하도록 강요한다. ① e9졸f9장군 ② f8장Xf9졸 을 교환한 후 ③ c8마d10장군으로 마가 궁성에 진입한다. 이때 마는 f9자리와 e8 자리를 겨냥하게 된다. ④ f9장f8로 왕이 다시 원 위치로 돌아가게 한 후 최종 마무리 수인 차가 약한 자리인 e8 자리를 노리며 호장하여 승리를 한다. ⑤ e4차e8장군#!

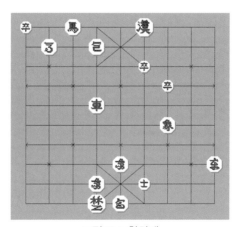
그림70 : 한차례

다음의 예는 g5에서 초궁의 중앙인 e2를 노리고 있는 상이 이미 존재한 경우에 수를 만들

어 가는 장면이다. 첫수로 ① d6차Xd2상장군 ② d1장Xd2차 하여 초왕을 d2자리로 유인
한 후 ③ c10마d8장군으로 마가 포장을 도와서 호장을 하는 장면이다. 이처럼 희생을 통
해 공격 사정권으로 유인하는 수법이 있다.

2) 포를 이용한 뜰장 등을 이용하여 호장을 하는 중간기물들이 원하는 위치로 자연스럽게 이
동하는 수법 : (뜰장으로 궁 공격 목표 겨냥)
뜰장을 이용하여 움직이는 기물은 절대로 죽을 염려가 없다는 점에 착안하여 작전을 짤
수 있다. 특히 포가 적왕을 노리고 있는 상황에서 포와 적왕 사이에 마나 상이나 차 같이
움직일 수 있는 아군 기물이 그 중간을 들어갔다 나왔다 하면서 원하는 자리로 이동하는
수법 등을 말한다. 아래의 예를 보면서 개념을 잡아 보자.

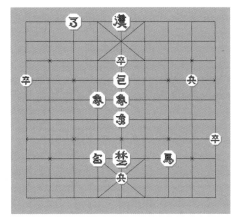
그림71 : 한차례

문제 상황을 분석하면 초의 앞에 한의 포가 겨누고 있으며 초는 피신할 곳이 없어서 포장
에 대한 방어를 두 다리를 만들거나 포다리를 치웠다가 두 다리를 만들거나 하는 방어 이
외에는 다른 방어수단이 없는 상황이다.
첫수는 ① e6상h4장군 ② e5상Xh7병의 수순을 이용하여 뜰장으로 상이 h4의 자리로 선
수 이동을 하면서 e2 자리를 겨냥하게 한다. 그렇게 되면 결과적으로 e2의 병을 보호하던
임무를 상이 맡게 되고 그 일을 하던 g3 마를 자유롭게 운용할 수 있게 된다. 그 마를 이
용하기 위해 그 다음 수순으로 또 뜰장을 이용한다. ③ g3마e4장군 ④ h7상e5의 교환을
주고받으며 자연스럽게 마가 중앙 줄인 e4로 이동하게 되고 다시 ⑤ e4마c3장군 ⑥ e5상
h7을 이용하여 마가 다음 행선지인 c3으로 이동 후 최종적으로 마 장군을 칠 수 있는 마
지막 종착지인 d1자리로 가게 되어 최종 장군을 부르게 된다. 모두 뜰장을 이용하여 마는
자연스럽게 이동하게 되는데 그 행적을 다시 살펴보면 ③ g3마e4장군 → ⑤ e4마c3장군
→ ⑦c3마d1장군이 된다. 이처럼 포 뜰 장군을 이용하여 호장을 부르는 역할을 하는 중간

기물들을 원하는 위치로 자유자재로 자연스럽게 이동하면서 계속 연속으로 장군을 부르면서 공간이동을 할 수 있다. 이런 수법을 익혀두면 선수로 상대 기물을 위협하면서 계속해서 게임을 리드하는 수법을 익힐 수 있다. 이러한 형태의 연장군 수법이 묘수풀이 문제에 많이 등장한다.

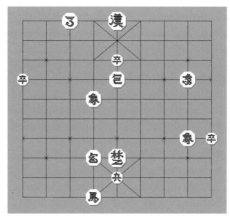

그림72 : 해답도

3) 단순히 호장을 하면서 이동하는 수법 : (단순 이동)

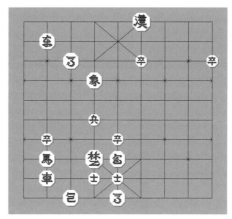

그림73 : 한차례

만약 ① c1포f1장군을 부른다면 사로 그 장군을 부른 포를 잡을 수 없는 상황이다. 차와 마가 d2자리를 노리기 때문이다. 이를 이용하면 포는 죽지 않고 자연스럽게 궁성에 진입하게 된다. 그 후 이를 이용하여 3~10 수까지 공격수를 배치한 후 ⑪ c1마e2장군 포 장군으로 게임을 마무리 한다. 이처럼 궁성의 아군 배치상황을 이용해 단순히 다른 기물을 궁성에 배치하는 수법도 있다. 해답을 보면서 수순을 음미해 보기 바란다.

그림73 해답 :
① c1포f1장군 ② e2사d1 ③ b2차Xd2사 장군 ④ d1사Xd2차
⑤ b3마c1장군 ⑥ e1마c2 ⑦ d5병d4장군 ⑧ e4졸Xd4병 ⑨ d7상g5장군
⑩ d4졸e4 ⑪ c1마e2장군#

4) 왕을 위협하여 방어를 하는 상대수비수가 특정 자리에 강제로 오게 하여 왕의 퇴로를 차
단하는 수법. : (주요 수비수 위치 이탈. 봉쇄)

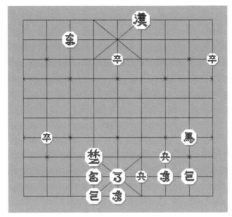
그림74 : 한차례

① d1포f1장군 ② e2마d4 ③ f2병e2장군 ④ d3장e3의 과정을 거치면 초왕은 e3 위치로
가게 되고 이어서 병을 희생하여 귀에 초의 마가 위치하게 되어 왕의 퇴로를 차단하게 하
는 수법이 가능하게 된다. ⑤ g3병f3장군 ⑥ d4마Xf3병을 교환한 후 최종적으로 마가 장
군을 부른다. ⑦ h4마f5장군#!

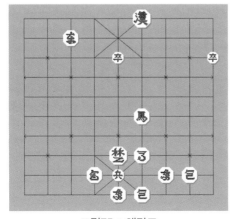
그림75 : 해답도

5) 일부러 기물을 죽여서 마무리 공격수를 방해하는 수비수를 유인하는 수법 : (적 수비 위치 교란)

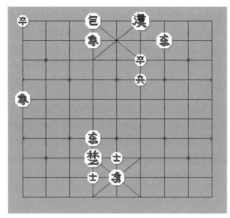

그림76 : 시작도 : 한차례

첫수로 초의 4선을 방어하고 있는 초차를 방어하는 지역에서 위치이탈을 강요할 필요가 있다. 그래서 ① d10포d7장군을 하여 ② d4차Xd7포로 차를 4선에서 7선으로 자리를 바꾸게 강요하게 되면 ③ d9상f6장군의 수를 초에서 막을 방법이 없게 된다. 이 기술이 바로 전술 편에서 배운 수비수 이탈 강요기술인 것이다.

6) 일부러 기물을 죽여서 내 기물의 길을 트는 수법 : 차기 공격 연결. 길 트기

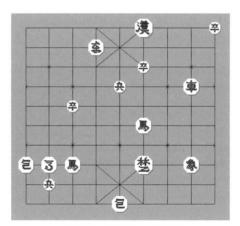

그림77 : 시작도 : 한차례

상황을 보면 한의 마와 차가 같은 줄에 있어서 마가 차의 길을 막고 있다. 그래서 차길을 트기 위해 마를 희생하기로 한다. ① f5마d4장군 ② d9차Xd4마를 교환한 후 ③ h7차h7장군 ④ f3장e3으로 초왕이 e줄에 들어서면 ⑤ c3마e2장군 ⑥ e3장Xe2마로 다시 마를 희생

시켜 3선을 한포가 장악하게 한 후 ⑦ f7차f3장군 ⑧ e2장d2로 초왕을 더 이상 피할 수 없
는 부동의 위치까지 몬 후 마지막으로 ⑨ b2병c2장군 병이 마무리 한다.

2단계 : 적왕 부동 유도단계 : 적왕을 궁지로 모는 단계 :

적 왕을 더 이상 움직일 수 없는 도피 불가한 위치로 유도하는 행마가 이루어진다.

이 단계는 왕을 더 이상 도피하지 못하는 궁지에 몰아서 완전히 사면초가의 상태로 유인하는
단계로서 주로 사용하는 기술은 앞에서 배운 희생기술을 포함하여 유인/ 봉쇄 기술, 중요자
리 선점 기술, 수비수 이탈 강요 기술, 차단 기술 등이다.

이 단계에서 주로 활약하는 공격수는 유도공격수와 노림 공격수(저격수) 이며 이 단계에서
는 주로 2가지 일이 벌어진다.

① 적왕을 더 이상 갈 데 없는 궁지에 몰아넣는다. 어떤 호장수에 의해서도 죽을 상태로
만든다.

② 공격수가 수비수의 멱을 차단해서 그 위치교란으로 인해 다음 공격수의 공격을 방어
하지 못하게 하거나(수비수 교란 작전) 수비수의 이동으로 왕의 퇴로가 차단되거나 수비
수의 이동으로 다음 수비수의 멱이 차단된다.

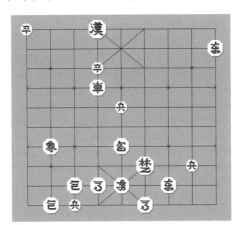

그림78 : 한차례

문제의 상황은 초왕이 3선에 있어 불안한 상태이다. 우선 첫수는 병을 죽이는 일이다. 그
이유는 나중에 알게 된다. ① h3병g3장군 만약 차로 병을 잡으면 ② g2차Xg3병 ③ d7차
f7 장군으로 하여 초왕이 ④ f3장e3으로 e줄로 움직일 수밖에 없을 때 1선에 있는 한의 포
공격이 들어온다. ⑤ b1포e1장군 초왕이 다시 d줄로 피하게 되는데 ⑥ e3장d3 하면 마지
막 마무리 수는 ⑦ f7차d7장군#이 된다. 그럼 왜 1수 에서 병을 죽였는지 그 이유를 이해
하셨으리라 생각이 든다. 2수에서 병을 잡으려면 차와 마로 잡는 수가 있는데 그 두수 모

두 e2상의 멱을 막게 된다. 만약 2수에서 마로 병을 잡게 된다면 다음 수순으로 외통으로
이기게 된다.

① h3병g3장군 ② f1마Xg3병 ③ b1포d1장군 ④ f3장f2 ⑤ d7차f7장군 ⑥ g3마f5
⑦ f7차Xf5마 장군#

3단계 : 결정적 타격 단계 : 최종 공격수에 의한 호장

이 단계는 마지막 단계로서 마치 축구 게임에서 팀원의 어시스트를 받아 최종 골게터가 골을
넣는 것과 흡사하게 마무리 공격수에 의해 최종 호장승 하여 게임을 끝낸다.

이 단계의 공격수를 마무리 공격수라 한다. 특히 포에 의한 마무리 공격은 앞에 막는 기물
을 모조리 쓸어버리는 폭풍 같은 아주 위력적인 경우도 있다.

그림: 한차례

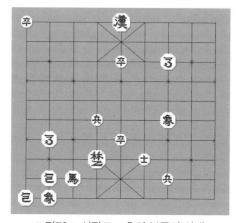

그림79 : 시작도 : 초의 부동의 상태

그림의 상황은 초 왕이 천궁이 되어 갈 곳이 없는 상태이다. 이때 마지막으로 게임을 끝내
는 기물은 d5병d4장군#으로 병이 그 역할을 맡게 된다.

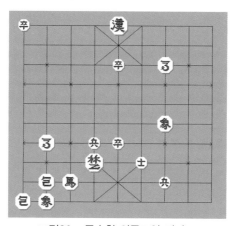

그림80 : 특수한 외통모양 결과도

이상으로 묘수풀이에서 나오는 모든 단계에 대해서 살펴보았다. 다시 묘수풀이의 단계를 아래의 표를 보면서 지금까지 살펴본 것을 정리해 본다.

1단계		2단계	3단계
1. 공격 환경 정립단계 및 공격사정권 유인 단계 (유도 공격수 활동 공통)		2. 적왕 부동 유도 단계	3. 결정적 타격 단계
A. 공격 기물 활성화 및 공격 기물 위치 재조정 행마	B 노림 공격수의 중요지점 선점 행마	C. 도피 불가 위치로 유도 행마	D. 최종 마무리 행마

다음은 위에서 분류한 묘수풀이 단계에 대한 개념을 상기하면서 아래의 몇 가지 예제를 살펴보면서 각 단계별로 분석 하는 연습을 하고자 한다. 우선 한이 선수로 초를 잡는 수순을 찾아내고 그 각수에 대해 A, B, C, D 행마로 구분하라.

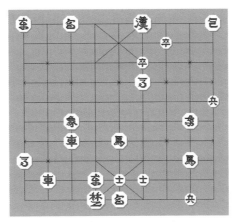

예제1) 그림81 : 한차례

기물형태 및 작전개요 : 초의 왕이 d1의 안전한 곳에 피신해 있고 초의 a3마와 c10포가 한의 양차의 공격으로부터 초왕을 보호해 주고 있어서 궁의 좌측에서는 이길 방법이 없다. 유인을 통해 초의 왕이 궁의 우측인 f줄로 오게 강요를 해야 승산이 있다. 또한 한의 상, 차, 마가 서로 자기 기물끼리 간섭을 하고 있는 상황이다. 한의 차를 초의 차와 교환한 후 마를 희생해서 한차가 4선에서 자유롭게 이동할 수 있게 만들어야 한다. 또한 c5상의 멱을 풀어야 e2자리를 한이 장악하게 된다. 멀리 있어서 현 상황에서는 쓸모없이 보이는 i10포가 있어야 초 왕을 도피불가 위치로 유인 할 수가 있다. 이 작전에서는 길트기기술, 중요지대 선점 기술, 양수겸장 기술이 사용되며 한차와 양마의 희생이 있어야 한이 13수 만에 외통으로 이길 수 있다.

그림81 해답 :
① b2차Xd2차 장군 ② e2사Xd2차 ③ e4마Xf2사 장군 ④ h5상Xf2마
⑤ h3마Xf2상 장군 ⑥ d1장e2 ⑦ c4차e4장군 ⑧ e2장f1 ⑨ i10포i1장군
⑩ e1포g1 ⑪ h1병Xg1포 장군 ⑫ f1장Xf2마 ⑬ e4차f4 장군#

① b2차Xd2차 장군 ② e2사Xd2차 - A : 공격 기물 활성화 및 공격 기물 위치 재조정 행마
③ e4마Xf2사 장군 ④ h5상Xf2마 - A : 공격 기물 활성화 및 공격 기물 위치 재조정 행마
⑤ h3마Xf2상 장군 ⑥ d1장e2 - A : 공격 기물 활성화 및 공격 기물 위치 재조정 행마
⑦ c4차e4 장군 ⑧ e2장f1 - B : 노림 공격수 지대 선점 행마
⑨ i10포i1 장군 ⑩ e1포g1 - B : 노림 공격수 지대 선점 행마
⑪ h1병Xg1포 장군 ⑫ f1장f2마 - C : 도피 불가 위치로 유도 행마.
⑬ e4차f4 장군# - D : 최종 마무리행마 : 최종 마무리행마

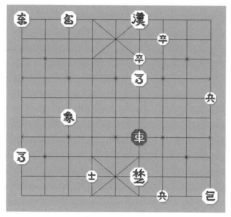

예제1) 그림82 : 해답도

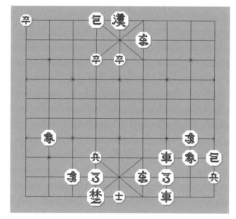

예제2) 그림83 : 한차례

　　　기물형태 및 작전개요 : 한의 기물은 3선에 한의 차, 상, 포가 서로 간섭을 하여 쓸 수가 없는 상황이고 쓸모없어 보이는 한의 기물 3개가 좌측에 있다. 즉, d10포, b4상, d3병 인데 이들 기물을 합동작전에 투입시켜서 이길 수 있는 환경을 만드는데 사용한다. 우선 한의 양차를 희생하여 h3상의 멱을 막고 있는 한상의 멱을 풀어주고 i3포를 쓸 수 있게 활성화 시키고 d3병과 b4상을 이용하여 h4 초상을 궁성 한 가운데 유인하여 궁중상을 강요하여 한의 양포의 다리로

활용하여 한이 11수 만에 이긴다. 서로의 행마 순서를 잘 정해야 실패가 없다. 이 작전에 사용하는 전술은 수비수제거 기술과 유인기술이다.

그림83 해답 :

① g1차Xe1사 장군 ② d1장Xe1차 ③ g3차e3장군 ④ e1장d1
⑤ e3차e1장군 ⑥ d1장Xe1차 ⑦ d3병e2장군 ⑧ h4상Xe2병 ⑨ i3포e3장군
⑩ e1장f1 ⑪ d10포d3장군#

① g1차Xe1사 장군 ② d1장Xe1차 − A : 공격 기물 활성화 및 공격 기물 위치 재조정 행마
③ g3차e3장군 ④ e1장d1 − A : 공격 기물 활성화 및 공격 기물 위치 재조정 행마
⑤ e3차e1장군 ⑥ d1장Xe1차 − A : 공격 기물 활성화 및 공격 기물 위치 재조정 행마
⑦ d3병e2장군 ⑧ h4상Xe2병 − A : 공격 기물 활성화 및 공격 기물 위치 재조정 행마
⑨ i3포e3장군 ⑩ e1장f1 − C : 도피 불가 위치로 유도행마
⑪ d10포d3장군# − D : 최종 마무리행마

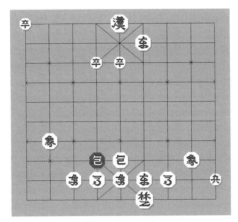

예제2) 그림84 : 해답도

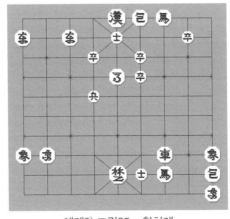

예제3) 그림85 : 한차례

기물형태 및 작전개요 : 한의 기물은 초 궁성의 우측에 차, 마, 포, 상이 몰려 있으면서 서로 간섭을 하고 있다. 한차는 마의 멱을 막고 있고 한마는 포의 길을 막고 있다. 또한 f10의 한포와 d6 한병은 쓸모없어 보인다. 이 작전은 한이 차를 희생하여 초왕을 3선으로 일단 유인한 후 다른 활성화된 기물로 초왕을 최종 도피 불가 위치인 d3으로 유인하여 쓸모없어 보이던 d줄의 병과 f10포의 합동작전으로 11수 만에 한이 이긴다.

그림85 해답 :
① g3차f3장군 ② e2장Xf3차 ③ g2마h4장군 ④ f3장e3 ⑤ i3상g6장군 ⑥ e3장d3
⑦ f10포Xd8졸 장군 ⑧ e7마d5 ⑨ d6병Xd5마 장군 ⑩ b3상d6 ⑪ d5병d4장군#

① g3차f3장군 ② e2장Xf3차 – A : 공격 기물 활성화 및 공격 기물 위치 재조정 행마
③ g2마h4장군 ④ f3장e3 – B : 노림 공격수 지대 선점 행마
⑤ i3상g6장군 ⑥ e3장d3 – C : 도피 불가 위치로 유도 행마.
⑦ f10포Xd8졸 장군 ⑧ e7마d5 – D : 최종 마무리행마
⑨ d6병Xd5마 장군 ⑩ b3상d6 – D : 최종 마무리행마
⑪ d5병d4장군# – D : 최종 마무리행마

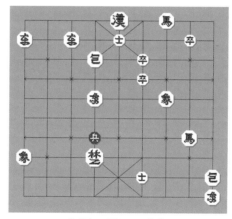

예제3) 그림86 : 해답도

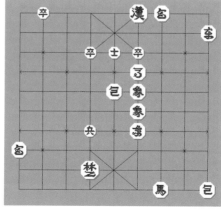

예제4) 그림87 : 한차례

기물형태 및 작전개요 : 한이 공격에 들어가기 전에 기물형태를 분석해 보면 우선 초왕이 이미 도피불가 위치에 있다는 단점이 발견된다. 한의 마와 포가 1선에 초왕이 오지 못하게 행동을 제한하고 있는 점은 한의 장점이다. 그러나 한의 기물의 단점은 f줄에 한의 두 상이 서로 간섭을 하고 있고 e줄 중앙에 있는 한포도 다리가 없어서 거의 쓸모없어 보인다. 작전의 개요는 유인기술을 사용하여 d4 한병을 일부러 죽여 초왕을 일단 d3자리로 유인한다. 그 다음 뜰장기술을 이용하여 두 상을 활성화 시켜서 초왕을 e3줄로 오도록 강요한다. 그 후 엄청난 괴력의 포공격으로 한이 총 11수 만에 이긴다.

그림87 해답 :
① d4병d3장군 ② d2장Xd3병 ③ f5상c7장군 ④ d3장e3 ⑤ e6포e10장군 ⑥ d8졸e9장군 ⑦ e8사Xe9졸 장군 ⑧ f8졸e8 ⑨ e9사Xe8졸 장군 ⑩ i9차e9장군 ⑪ e8사Xe9차 장군#

① d4병d3장군 ② d2장Xd3병 – A : 공격 기물 활성화 및 공격 기물 위치 재조정 행마
③ f5상c7장군 ④ d3장e3 – C : 도피 불가 위치로 유도 행마.
⑤ e6포e10장군 ⑥ d8졸e9장군 – D : 최종 마무리행마
⑦ e8사Xe9졸 장군 ⑧ f8졸e8 – D : 최종 마무리행마
⑨ e9사Xe8졸 장군 ⑩ i9차e9장군 – D : 최종 마무리행마
⑪ e8사Xe9차 장군# – D : 최종 마무리행마

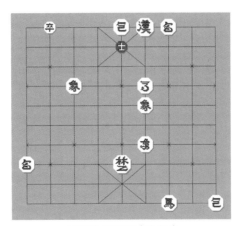

예제4) 그림88 (해답도)

이제는 여러분들이 묘수풀이를 푸는데 능숙해 지셨으리라 믿는다. 다음 6개의 묘수풀이 연습문제를 통해 앞에서 배운 기술을 총 연습하기 바란다.

4.7. 합동공격 묘수풀이 연습문제

우선 상대 왕을 잡는 해답을 찾은 수 각 수마다 앞에서 배운 단계를 A, B, C, D로 분류를 해보라. 이런 훈련은 전체 큰 그림을 보고 작전을 짜는 안목을 키우는데 도움이 될 것이다.

연습문제1(한차례)

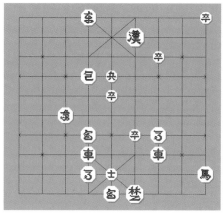

연습문제2(한차례)

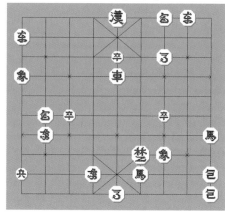

연습문제3(한차례)

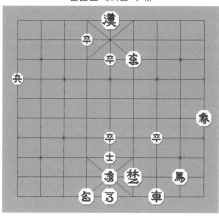

연습문제4(한차례)

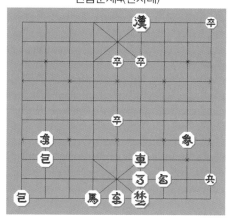

연습문제5(초차례)

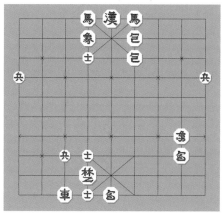

연습문제6(한차례)

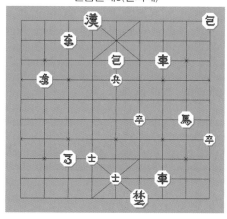

4.8. 합동공격 연습문제 해답

● 연습문제1(한차례)

　① d7포f7장군 ② g4마f6 — B : 노림 공격수 지대 선점 행마

　③ g3차f3장군 ④ c5상Xf3차 — A : 공격 기물 활성화 및 공격 기물 위치 재조정 행마

　⑤ i2마g3장군 ⑥ f1장f2 — A : 공격 기물 활성화 및 공격 기물 위치 재조정 행마

　⑦ f7포Xf4졸 장군# — D : 최종 마무리행마

기물형태 및 작전개요 : 비교적 간단하고 작전이 어렵지 않은 문제이다. 한에서는 한포를 우선 초왕 앞에 배치시키고, 한차를 하나 희생하여 적의 상을 유인하는 유인기술과 그 상이 포 다리를 치우지 못하게 차단하는 차단기술을 이용해 한이 7수 만에 이긴다.

연습문제1 해답 : ① d7포f7장군 ② g4마f6 ③ g3차f3장군 ④ c5상Xf3차 ⑤ i2마g3장군

　　　　　　　 ⑥ f1장f2 ⑦ f7포Xf4졸 장군#

● 연습문제2(한차례)

　① e7차e2장군 ② b4상Xe2차 — A : 공격 기물 활성화 및 공격 기물 위치 재조정 행마

　③ i1포d1장군 ④ f3장Xf2마 — B : 노림 공격수 지대 선점 행마

　⑤ g3상d5장군 ⑥ b5포Xd5상 — A : 공격 기물 활성화 및 공격 기물 위치 재조정 행마

　⑦ a7상c4장군# — D : 최종 마무리행마

기물형태 및 작전개요 : a7 한상과 g3 한상과 i1 한포는 현재 쓸모없어 보인다. 한은 e7 한차 하나만 희생을 하면 갑자기 나머지 기물들이 활성화되어 한이 7수 만에 이기는 교묘한 수순이 있다. 여기서 사용되는 기술은 유인 봉쇄기술, 수비수 이탈 강요 기술, 중요지대 선점 기술 이다.

연습문제2 해답 : ① e7차e2장군 ② b4상Xe2차 ③ i1포d1장군 ④ f3장Xf2마

　　　　　　　 ⑤ g3상d5장군 ⑥ b5포Xd5상 ⑦ a7상c4장군#

● 연습문제3(한차례)

　① g1차f1장군 ② d1포Xf1차 — A : 공격 기물 활성화 및 공격 기물 위치 재조정 행마

　③ h2마Xg4졸 장군 ④ f2장f3 — A : 공격 기물 활성화 및 공격 기물 위치 재조정 행마

　⑤ g4마i3장군 ⑥ f3장f2 — A : 공격 기물 활성화 및 공격 기물 위치 재조정 행마

　⑦ i3마h1장군# — D : 최종 마무리행마

기물형태 및 작전개요 : 본 문제는 해법이 두 개이다. 초에서 우선 모양이 나쁘고 한의 공격 기물의 세력권에 이미 들어가 있기 때문에 측궁이 된 상태를 이용하면 한이 쉽게 이긴다. 해법1은 한차를 희생해서 나머지 한의 마와 상으로 뜰장을 이용해서 이기는 수순이 있고 해법2는 희생도 없이 뜰장을 이용하여 이긴다.

해법1 : ① g1차f1장군 ② d1포Xf1차 ③ h2마Xg4졸 장군 ④ f2장f3 ⑤ g4마i3장군
　　　　⑥ f3장f2 ⑦ i3마h1장군#

해법2 : ① h2마Xg4졸 장군 ② f2장f3 ③ g1차g3장군 ④ f3장f2 ⑤ g3차h3장군
　　　　⑥ f2장f1 ⑦ h3차h1장군#

● 연습문제4(한차례)

　　① f3차e2장군 ② b4상Xe2차 – A : 공격 기물 활성화 및 공격 기물 위치 재조정 행마
　　③ d1마e3장군 ④ e1차Xa1포 – A : 공격 기물 활성화 및 공격 기물 위치 재조정 행마
　　⑤ b3포f3장군 ⑥ f1장e1 – C : 도피 불가 위치로 유도 행마.
　　⑦ e3마c2장군# – D : 최종 마무리행마

기물형태 및 작전개요 : 이 문제는 한이 유인기술과 뜰장기술 그리고 중요자리 선점 기술로 쉽게 7수 만에 이기는 문제이다. 작전개요는 우선 한의 차를 희생하여 초의 상을 궁의 중앙에 강제로 오게 하여 궁중상이 되게 우형을 만들고 한마는 포의 뜰장기술을 이용하여 3선으로 자리를 이동한다. 그 후 초궁의 좌측에 쓸모없어 보이던 한의 포를 이용해 궁성에 진입시켜 초왕을 도피불가 위치로 만든 후 마장군으로 이긴다. 수순은 간단하나 묘한 타이밍으로 모양을 만들어 가는 것이 신기하게 느껴지는 문제이다.

연습문제4 해답 : ① f3차e2장군 ② b4상Xe2차 ③ d1마e3장군 ④ e1차Xa1포
　　　　　　　　⑤ b3포f3장군 ⑥ f1장e1 ⑦ e3마c2장군

● 연습문제5(초차례)

　　① h4상e6장군 ② d8사e9 – A : 공격 기물 활성화 및 공격 기물 위치 재조정 행마
　　③ e6상b4장군 ④ e9사d8 – A : 공격 기물 활성화 및 공격 기물 위치 재조정 행마
　　⑤ d3사e3장군 ⑥ d8사e9 – A : 공격 기물 활성화 및 공격 기물 위치 재조정 행마
　　⑦ e3사f3장군 ⑧ e9사d8 – A : 공격 기물 활성화 및 공격 기물 위치 재조정 행마
　　⑨ b4상e2장군 ⑩ d8사e9 – A : 공격 기물 활성화 및 공격 기물 위치 재조정 행마
　　⑪ h3포e3장군 ⑫ e9사d8 – A : 공격 기물 활성화 및 공격 기물 위치 재조정 행마
　　⑬ e3포g3장군 ⑭ d8사e9 – B : 노림 공격수 지대 선점 행마
　　⑮ e2상g5장군 ⑯ e9사d8 – A : 공격 기물 활성화 및 공격 기물 위치 재조정 행마

⑰ g3포g10장군 ⑱ e10장e9 – B : 노림 공격수 지대 선점 행마

⑲ g5상e8장군 ⑳ e9장Xe8상 – C : 도피 불가 위치로 유도 행마.

㉑ f3사e2장군# – D : 최종 마무리행마

기물형태 및 작전개요 : 이 문제는 초가 양포와 상의 3기물만 이용해서 21수 만에 이기는 문제이다. 마지막에 단 한번 유인기술을 써서 한왕을 도피불가 위치로 만드는 것을 빼고는 모든 장군을 뜰장을 이용해서 중간기물을 필요한 위치로 이동시키는 것이 인상적이고 단 한수의 손실 없이 21수 만에 이긴다. 그 수순을 잘 감상 바란다.

연습문제5 해답 : ① h4상e6장군 ② d8사e9 ③ e6상b4장군 ④ e9사d8 ⑤ d3사e3장군

⑥ d8사e9 ⑦ e3사f3장군 ⑧ e9사d8 ⑨ b4상e2장군 ⑩ d8사e9

⑪ h3포e3장군 ⑫ e9사d8 ⑬ e3포g3장군 ⑭ d8사e9 ⑮ e2상g5장군

⑯ e9사d8 ⑰ g3포g10장군 ⑱ e10장e9 ⑲ g5상e8장군 ⑳ e9장Xe8상

㉑ f3사e2장군#

● 연습문제6(한차례)

① g2차g1장군 ② f1장f2 – A : 공격 기물 활성화 및 공격 기물 위치 재조정 행마

③ g8차g2장군 ④ f2장f3 – A : 공격 기물 활성화 및 공격 기물 위치 재조정 행마

⑤ g2차g3장군 ⑥ f3장f2 – A : 공격 기물 활성화 및 공격 기물 위치 재조정 행마

⑦ g1차g2장군 ⑧ f2장f1 – A : 공격 기물 활성화 및 공격 기물 위치 재조정 행마

⑨ g3차f3장군 ⑩ e2사Xf3차 – A : 공격 기물 활성화 및 공격 기물 위치 재조정 행마

⑪ g2차g1장군 ⑫ f1장f2 – A : 공격 기물 활성화 및 공격 기물 위치 재조정 행마

⑬ g1차f1장군 ⑭ f2장Xf1차 – A : 공격 기물 활성화 및 공격 기물 위치 재조정 행마

⑮ h5마g3장군 ⑯ f1장f2 – A : 공격 기물 활성화 및 공격 기물 위치 재조정 행마

⑰ g3마h1장군 ⑱ f2장f1 – B : 노림 공격수 지대 선점 행마

⑲ i10포i1장군# – D : 최종 마무리행마

기물형태 및 작전개요 : 이 문제는 양차를 희생하고 포와 마로 이기는 문제로서 1937년 동아일보에 '동풍적벽'이라는 이름으로 기재되었던 박보문제이다. 작전 면에서는 조금 단순하지만 출처가 명확하고 역사적인 가치가 있어서 기재를 한 것이다. 상황을 분석해 보면 한에서 면포로 초왕의 중앙을 장악하여 초왕을 우측 f줄에 제한을 시킨 상태에서 양차, 한마, i10에 있는 쓸모없어 보이는 포를 이용해 19수 만에 초가 이기는 문제이다. 한은 양차를 적절히 상황에 맞게 기물배치를 수정해 가면서 초의 왕의 위치를 나쁘게 만들어 왕이 갈 수 있는 곳 중 1군데를 봉쇄하고 포와 마를 이용해 이긴다.

연습문제6 해답 : ① g2차g1장군 ② f1장f2 ③ g8차g2장군 ④ f2장f3 ⑤ g2차g3장군
⑥ f3장f2 ⑦ g1차g2장군 ⑧ f2장f1 ⑨ g3차f3장군 ⑩ e2사X f3차
⑪ g2차g1장군 ⑫ f1장f2 ⑬ g1차f1장군 ⑭ f2장f1차 ⑮ h5마g3장군
⑯ f1장f2 ⑰ g3마h1장군 ⑱ f2장f1 ⑲ i10포i1장군#

4장. 장기의
매력과 테크닉

가. 장기의 매력

아래와 같은 창조적인 합동작전(Combination)들을 감상해 보자. 이 작전들에는 창의적이고 논리적인 사고 및 깊은 수읽기를 바탕으로 한 희생수와 깊은 묘수들이 많이 등장한다. 이런 컴비네이션 공격을 감상하다 보면 장기의 매력에 푹 빠지게 된다. 장기게임이란 두 지성들 간의, 두 인격체 간의 대결이라 볼 수 있다. 최고 수준의 기사들이 치열한 싸움을 하면서 좋은 수를 위해 많은 아이디어를 내고, 다양하고 흥미로운 전략과 전술을 구사하는 장면들을 음미하고, 또 위기상황을 서로 적절히 대처해 가는 과정을 지켜보다 보면 삶의 지혜도 배우게 되고 인생을 더 깊이 생각하게 된다. 그래서 장기를 인생의 축소판이라고 하는가 보다. 장기는 애호가들에게 많은 즐거움을 주는 좋고 건전한 취미임에 틀림이 없다.

나. 컴비네이션 특선

1) 문제1 (한차례)

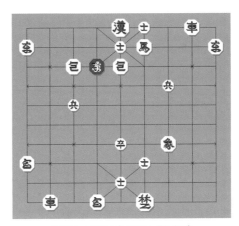

그림1 시작도 (문제1 : 한차례)

한이 둘 차례이다. 이 바로 전 장면은 초 f5상이 d8마를 잡은 장면이다. 여기서 초가 눈치를 채지 못한 묘한 외통수가 숨어 있다. 장기를 잘 두려면 장기판 전체를 봐야 한다. 좌측에 b1차가 있고 c8에 한 포가 있으며 g4에 한상이 있고, 멀리 있어 잘 인식이 안 되는 h10의 한차가 있고 길이 열려 있어서 즉시 초궁으로 올 수 있는 상황이다. 이렇게 초의 왕 주위에 한의 공격기물이 4개나 가동이 가능하다. 통상 대기물이 3개 이상 있으면 수가 나기 쉽다.

① b1차Xd1포 장군 ② e2사Xd1차 : 첫수로 차를 희생하여 포를 죽이는 수비수 제거 기술을 이용한다. 차가 포를 잡으면 사가 차를 되잡는다. 이 차를 죽인 이유는 포를 제거하고 그 다음 공격수의 연결을 위해서이다.

③ c8포c1장군 ④ d1사e2 : 한의 진영에 있던 c8포의 포탄이 날아와서 장군 치면서 포의 자리를 잡는다. 주요지점을 점령하는 기술이 사용되었다.

⑤ g4상e1장군 ⑥ e2사d1

⑦ e1상c4장군 ⑧ d1사d2 : 5수와 7수는 g4상이 뜰장군을 이용해 선수이동하는 경우이다. 이렇게 하여 한상이 뜰장을 부르면서 c4에 가서 궁 성의 f2지점을 노린다.

⑨ h10차h1장군# : 멀리서 있던 한차가 장군을 부르면서 초의 궁성의 1선으로 와서 슛– 골인 하면서 마무리를 한다. 이 합동공격은 장기의 기본이 모두 담겨있는 외통기술을 보여준다.

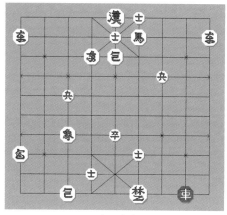
그림2 결과도

2) 문제2 (한차례)

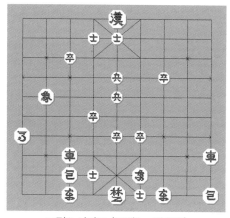
그림3 시작도 (문제2 : 한차례)

상황을 보면 초가 방금 한차와 한상을 양걸이로 이중공격을 한 장면이다. 한이 둘 차례인데…, 위협을 받고 있는 한차를 피해야 하나? 위협은 위협으로 대처하라는 공격기법은 앞 장에서 언급한 바 있다. 한의 공격 기물과 초의 방어기물의 배치상황을 살펴보자.

1선에는 한의 i1포 하나에 초차. 초사/초왕이 줄줄이 묶여 있고 2선은 한의 포가 초궁의 e2 자리를 겨냥하고 있다. 3선에는 한의 양차가 같은 선에 있어서 무슨 수가 날 듯하다. 그런데 멀리서 웅크리고 궁성을 노리는 한의 b6상이 d3자리를 겨냥하고 있다. 즉, 초의 궁에는 d3자리가 현재 제일 약한 자리이다. 이를 이용하는 좋은 묘수가 없을까?

① c3차e3장군 ② d2사e2 : 첫수로 c3의 한차가 장군을 부르면서 궁성에 진입한다. 사로 막을 수밖에 없을 때…

③ e3차Xe2사 장군 : 차로 수비수인 사를 제거하는 수가 묘수이다. 이 희생수의 다음 후속수가 있는 것일까? 이 수의 의미는 무엇일까?

④ e1장Xe2차 : 이 e2차를 잡을 수 있는 방법은 초왕이 e2로 자리를 옮기면서 차를 잡는 방어수 이외는 없다. 즉, 차를 잡으면서 초왕이 유인된 결과가 된다.

⑤ i3차d3장군: 멀리 있는 상이 노리고 있는 약한 자리인 d3자리에 차가 붙으면서 궁성에 진입하는 이 수가 준비되었던 한의 비장의 한 수였다!

⑥ e2장e1 ⑦ d3차Xf1사 장군 : 초왕이 1선으로 피할 수밖에 없을 때 왕의 옆구리를 비수로 찌르면서 장군을 하는 마무리 수가 멋지다!! 1선의 한포가 있어서 초차가 무방비상태로 자신의 왕을 지키지 못한다. 초왕 또한 포장이 되므로 장군을 부르는 한차를 잡지 못하고 고배를 마신다!!

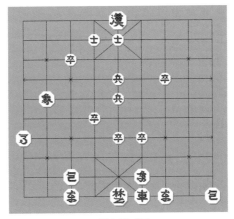

그림4 결과도

3) 문제3 (초차례)

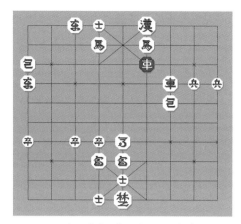

그림5 시작도 (문제3 : 초차례)

초가 둘 차례이다. 한에게는 양차가 한왕 주변에서 있고 양마가 한궁에서 수비를 하고 있다. 한의 양포는 자리를 잡지 못하고 있어 한에서는 포의 약점이 눈에 띈다. 초의 공격 기물은 10선에 있는 c10차가 한사를 묶어 두고 있고 7선에 있는 초의 a7 차가 포를 위협하고 있다. 멀리서 초의 면포가 중앙을 장악하고 있어서 위협적으로 보이나 d3에 있는 포는 겉으로 보기에는 한의 궁성을 위협하지는 않아 보인다. 여기서 초의 좋은 수가 없을까?

① a7차Xa8포 : 이 수가 한의 차를 유인하는 아주 좋은 희생수이다. 차가 포를 제거하면서 f8을 지키고 있는 한차를 유인하여 한왕의 앞을 허전하게 엷게 만드는 강요수이다. 이런 전술을 유인전술이라 한다.

② f8차Xa8차 ③ d3포f1장군 : 초차를 잡으러 한차가 한의 궁을 잠시 떠난 사이에 준비되었던 초의 포가 한왕의 앞에 나타나서 자리를 잡으며 포격작전을 감행한다. 중요자리를 점령하고 위치를 잡는 수이다.

④ f9마e7 ⑤ e4마f6장군 ⑥ a8차f8 : 포다리를 치우면서 포 장군을 피할 때 뜰장군을 하면서 초의 마가 한의 궁성근처로 침투해 들어가면 궁성을 잠시 떠났던 한의 차가 급히 궁으로 들어와 수비를 하지만 너무 늦었다.

⑦ c10차Xd10사 장군 : 때를 기다리며 마냥 기다리던 10선의 차가 드디어 사를 잡으면서 궁성에 진입하면서 힘을 과시한다.

⑧ f10장f9 ⑨ d10차e9장군 : 한왕이 피신을 해 보지만 초의 양포가 한의 궁성을 노리고 있어서 역부족이다. 첫수로 한의 희생수가 돋보이는 명장면이었다!!

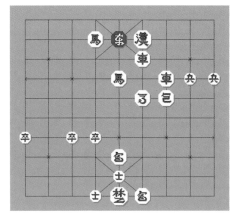

그림6 결과도

4) 문제4 (초차례)

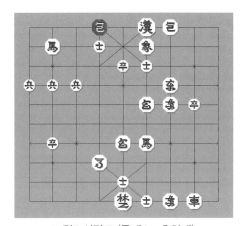

그림7 시작도 (문제4 : 초차례)

형세 판단을 해 보면 초의 양포가 한왕을 노리고 있고 초의 졸이 궁성에 진입한 상황이다. 초의 차가 7선에 있고 6선에는 e9자리를 노리는 초상이 있어서 한이 아주 위태로운 상황이긴 한데 어떤 공격이 가장 효율적인지 판단하는 문제이다. 이럴 때일수록 아주 의미 있는 선수로 적의 급소를 누르면서 숨 쉴 틈을 주지 않고 공격하는 것이 공격의 요령이다.

① e8졸Xf8사 : 사를 제거하는 첫수가 절대 선수이다. 이로서 졸이 f6포의 힘을 입어 그 다음 외통수를 노릴 수 있다. 만약 한에서 아무런 방비수를 두지 않으면 초의 노림수는 ③ g9 차Xg10포 장군 하고 ④ d10포Xg10차 명군 한 후 ⑤ f8졸e9 양수겸장을 하는 외통 노림 수가 있다. 여기서 가장 무서운 기물은 g7상인 것이다.

② g10포Xg6상 : 위협을 느낀 한에서는 이 상을 잡는 것이 급선무이다.

③ d3마Xf4마 ④ d9사e9 ⑤ f4마e6 ⑥ e9사Xf8졸 : 그 다음 초의 작전은 초마가 침투해 들

어가 면포의 다리를 놓고 궁성을 노리는 것이다. 할 수 없이 외통을 피하려고 사가 궁성에 들어온 졸을 제거한다.

⑦ g7차e7 ‼ : 이 수가 준비되었던 적의 허점을 노리는 숨어있던 무서운 수이다. 이 차를 막을 수 있는 수가 없다.

⑧ h1차Xh6졸 ⑨ e7차e10장군 : 차가 마지막 마무리 공격수의 역할을 다 하면서 게임을 끝낸다. 결과도를 확인 바란다. 초의 양포로 인해 한이 전혀 힘을 쓰지 못하고 휘둘리다 최후를 맞이한 장면이다.

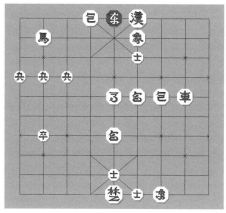

그림8 결과도

5) 문제5 (한차례)

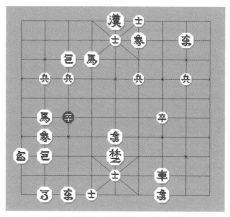

그림9 시작도 (문제5 : 한차례)

한이 둘 차례이다. 초의 왕의 위치가 천궁이 되어 있는 우형이다. 초에게는 차가 한보다 하나 더 있지만 현재 상태에서는 기물형태는 한이 훨씬 유리하다. 한이 이런 형세를 승리로 연결하는 외통작전을 감상해 보자. 초의 궁의 형태는 천궁이고 기물만 많을 뿐이지 왕의 수비에는 속수무책이다. 한의 첫수는 한포를 이용하기 위한 수이다.

① b4상e6 : 이 수로 인해 포 장군을 부를 수 있는 경우가 두 가지가 된다. 마 장군을 부를 수도 있고 상 장군을 부를 수도 있다.

② e3장f3 : 만약 여기서 초왕이 피하지 않고 졸이 b5마를 잡으면

    (② c5졸Xb5마 ③ e6상c3장군 ④ e2사d3 ⑤ g2차g3장군 ⑥ e3장e2 ⑦ g3차Xd3사 장 군 ⑧ e2장e1 ⑨ d3차f1장군# 외통) 이런 수가 있어서 첫수로 ① b4상e6을 둔 것이다. 아무튼 왕이 피하더라도 다음 작전에 의해 초왕을 다시 사지에 몰아넣을 수 있다.

③ b5마c3장군 ④ e2사d3 : 마 장군과 사로 막는 수를 교환한 후,

⑤ f9상h6장군 ⑥ g5졸h5 : 이 수가 한이 준비해 두었던 수비수를 따돌리는 수이다. 이수를 생략하고 포장을 먼저 하게 되면 졸이 막으므로 졸을 수비지역에서 이탈시키는 이 수가 우선 이루어져야 한다. 이런 식으로 수비수를 따돌리는 수가 아주 좋다.

⑦ c8포f8장군 ⑧ f3장e3 : 한왕은 초의 포장군에 의해 f줄을 떠나 e줄로 옮길 수밖에 없다.

⑨ c3마d5장군 : 마지막으로 마장군 과 포장군의 양수겸장으로 마무리를 한다. 양수겸장을 피하려면 초왕이 e2로 피해야 하는데 e2는 한의 차가 있기 때문에 도망갈 데가 없어 패하게 된다.

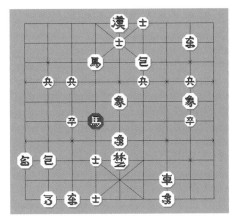

그림10 결과도

6) 문제6 (초차례)

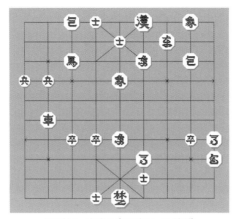

그림11 시작도 (문제6 : 초차례)

이 장면의 바로 전 장면은 초의 i3포가 한의 차를 위협하니 한의 차를 i5차b5로 이동한 상황이다. 여기에 초의 13수 외통 연장군수가 숨어 있다. 그 수순을 확인해 보자.

1~13수 까지 초포가 한의 10선에 지대점령을 한 후 포와 차의 합동작전으로 한의 왕을 잡는 수순이다. 여기서 주로 사용된 전술이 뜰장기술이다. 또한 e4상이 측궁을 공격할 때 유용한 기물임을 이 예제를 통해 알 수 있다.

① i3포i10장군 ② h10상f7 ③ g9차g10장군 ④ f10장f9 : 포의 주요자리 선점 단계
⑤ e4상h6장군 ⑥ f9장Xf8상 : 상의 주요자리 선점단계
⑦ g10차g8장군 ⑧ f8장f9 ⑨ g8차Xh8포 장군 ⑩ f9장f10 : 상을 이용한 뜰장군 기술
⑪ h8차h10장군 ⑫ e7상g10 ⑬ h10차Xg10상장군 : 포와 차의 합동작전으로 마무리

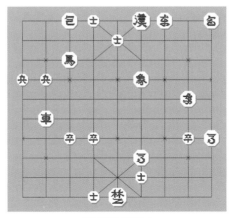

그림12 결과도

7) 문제7 (초차례)

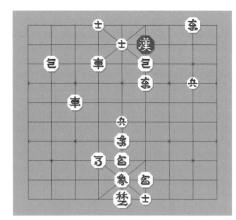

그림13 시작도 (문제7 : 초차례)

이 문제는 기물의 형태가 아주 중요함을 일깨워 주는 예제이다. 기물의 형태를 살펴보자. 초의 기물은 한의 왕 근처에 몰려 있고 한의 왕의 위치가 아주 나쁘다. 측궁이 되어 있고 왕 주위에 수비 기물이 포 외에는 없고 한의 기물은 반대쪽에 몰려 있다. 여기서 초의 공략 포인트는 가위다리차라는 공격 형태를 이용하는 것이다.

① f7차Xh7병 ② f8포c8 : 첫수로 초에서 병을 없애면서 자리를 이동한다. 다음 수에 외통이 되므로 이때 수비를 위해 한의 포가 자리를 이동한다.

③ e4상h2 ④ c6차h6 : 초의 상까지 포다리를 만들기 위해 자리 재배치를 하니 한의 차가 시간지연작전을 한다.

⑤ h7차Xh6차 ⑥ c8포h8 : 한차의 희생작전으로 잠시 초차가 자리를 뜬 사이에 초차가 궁성이 오는 것을 막기 위해 한포로 막아 보지만 수명을 조금 연장하는 것에 불과해 보인다.

⑦ h6차f6장군 ⑧ e9사f8 ⑨ f6차g6장군 ⑩ f8사e8 : 초차가 궁의 기물배치를 교란시키고 차후에 9선으로 가기 위해 g줄로 자리를 옮긴다. 가위다리차 외통이 있으므로 사가 왕이 피할 자리를 마련해야 하는데 얼마나 끌 수 있을까?

⑪ h2상f5장군 ⑫ f9장e9 ⑬ g6차g9장군 : 상까지 포 장군을 도와주면서 공격에 개입한다. 만약 사를 치우면 상이 뛰면서 양수겸장을 노릴 수 있다. 할 수 없이 한왕이 e9자리로 피하지만 준비되어있던 차가 골문으로 대쉬하면서 숫을 날린다. 골~인으로 경기가 끝난다. 이 예제는 측궁의 불리함을 잘 알려주는 예제이다.

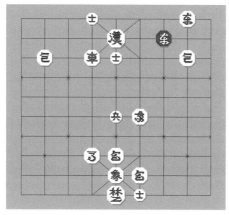
그림14 결과도

8) 문제8 (초차례)

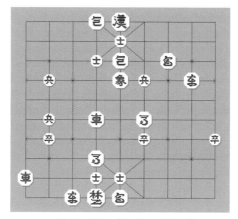
그림15 시작도 (문제8 : 초차례)

이 대국장면은 너무 보기 드문 명장면이어서 본 책자에 소개를 하면서 상세히 해설을 하고 자 한다. 초반에 초가 기물이득을 보느라 재미를 보는 사이에 한에서 역습을 한 장면이다. a10 차a2로 한차가 초의 2선에 진입한 수가 바로 전 장면이다. 한의 양차가 초 근처에 와서 KO 펀 치를 휘두르며 외통의 한방을 노리는 아주 긴박한 상황이다. 한의 전략은 양차와 양포를 이용 하여 초의 궁의 좌측을 초토화시킬 작전이다. 우선 면포로 초의 중앙사를 하나 제거하고 나머 지 양차와 포를 이용하여 d줄을 공략하려 한다. 초가 둘 차례인데 초에서는 이때까지 벌어놓은 점수가 허무하게 될 소지가 많다. 양 고수의 이런 짜릿한 승부수가 장기 애호가들을 장기의 깊 은 세계로 빠지게 하는 것 아닌가 싶다. 과연 초의 승부수는 무엇이었을까?

① b4졸c4 : 초는 우선 침착하게 수비를 할 졸을 중앙 가까이 모으는 작업을 먼저 한다.

② e8포Xe2사 : 한에서는 작전대로 포를 희생하여 궁성 수비수를 제거한다.

③ c4졸d4 : f5마의 힘을 믿고 사력을 다하여 졸로 차를 막는다.

④ d5차e5: 차가 줄을 바꾸면서 궁성을 계속 노린다.

⑤ d4졸e4 ⑥ d10포d7 : 초는 졸로 집요하게 중앙을 방어하고 한은 d10포를 초의 궁성가까이 겨냥을 하면서 공격에 가세한다.

⑦ d1장Xe2포 : d줄에서는 더 이상 버틸 수 없는 초왕이 드디어 e줄로 탈출을 한다.

⑧ a2차Xd2사 장군 ⑨ e2장e3 : 나머지 사 마저 잡으면서 드디어 한의 차가 궁성에 진입하여 승부의 칼을 뽑는다. 궁성에서 쫓겨난 초의 왕은 궁성의 지붕으로 도망가면서 원군이 올 때까지 끝까지 버틴다. 사면초가에 몰린 궁색한 몰골이다.

⑩ e5차d5 : 다른 차까지 급소자리인 d3마를 노리면서 다가선다.

⑪ h7차h10장군 ⑫ e9사f10 : 한의 궁성 근처에 머물던 초의 차도 한의 왕을 위협하면서 반격을 시작한다. 양쪽에서 서로 치고 박고 맹렬한 전투를 벌이는 용호상박의 상황이 되었다. 차 장군을 막는 방법은 사로 막는 방법 외에 없다.

⑬ e4졸d4 ⑭ d5차Xd4졸 : 이때 뻔히 죽는 것을 알면서 초졸이 d4로 자리를 옮기면서 죽는다. 한차는 거추장스러운 초졸을 잡으면서 궁 근처에 한 발짝 더 다가선다. 여기서 초졸이 희생을 하는 숭고한 뜻이 있었다. 즉 한의 중앙의 궁성에 면포가 없는 것을 알고 중앙을 엷게 만들려는 의도였다. 이런 세심한 수를 놓치면 안 된다.

⑮ e1포e6장군 : 엷어진 한의 중앙을 궁의 가장 밑에서 웅크려 있던 e1포가 대포를 쏘면서 전면에 나선다. 이 수는 상대의 응수를 타진하는 수였다. 한의 응수에 따라서 초나라의 운명이 결정되는 순간이었다.

⑯ e7상c10 : 이 수가 승부를 결정짓는 한 수가 되었다. e7상g10으로 피했더라면 역전 외통패를 면하고 오히려 한이 승리할 확률이 훨씬 높은 상황이었다!! 이런 긴박한 상황에서 좀 더 수읽기를 했었어야 했다. 대회장기였기 때문에 초읽기 제도가 있어서 시간이 없어서 이런 실수의 수가 나온 것 같다. 독자 여러분도 판에 기물을 놓고 이 장면을 복기하시기 바란다. 이 수는 한으로서는 참으로 아쉬운 실수의 한 수가 되었다. 한은 d7포를 믿고 초차의 장군을 막으면 되리라 안일한 생각에 상이 피하는 수에 대해서 깊이 생각을 하지 않았던 것이 아닌가 추측도 해 본다.

⑰ f5마e7장군 ⑱ d8사e8 : 이어지는 초의 다음 묘수가 등장한다. 상이 있었던 자리에 죽을 자리에 마가 들어가면서 포장군 뜰장군을 하는 수가 기막힌 묘수가 된다. 한에서는 포 장군이 되었으므로 막는 수가 사로 막는 수인데 이렇게 되면 자신의 포 다리가 끊어져서 d10자리가 약해진다는 사실을 이제야 깨닫게 된 것이 아닌가 싶다.

⑲ c1차Xc10상장군 : 초왕이 사면초가에 몰려서 거의 패배 직전에 갔던 초에서 두 번째 차가 한의 궁성에 장군을 부르며 비장의 칼을 뽑는 장면이다.

⑳ e10장e9 ㉑ h10차 X f10사 장군# 외통 승! : 다 이겼다고 안심했던 한의 왕은 이른 샴페인을 터뜨리고 승리감에 도취하여 웃고 있다가 갑자기 몰아친 초의 차의 장군에 혼비백산하여 도망가지만 이미 때는 늦었다. 이미 궁성에 대기하던 초차가 원군의 힘을 입어 궁성에 진입하면서 게임을 마무리 짓는다. 결승전다운 아주 짜릿한 승부였다.

해답을 다시 보면서 21수의 짜릿한 역전장면을 복기 바란다.

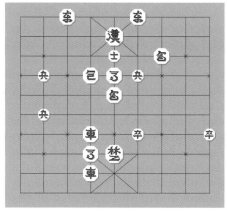
그림16 결과도

9) 문제9 (초차례)

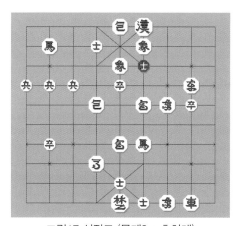
그림17 시작도 (문제9 : 초차례)

형세 판단을 해 보자. 초의 양포와 상, 그리고 차가 한의 궁성 앞을 노리고 있다. 결정적인 한방이 필요한 때이다. 이기는 수순은 조금 길다. 하나씩 수순을 음미해 보자.

① h7차h9 : 급소의 한 수이다. f6포에 의해 한의 사, 상, 왕이 묶여 있는 상황에서 초차가 상을 잡으면서 외통으로 장군을 하려는 상황이다.

② f10장e9 : 현재 한왕이 도망갈 곳이라고는 궁의 중앙밖에 없다.

③ h9차Xf9상장군 ④ e9장d8 : 상을 잡으면서 급소를 찌르며 초차가 궁성에 진입한다. 여기서 한의 f8사는 g6초상에게 묶여 있어서 무용지물인 상태가 된다. 한왕은 다락방으로 숨는다.

⑤ e7졸f7 ⑥ f4마Xg6상 : 이때 초졸을 f줄로 이동하는 수가 교묘한 선수이다. 상의 멱을 치우는 목적과 동시에 궁성의 사를 위협하는 수이다. 초의 노림수는 f6포Xf3장군으로 포 장군과 상 장군의 양수겸장을 하는 수이다. 한에서는 위협적인 상을 없애지 않으면 외통이 되므로 마로 상을 제거할 수밖에 없다.

⑦ f6포Xf8사 장군 ⑧ e8상g5 : 이때 포가 사를 잡으면서 궁성에 자리를 잡는다. 포장을 막는 방법은 다리를 치우는 방어법 외에는 없어서 상이 이동을 하면서 포다리를 치운다.

⑨ f8포f10 : 포를 다시 귀로 이동하면서 천궁이 된 한왕을 멀리서 대각선 방향으로 겨냥한다.

⑩ d9사d10 ⑪ d3마f4 : 원군이 필요한 초에서 초궁에 있던 궁귀마를 적진에 투입시키기 위해 이동을 시킨다. 이 마를 움직이는 목적은 두 가지 중 하나인데, 하나는 중앙으로 가서 f4마e6으로 마 장군 하는 것이고 또 하나는 f7 초졸의 궁성진입을 막고 있었던 한마를 없애기 위함이다.

⑫ c7병d7 : 마의 장군을 막기 위해 병이 움직인다.

⑬ f4마Xg6마 : 초마가 한마를 잡는 이유는 초졸이 궁성에 진입하는 것을 도와주기 위해서이다.

⑭ h1차h2 ⑮ f7졸f8 ⑯ 기권 : 이때 한에서는 뚜렷한 방어수단이 없다. 예정대로 졸이 궁성에 진입하여 다음에 ⑰ f9차e9장군 외통수를 노리게 되므로 한이 포기를 한 것이다.

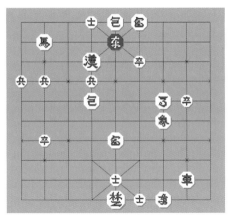

그림18 결과도

10) 문제10 (초차례)

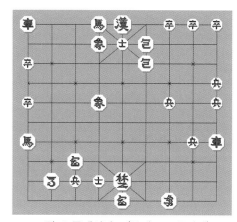

그림19 문제시작도 (문제10 : 초차례)

이 문제야말로 장기가 아주 깊고 심오하다는 것을 알려주는 문제이다. 이 문제는 앞에서 배운 뜰장기술의 결정체 같은 문제로서 계속 연속 장군을 부르면서 127수나 소요되는, 수순이 길고 작전도 무려 13개의 작전이 개입되는 긴 장편소설 같은 문제이다. 이 문제의 해법을 완벽히 이해할 수만 있다면 박보장기의 핵심 중 뜰장기술을 다 파악했다고 해도 과언이 아니다. 필자는 이 문제를 30년 전에 접하면서 박보장기의 깊고 심오한 세계에 빠지게 되었던 경험이 있다. 이 수를 단지 해답만 보고 수순을 따라가거나 아무 의미 없이 해답을 확인 하는 정도만 하지 말고 그 깊은 작전을 이해하시기 바란다. 그 전략의 개요는 아래와 같다. 더 세세히 나눌 수도 있지만 지나치게 세세한 것들을 줄인다고 줄여 본 것이 그나마 13개 전략이다. 즉, 13개의 단계를 거쳐서 승리를 하게 된다.

1) 작전1 (1~4수) : 졸을 하나 희생하고 나머지 졸을 이용하여 기물 재배치를 한다. 10선의 기물을 정리하는 작전.

2) 작전2 (5~20수) : 포 뜰 장군을 위한 초궁, 사, 상의 자리 재배치 작전.

3) 작전3 (21~24수) : 포의 자리 재배치 작전 (c3포 → b3)

4) 작전4 (25~34수) : 포의 자리 재배치 작전 (b3포 → e3)

5) 작전5 (35~44수: 포로 우하변의 한병, 차를 잡는 작전(e3포 → i4)

6) 작전6 (45~52수) : 포의 자리 재배치 작전 (i4포 → e2)

7) 작전7 (53~56수) : i6병 잡는 작전

8) 작전8 (57~64수) : 포의 자리 재배치 작전 (i6포 → i4) : 우측에서 포장군을 치기 쉬운 위치로 이동하는 작전.

9) 작전9 (65~80수) : 하포의 자리 재배치 작전으로서 e1포 → e3로 이동시키는 작전:

이 수순을 생략하면 그 후에 낭패를 본다. 반드시 이 수순이 필수이다.

10) 작전10 (81~90수) : 10선의 우변 졸 이동 작전 : 87의 졸 이동 후 포장 외통 노림수
   가 있으므로 한에서 외통을 방지하기 위해 수비를 해야 한다. 이때만 연속으로 장군을
   부르던 것이 단 한번 멈추게 된다.

11) 작전11 (91~98수) : e3포를 e1으로 다시 이동시키는 작전

12) 작전12 (99~118수) : i4포를 h6으로 이동하는 작전.

13) 작전13 (119~127수) : 한궁을 외통으로 몰기 위해 초상의 자리를 재배치하여 최종적
   으로 타격을 하는 작전

이 복잡한 작전의 큰 그림을 크게 전략적으로 간단히 정리하자면 "면포를 이용하여 한의 중
앙을 포로 사를 묶어서 한의 궁이 움직이지 못하게 만든 다음 측면 포를 이용하여 10선에서 포장
으로 장군을 불러서 이기는 작전"이라고 말할 수 있다. 상기 작전의 개요를 따라서 아래 수순과
중간도를 확인 하면서 지루하더라도 127수의 해답 수순을 하나도 빠짐없이 꼼꼼히 확인 바란
다. 하나라도 수순을 잘못하면 전체가 틀어져서 이길 수 없다. 63번의 장군을 부르면서(한번은
외통위협으로 장군을 대신한다.) 침착히 한 수 한 수를 정확히 127수까지 해답의 수순을 거쳐
야만 이길 수 있다. 한에서는 초의 장군을 막는 수가 사를 치우거나 사로 막는 수밖에 없으므로
다른 수를 둘 겨를도 없이 끌려갈 수밖에 없는 상황이다. 장기판에 기물을 직접 움직이면서 해
설을 읽으면서 지루하더라도 첫수부터 127수 까지를 두어 보기 바란다.

1) 작전1 (1~4수) : 졸을 하나 희생하고 나머지 졸을 이용하여 기물 재배치를 한다. 10선의
기물을 정리하는 작전.
1수에서 졸을 희생한 후 그 다음 졸이 장군을 불러 10선의 우측에 졸을 3개에서2개로 줄인
다. 왜 이렇게 하는지는 85수에서 이해하게 된다. 즉 84수를 내다본 수이다.
① g10졸f10장군 ② e10장Xf10졸 ③ h10졸g10장군 ④ f10장e10

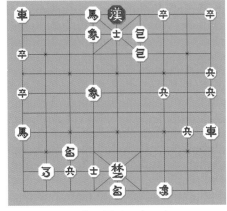

그림20 중간도1(1~4)

2) 작전2 (5~20수) : 포 뜰장군을 위한 초의 궁, 사, 상의 자리재배치 전략. 초의 왕을 궁의 좌측으로 피신을 시키고 상을 궁의 중앙으로 이동시키는 재배치 과정을 거친다. 여기서는 모든 이동을 선수로 포 장군을 치고 포와 상대 왕 사이에 포 장군을 치는 다리를 자유롭게 원하는 위치로 이동시키는 단.이.협.호 호장 기법을 이용한다. (이것에 대해서는 협동공격편의 호장수의 종류를 다시 참조바람) 이런 이동수가 127수 내내 등장하는 중요한 기술이다.

⑤ e2장d1장군 ⑥ e9사d8   ⑦ g1상e4장군 ⑧ d8사e8
⑨ e4상b6장군 ⑩ e8사d8   ⑪ d2사e2장군 ⑫ d8사e8
⑬ e2사d3장군 ⑭ e8사d8   ⑮ b6상e8장군 ⑯ d8사e9
⑰ e8상g5장군 ⑱ e9사d8   ⑲ g5상e2장군 ⑳ d8사e8

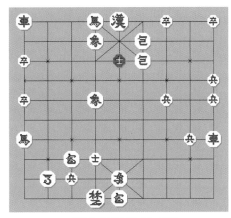

그림21 중간도2 (5~20)

3) 작전3 (21~24수) : 포의 자리 재배치 작전 (c3포 → b3)
포의 자리를 이동하기 시작한다. c3에 있는 포를 자유자재로 쓰기 위한 작업으로서 이 양포를 이용하여 포장을 부르면서 중앙의 포는 계속 장군을 부르고 나머지 포는 중간다리기물로 쓰면서 선수로 이동하면서 방해가 되는 기물을 기묘하게 제거하는 일을 하게 될 것이다.

㉑ c3포e3장군   ㉒ e8사d8   ㉓ e3포b3장군 ㉔ d8사e8

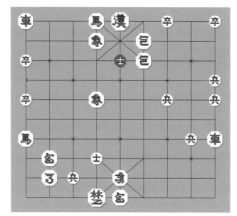

그림22 중간도3 (21~24)

4) 작전4 (25~34수) : 포의 자리 재배치 작전 (b3포 → e3)

c3에서 b3로 이동했던 포를 다시 e3로 이동시키는 단계이다. 이때 상과 양포의 교묘한 이동기술을 감상하시기 바란다.

㉕ e2상b4장군 ㉖ e8사d8 ㉗ b4상e6장군 ㉘ d8사e8
㉙ e6상c3장군 ㉚ e8사d8 ㉛ d3사e2장군 ㉜ d8사e8
㉝ b3포e3장군 ㉞ e8사d8

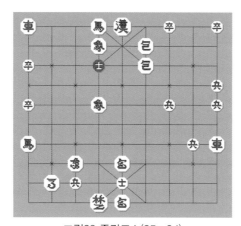

그림23 중간도4 (25~34)

5) 작전5 (35~44수) : 포로 우하변의 한병, 차를 잡는 작전(e3포 → i4)

e3로 자리를 옮긴 포를 이용하여 절묘한 수순을 거쳐서 g4병과 i4차를 잡는다.

㉟ c3상e6장군 ㊱ d8사e8 ㊲ e3포e7장군 ㊳ e8사d8
㊴ e7포e4장군 ㊵ d8사e8 ㊶ e6상Xh4병 장군 ㊷ e8사d8
㊸ e4포Xi4차 장군 ㊹ d8사e8

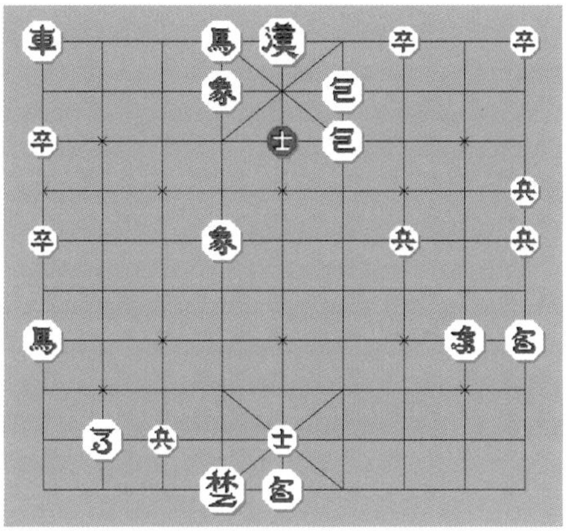

그림24 중간도5 (35~44)

6) 작전6 (45~52수) : 포의 자리 재배치 작전 (i4포 → e2)

다시 i4포를 자리 이동을 하면서 앞과 같은 수법으로 i6병을 제거하기 위한 준비작업으로 i4포를 e2로 이동시킨다.

㊺ e2사d3장군 ㊻ e8사d8 ㊼ d3사e3장군 ㊽ d8사e8
㊾ i4포e4장군 ㊿ e8사d8 (51) e4포e2장군 (52) d8사e8

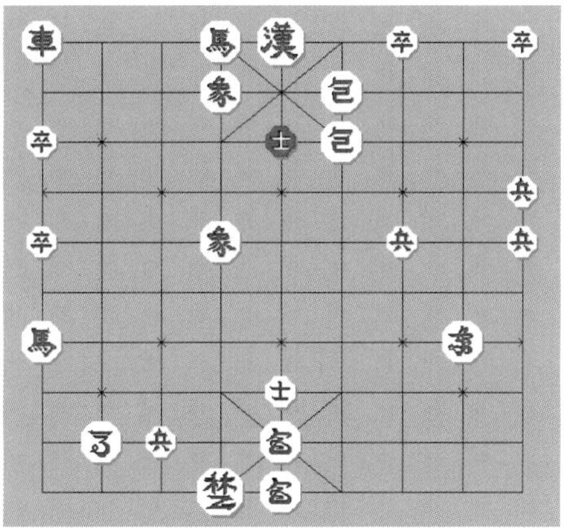

그림25 중간도6 (45~52)

7) 작전7 (53~56수) : i6병 잡는 작전

앞에서 차를 잡던 수법과 동일한 수법으로 i6병을 잡는다.

(53) e2포e6장군 (54) e8사d8 (55) e6포Xi6병 장군 (56) d8사e8

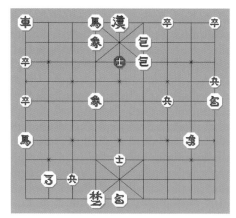

그림26 중간도7 (53~56)

8) 작전8 (57~64수) : 포의 자리 재배치 작전 (i6포 → i4): 우측에서 포장군을 치기 쉬운 위치로 이동하는 작전

병을 잡았던 i6포의 위치를 자연스럽게 이동시키면서 i4자리로 이동시킨다.

⑤⑦ i6포e6장군 ⑤⑧ e8사d8 ⑤⑨ e6포e2장군 ⑥⑩ d8사e8
⑥⑪ e2포e4장군 ⑥⑫ e8사d8 ⑥⑬ e4포i4장군 ⑥⑭ d8사e8

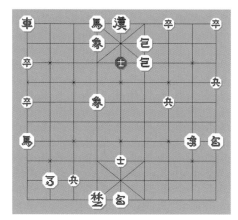

그림27 중간도8 (57~64)

9) 작전9 (65~80수) : 하포의 자리 재배치 작전으로서 e1포 → e3로 이동시키는 작전 : 이 수순을 생략하면 그 후에 낭패를 본다. 반드시 이 수순이 필수이다. 이 수순이 없으면 87수에서 단 한번 장군이 멈추는 장면에서 한에게 역습을 당하여 패한다. 필히 이 수순이 있어야 한다. 23수를 내다본 수이다.

⑥⑤ e3사d3장군 ⑥⑥ e8사d8 ⑥⑦ h4상e2장군 ⑥⑧ d8사e8
⑥⑨ e2상c5장군 ⑦⑩ e8사d8 ⑦⑪ c5상e8장군 ⑦⑫ d8사e9
⑦⑬ e8상b6장군 ⑦⑭ e9사d8 ⑦⑮ b6상e4장군 ⑦⑯ d8사e8

⑦ e1포e6장군   ⑱ e8사d8   ⑲ e6포e3장군   ⑳ d8사e8

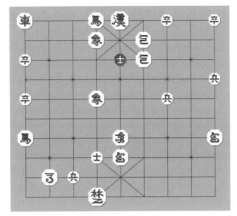

그림28 중간도9 (65~80)

10) 작전10 (81~90수) : 10선의 우변졸 이동 작전 : 87수의 졸 이동 후 포장 외통 노림수
가 있으므로 한에서 외통을 방지하기 위해 수비를 해야 한다. 이때만 연속으로 장군을 부르
던 것이 단 한번 멈추게 된다. 교묘한 선수가 아닐 수 없다.

85수는 초졸을 하나 희생해서 10선에서 단 하나의 초졸만 남기려는 희생작전이다. 이 교묘
한 수순을 음미 바란다. 63수에서 왜 e4포i4로 이동시켰는지를 이제야 이해할 수 있게 된
다. 이것이 아직도 이해가 안 되면 이해가 될 때까지 처음부터 다시 여기까지를 반복해서
복기 바란다.

⑧ e4상b6장군   ⑧ e8사d8   ⑧ b6상e8장군   ⑧ d8사e9
⑧ g10졸f10장군   ⑧ e10장Xf10졸   ⑧ i10졸h10   ⑧ i7병h7
⑧ h10졸g10장군   ⑨f10장e10

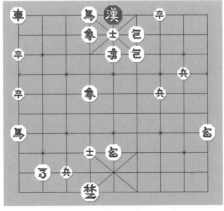

그림29 중간도10 (81~90)

11) 작전11 (91~98수) : e3포를 e1으로 다시 이동시키는 작전

역습을 피해서 자리이동을 했던 포를 다음 작전을 위해 다시 포 재배치를 하는 단계이다. e3을 e1으로 이동시키는 이유는 나중에 알게 된다.

(91) e8상b6장군 (92) e9사d8 (93) b6상e4장군 (94) d8사e8
(95) e3포e6장군 (96) e8사d8 (97) e6포e1장군 (98) d8사e8

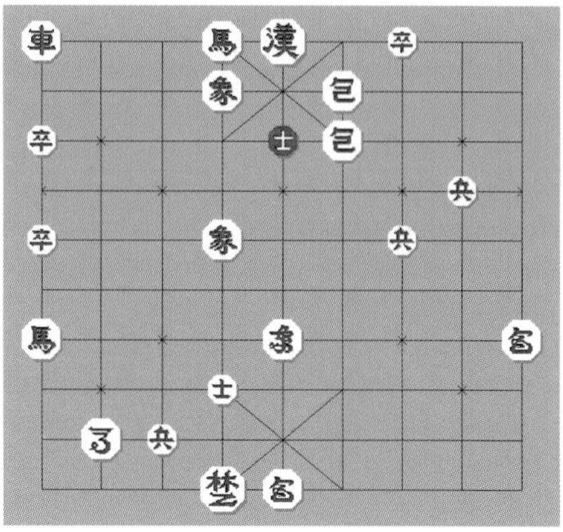

그림30 중간도11 (91~98)

12) 작전12 (99~118수) : i4포를 h6으로 이동하는 작전. 이 수는 측면공격으로 쓸 포의 자리를 재배치하는 단계이다. 이 수순도 아주 교묘하다. 뜰장을 이용하기 때문에 중간에 이동하는 기물은 죽지 않는 점을 이용한 것이다. 포가 간 위치를 확인해 보면 아주 절묘하다. 이제 이 포는 펄쩍 뛰면 10선으로 가서 g6포g10으로 장군할 준비가 되었다.

(99) e4상b6장군 (100) e8사d8 (101) b6상e8장군 (102) d8사e9
(103) e8상g5장군 (104) e9사d8 (105) g5상e2장군 (106) d8사e8
(107) e2상h4장군 (108) e8사d8 (109) d3사e3장군 (110) d8사e8
(111) i4포e4장군 (112) e8사d8 (113) e4포e2장군 (114) d8사e8
(115) e2포e6장군 (116) e8사d8 (117) e6포h6장군 (118) d8사e8

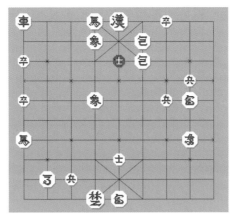
그림31 중간도12 (99~118)

13) 작전13 (119~127수) : 한궁을 외통으로 몰기 위한 초상의 자리 재배치하여 최종적으로 타격을 하는 작전. 이 단계는 마지막 작전으로서 상을 이용해서 한의 중앙의 앞을 꼼짝 못하게 하는 모양으로 만들기 위한 작전이다. 중앙을 최종적으로 초포/ 초상/ 한사/한왕 모양을 만들어서 사를 묶어놓고 왕도 전혀 부동의 상태로 만든 다음 우측의 10선에 가서 준비된 포로 장군을 치게 되면 이 모든 긴 여정을 마무리 하게 된다.

이 문제에 대한 여러분의 느낌은 어떠신지요?

⑲ e3사d3장군　⑳ e8사d8　㉑ h4상e2장군　㉒ d8사e8
㉓ e2상c5장군　㉔ e8사d8　㉕ c5상e8장군　㉖ d8사e9
㉗ h6포h10장군#

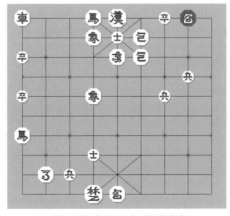
그림32 중간도127수 문제결과도

다. 장기 실력 향상을 위한 테크닉

다음은 장기를 두는 대국자면 반드시 알아두어야 할 공격/수비 테크닉에 대해서 논하고자 한다.

1) 공격테크닉

1.1. 공격목표/공격방향 설정

· 중반전에 돌입하여 공격을 시작 할 때는 포진과정에서 쌓여진 힘을 집중시킬 목표를 찾거나 포진과정에서 얻은 시간을 이용하여 이점을 쌓아서 차근히 이긴다. 상대의 가장 약한 부분을 적절한 방법을 동원하여 공격을 해야 우위를 지킬 수 있다. 아직 아무런 약점도 보이지 않은 상태에서 무턱대고 공격하면 설익은 공격이 되어 상대가 무난히 방어를 하게 된다. 방어를 하면서 자연스럽게 포진문제를 풀어가면 그만큼 역공의 기회를 주게 된다. 그러므로 방어를 허물어뜨리고 당장 결정적인 공격이 가능한지 파악하고 효과적인 공격방법을 모색한 후 공격을 시작해야 유리해 진다.

· 공격 계획 시 주요 고려점은 주요 방어수가 무엇인지 파악하는 것이다. 약한 지점을 보호하는 기물이 있으면 이 지점의 보호자를 없애서 이 지점의 약점을 두드러지게 하여야 한다. 어떤 수단방법이라도 다 동원하여 이 방어수들을 때리거나 위협하거나 제거할 수 있다면 공격이 희생 후 성공할 수 있다.

1.2. 집중적 공격의 중요성

· 공격을 하는 기본 요령은 수비수의 수보다 더 많은 공격수의 수를 약한 부분에 집중시키는 것이다. 공격하는 기물들이 방어하는 기물보다 더 많으면 상대가 무너지게 되어 있으므로 약한 곳을 계속 집중 공격하라.

· 상대가 기물진출에 뒤처져 있으면 이것을 응징하여 실수를 만회할 틈을 줘서는 안 된다. 따라서 평이한 수로는 응징을 할 수 없고 한시라도 기물형태의 통제를 늦추지 말고 상대가 반격할 겨를이 없게 만든다.

· 상대의 어떤 기물에 대해서 다중공격을 가하여 상대의 선택을 제한하는 것이 좋은 공격법이다. 방어하는 기물 중 과부하가 걸려 있는 기물을 즉시 파악하여 병력을 그쪽으로 집중 시키면 기물 이득을 볼 수가 있다.

1.3. 상대의도 파악

· 상대편이 기물을 죽일 때는 반드시 의심하라.

1.4. 수순의 필요성

· 장기에서는 수순이 아주 중요하다. 어떤 공격을 할 때 둘 수 있는 수가 여러 개 있으면 신중히 우선순위를 생각하여 정확한 수순으로 공격해야 목적을 이룰 수 있다. 순서를 무시하고 무턱대고 공격을 하면 모처럼 잡은 기회를 놓치고 오히려 역공을 받을 수 있다.

1.5. 기물형태의 중요성

· 상대 의도를 파악하고 좋은 형태를 만들도록 노력하고 합동작전을 통해 더 좋은 모양을 만들어 공격하는 것도 중요하다. 예를 들어 상대의 상, 마의 머리는 누를 수 있으면 눌러서 앞으로 전진하지 못하도록 하고 아군의 상이나 마 등의 기물머리가 눌리지 않게 조심하라.

1.6. 기회포착

· 상대의 의도에 끌려 다니지 않도록 상대계획과 아군계획의 핵심을 파악하고 공격기회를 적시에 포착 하라. 게임의 처음부터 합동공격을 찾기보다는 야심만만한 수를 피하고 작은 이점이라도 쌓도록 노력하라. 이것에 성공하면 그제서야 합동공격을 찾아라. 아무리 깊이 숨겨진 것이라도 존재하기 마련이다.

· 공격의 첫 번째 단계는 상대편의 궁성에 약점을 만들어 내는 것이다. 방어하는 기물들이 이탈하도록 강요하여 상대가 스스로 방어구조를 약화시키도록 유도하고 그 후에 그 약한 부분이 직접적인 공격대상이 되도록 한다. 만약 상대의 기물을 묶어둔 경우는 묶은 기물은 풀어주지 말고 계속 묶어 놓아라. 묶임을 당한 기물은 그저 움직일 수 없을 뿐 아니라 무력화되어서 중요자리를 통제하지도 못하는 등 기능이 완전히 마비된다는 점을 이용하라.

· 상대의 약점이 생겼다고 서두르지 마라. 가능하면 원군이 오기까지는 공격을 시작하지 말고 적이 반격할 위험이 있으면 철저히 검증 한 후 선제공격을 개시하라. 상대 기물을 공격하면서 템포를 벌어서 다른 지점으로 선수 이동한다. 아군이 침투할 수 있는 거점을 통해 대 기물들을 침투시켜라. 구멍이라 불리는 지점이 있으면 그곳에 기물을 정박시켜라.

1.7. 기물 교환

· 기물 교환은 원칙적으로 가급적 피하지 말아라. 피하면 좋은 자리를 빼앗긴다. 그러나 상대가 아군의 활동적인 공격수를 교환하자고 하는 것을 최대한 사전에 막거나 거부할 수 있으면 거부하라.

· 기물점수가 같더라도 훌륭히 서있는 기물을 상대의 활동성 없이 묵혀둔 기물과 교환을 하지 마라. 또한 많은 시간을 두어 이동한 기물은 단 한번 움직인 기물과 교환하지 마라. 시간을 허비한 것과 같은 결과이다.

· 기물이 우세한 측은 상대의 저항을 줄이기 위해 기물들을 교환하도록 유도한다. 장기판 상

에 기물들이 줄어들수록 상대가 반격하여 판을 흔들어 볼만한 여지는 없어진다. 유리한 측은 자신의 형태를 위태롭게 하지 않으면서 이것을 해내는데 주력해야 한다.

2) 수비 테크닉

2.1. 상대 의도 파악

· 상대가 방금 놓은 수가 무엇을 위협하고 있는가? 하는 생각을 항상 해야 한다. 상대가 의도하는 것을 간파하여 수비적 관점에서 적절히 대응을 해야 한다. 아무런 반격을 하지 않으면 서서히 움츠러들어서 좁은 영역에 갇혀 숨막히게 될 것이기 때문이다.

· 포진초반에 상대의 농포전에 대비하라. 불의로 차와 다른 기물이 묶이거나 희생을 당할 수 있다.

2.2. 수비 위협 요소 제거

· 내 진영에 침투한 상대편 대기물은 반드시 몰아내도록 노력해야 한다. 예를 들어, 상대 차가 아군 궁성 근처에 오면 빨리 쫓아야 한다. 그렇지 않으면 기물들이 엉키고 기능이 마비되어 질식하게 된다. 이처럼 자신의 전체를 괴롭히고 있는 성가신 기물이 있으면 빨리 쫓아내야 한다.

2.3. 표적 피하기

· 상대편 기물의 표적이 되지 말고 잠재적 공격으로부터 벗어나라

2.4. 안궁의 중요성

· 궁성이 튼튼해야 전투를 잘할 수 있다. 안궁된 모양에서 필요치 않게 기물을 이탈시켜서는 안 되며 만약 이탈하면 방어형태가 약화 된다.

2.5. 기물형태의 중요성

· 기물진출이나 형태를 나쁘게 하면서 무리하게 상대 기물을 잡지 마라!
· 졸병은 중앙으로 모아 면을 두텁게 하라.

2.6. 기물 교환

· 자기 기물의 엉킨 상태를 풀도록 한다. 수비의 가장 좋은 요령은 상대의 강한 기물을 교환해 없애고 장기판상의 기물을 최대한 줄이는 것만이 얽힌 모양을 풀어낼 수 있다.

라. 장기의 보급을 위한 신개념 장기에 대한 필자의 생각

대부분의 대회 대국들을 분석해 보면 모든 대국자들이 게임이 시작함과 동시에 우선 상대의 기물을 잡는데 혈안이 되어서 모든 공격을 기물 잡는 데에만 집중을 한다. 그리고 요즘은 모든 대회 대국이 점수제로 운영이 되기 때문에 점수가 대단히 중요하다. 그러다 보니 후수는 초반부터 덤 지키기에 급급하고 선수공격자도 초반에는 좀 공격을 하다가 졸이나 상, 마라도 공짜로 잡게 되면 그때부터 모험을 삼가 하고 안전한 공격만 하거나 아예 공격은 안하고 기물점수의 우위만 지키려고 힘쓰다 끝나는 대국도 많고 졸렬해 보일 정도로 점수 지키기에 혈안이 되어 씁쓸함을 금치 못하게 하는 경우도 비일비재하다. 마치 유도경기를 하는데 한판승으로 깨끗이 이기는 것이 아니라 점수만 따기 위해 안전한 기술만 추구하는 무기력하고 지루한 경기를 보는 듯한 장면이 대회장기에서 많이 나온다. 그러다 보니 TV에서 장기 방송 대국을 보아도 누구나 알 수 있는 수준의 수 이외에는 잘 나오지도 않고 해설자도 해설할 깊은 내용이 잘 나오지도 않아서인지 그저 평범한 수만 설명하는데 그친다. 해설자들도 장기의 본질이 왕을 잡는 것을 강조하기 보다는 점수에 치중하여 해설을 하곤 한다. 대국자들도 모험을 잘 하지 않는 경향이 높아서 장기를 잘 모르는 시청자가 이 방송 대국을 보고 전반적으로 장기가 재미가 없다는 평을 많이 하는 것을 보게 된다. 점수가 5점 정도로 벌어지면 시간이 짧은 탓에 경기를 뒤집기가 어렵다. 정작 대국을 하는 대국자들도 대국시간이 터무니없이 짧고 초읽기에 몰리고 점수의 압박을 받는 이런 대국을 계속하다가 보니 타성에 젖는 것 같다. 장기의 높은 수를 추구한다기 보다는 점수라도 이기기 위한 목표가 더 급해서 그런지 뻔해 보여서 상대가 능히 대처할 수 있는 작전이나 구사하든지, 슬쩍 기물을 위협해 보고는 상대의 응수를 떠보는 수를 서슴지 않고 우선 두어보고 상대가 실수하면 이득을 얻는 그런 것에 만족하는 것 같다. 이러다 보니 깊은 생각을 하지 않게 되고 깊은 수도 나오지 않고 감각적인 수만 두는 습성이 몸에 베는 것 같아 안타까울 따름이다. 프로들조차도 평균 5~7수 정도의 수순의 수 이상은 생각도 하지 않는 듯하다. 심지어는 누가 보아도 시간이 지나면 결과적으로는 패하는 장기를 시간이 다 되어서 0.5점이 높아서 점수승으로 이기는 등 말도 안 되는 장면도 종종 등장하곤 한다. 그러나 장기의 본질을 본다면 장기는 상대의 왕을 잡기 위한 게임이지 기물 따먹기 만이 아닌 것이다. 이런 점에 중점을 두어 전략적 사고와 전술적 사고를 해야 진정한 장기의 묘미를 찾을 수 있지 않을까 싶고 승부를 가리는 방법도 이런 점이 충분히 반영이 되어 장기대국을 운영하는 다양성을 가지면 좋을 듯하다.

장기와 체스와 바둑을 비교검토 하다 보면 한국장기만큼 비길 수 있는 가능성이 높은 게임도 드물다. 대국자간의 실력이 아주 큰 차이가 나지 않으면 졸 하나 또는 상 하나 차이가 나기도 힘들 정도로 팽팽하게 대국이 진행 된다. 특히 고수들의 결승대국은 더 하다. 그래서 오히려 결승대국이 재미가 덜하다. 설사 마 하나가 차이가 나게 경기가 진행되어도 왕을 외통으로 잡아 이기는 유도의 한판승 같은 통쾌한 승부와는 거리가 있어 보인다. 필자가 연구한 바로는 장기와 비슷한 룰을 가지고 있는 체스의 경우는 아주 다이내믹한 승부가 많고 짜릿한 장면도 많이 나오는 것이 사실이다. 체스인 경우는 우리 박보장기에서나 볼 수 있는 기묘한 수순이 실전에서도 자주 나오고 있고 역전승도 많다. 그 수순도 15~20수 이상 연장군으로 끝나는 실전대국도 비일비재 하다. 반면에 한국장기에서는 박보장기의 연장군 수순이 실전에서 나오는 것을 거의 찾아볼 수가 없다. 승부를 꼭 결정 지어야 하는 대회 대국에서는 더욱 문제가 된다. 한국장기의 실전대국은 빅이 너무 많은 것이 특징이라면 특징이지만 너무 많아서 승부를 지어야 하는 대회장기에서는 문제인 것 같다.

그래서 "왜 비기는 경기가 유독 한국장기에 많은가?"에 대해서 필자가 수십 년간 분석을 한 결과는 다음과 같다.

① 왕끼리 마주 볼 때 빅장이라는 룰이 있어서 비기는 경우의 수가 많다.

② 한국장기의 수비수가 너무 많고 수비수의 힘이 공격력에 비해서 너무 강하다 ; 사가 둘이나 있어서 사의 수비능력이 공격능력에 비해 세다.

③ 한국장기의 공격수는 힘이 너무 약하고 제약조건이 너무 많다: 체스보다 직선이나 사선으로 공격하는 공격수의 수가 상대적으로 적고 멱이라는 룰이 있어서 마와 상이 공격적인 면에서 상대적으로 약하다. 그리고 포도 다리가 있어야 힘을 쓸 수 있고 포와 포는 넘을 수 없다는 제약조건이 있다. 반면에 체스는 공격하는 기물이 더 많고 폰이 승진할 수 있는 룰이 있어서 폰이 하나만 더 있어도 엔드게임(종반전)에 가면 승부가 결정이 지어지는 점이 한국장기와는 대조적이다. 바둑의 경우는 모든 수를 마음대로 두고 싶은 곳에 둘 수 있으므로 모든 돌이 차와 같다고도 볼 수 있다.

④ 경기의 대국시간이 너무 짧다; 깊고 심오한 수가 나오기에는 대국시간이 너무 짧다. 경기를 빠른 시간에 진행해야 하는 입장은 이해하지만 대국시간이 너무 짧아서 깊은 수가 나올 시간이 없다. 그리고 이런 것에 익숙하다 보니 대국자들도 생각을 깊이 하는 습관이 들지 않아서 조금만 기다려도 짜증을 내고 도무지 생각을 하는 것에 습관이 들여 있지 않고 빠르고 감각적인 수에만 길들여져 있는 것 같다.

필자가 분석한 위의 사실을 바탕으로 연구한 결과 장기의 보급화와 궁극적으로 장기게임의 질을 향상하기 위해서는 새로운 시도가 필요하지 않을까 개인적인 생각을 해 보았다. 필자가 개인적인 실험을 한 결과 한국장기의 현재 룰에서 단 세 가지만 바꾸면 한국장기가 현재보다도 훨씬 다이내믹하고 생동감 있는 게임으로 변신이 가능한 것 같다. 이 세 가지는 아주 간단한 변화이고 지금 당장도 시험적으로 할 수 있는 것들이어서 아래 제안을 해 본다.

● 3가지 변화에 대한 제안 :

① 우선 대국규칙에서 빅장을 없애고, 대국시간을 1 대국당 30분만 더 늘리거나 바둑대국의
   시간만큼 늘리고
② 장기의 시작부터 사를 하나 없애고 두는 '외사장기' 로 기물의 변화를 주고
③ 마지막으로 왕과 사의 위치를 아래 그림과 같이 사를 궁의 중앙에 두고 왕을 궁의 마지막
   칸의 중앙에 두는 배치를 한 후 장기를 시작하는 것이다.

이런 단순한 3가지 변화만 시도를 해도 장기의 포진이 훨씬 다양해지고 전략과 전술이 다양
해진다. 여러분들도 가까운 지인들과 시도해 보는 것도 또 다른 재미가 아닐까 싶다. 이 단순
한 3가지의 변화에 의해 모든 포진들의 포진법의 정석이 더 다양해지고 특히 우리가 불리하다
고 생각했던 면상 후수포진, 양귀마 후수포진과 양귀상 후수포진 등 귀마 포진외의 나머지 기
타 포진 등에 새로운 전략적, 전술적 가치가 부각이 될 수 있게 된다. 수비가 이미 되어 있는 상
태에서 경기가 시작되어서 처음부터 공격적인 장기가 가능해지고, 외사로 시작하므로 상대방
의 사를 가치가 높은 기물과 바꾸는 희생전략도 쓸 수가 있고 기존 보다는 훨씬 다이내믹한 상
황이 생길 여지가 많다. 전략만 잘 세우면 단명국도 많이 생길 수 있고 아무튼 장기판에 새로운
변화가 생긴다. 여러분도 지인들과 재미 삼아 시도해 보시기 바란다. 아주 재미있는 모양과 박
보장기문제 같은 상황이 많이 생긴다.

상기 제안은 필자의 개인적인 생각이고 전통적인 장기 룰에 흠집을 낼 생각은 추호도 없고,
바둑에도 13줄 바둑대회 같은 것도 있지 않은가 하는 생각에 장기가 더 박진감 넘치고 대중의
호응을 더 받기 위해서는 다면기처럼 이런 특수 룰을 내건 이벤트성 대회도 열면 어떨까 하는
생각을 해 보았다.

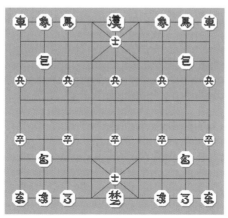

그림33
(귀마 대 귀마 포진 차림에서 '외사장기' 시작도)

끝으로 이제까지 1권의 전술편을 탐독해주신 독자들께 감사의 인사를 드리면서 1권을 마감하겠습니다.

곧 출간될 2권을 기대해 주시기 바랍니다. 2권의 내용은 다음과 같습니다.

1. 형세 판단과 중반전투 전략
    가) 형세 판단
        ① 형태 차이점
        ② 형태 차이점 종류와 그에 따른 형세 판단
        ③ 형세 판단 각 구성요소에 대한 이해
    나) 실전 중반전투 전략
        ① 전략의 필요성과 전략의 특성
        ② 전략의 분류
        ③ 실전전략 해설

2 포진법의 기초개념
    가) 포진이란?
    나) 포진법의 중요성
    다) 포진 원칙
    라 포진 단계에서 대국자가 해야 할 중요사항
    마) 포괄적 포진 전략
    바) 선수(先手) 대국자의 포진 전략 수립 시 고려사항
    사) 후수(後手) 대국자의 포진 전략 수립 시 고려사항
    아) 포진 단계에서 포진행마요령
    자) 포진 학습 시 고려해야 할 중요한 사항

3. 포진 전략
    가) 차림: 1 차 포진
    나) 26개의 포진 차림 조합
    다) 각 포진법의 특징
        ① 귀마 대 귀마 포진법 (병렬형)
        ② 원앙마 대 귀마 포진법
        ③ 면상 대 귀마 포진법
        ④ 양귀마 대 귀마 포진법
        ⑤ 양귀상 대 귀마 포진법
        ⑥ 귀마 대 귀마 포진법 (맞상형)
        ⑦ 귀마 대 원앙마 포진법
        ⑧ 귀마 대 면상 포진법
        ⑨ 귀마 대 양귀마 포진법
        ⑩ 귀마 대 양귀상 포진법
        ⑪ 원앙마 대 면상 포진법

WORK BOOK
연습문제

목   차

1. 양걸이(양수걸이) & 이중공격 & 양수겸장

문제1. 양걸이1 (초차례)

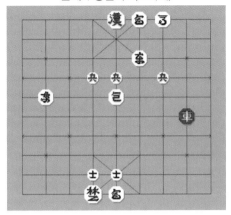

문제2. 양걸이2 (초차례)

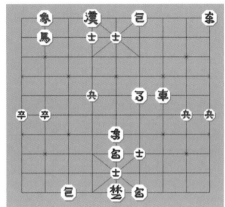

문제3. 양걸이3 (초차례)

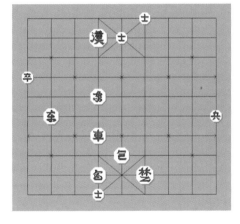

문제4. 양걸이4 (한차례)

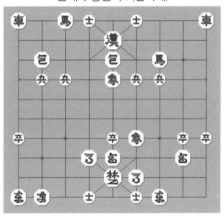

문제5. 양걸이5 (초차례)

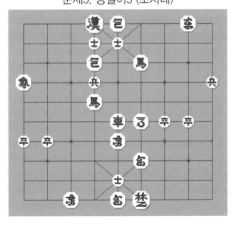

문제6. 양걸이6 (초차례)

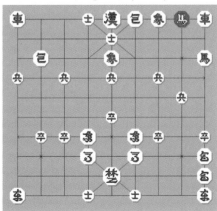

문제7. 양걸이7 (초차례)

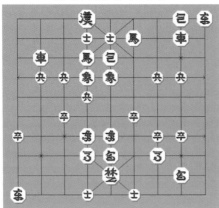

문제8. 양걸이8 (한차례)

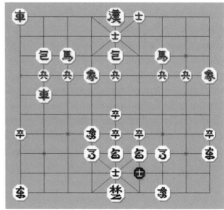

문제9. 양걸이9 (한차례)

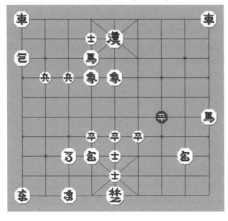

문제10. 양걸이10 (한차례)

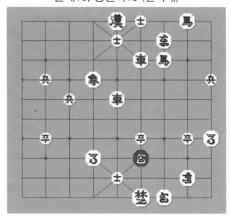

문제11. 양걸이11 (한차례)

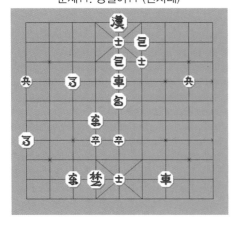

문제12. 양걸이12 (한차례)

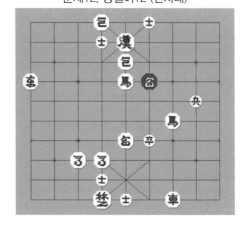

문제13. 양걸이13 (초차례)

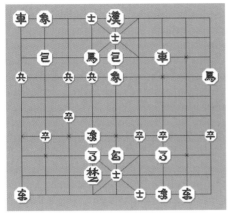

문제14. 양걸이14 (한차례)

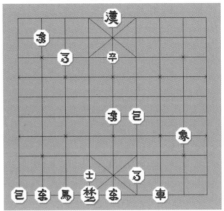

문제15. 양걸이15 (초차례)

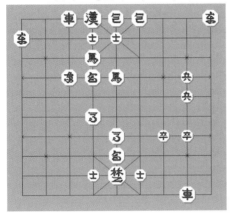

문제16. 양걸이16 (초차례)

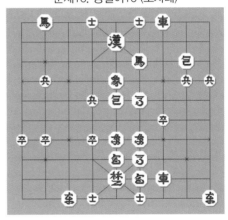

문제17. 양걸이17 (초차례)

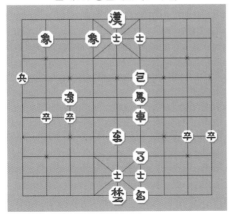

문제18. 양걸이18 (한차례)

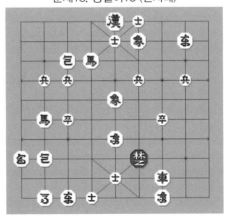

문제19. 양걸이19 (한차례)

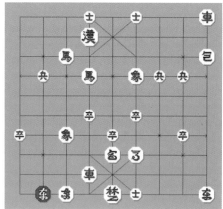

문제20. 양걸이20 (초차례)

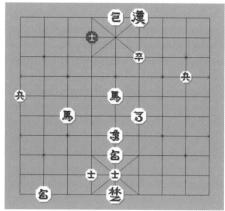

문제21. 양걸이21 (초차례)

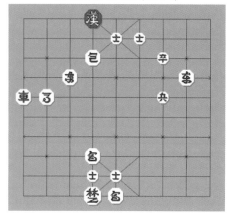

문제22. 양걸이22 (한차례)

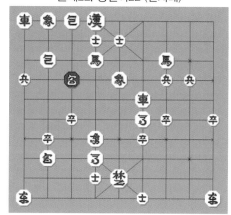

문제23. 양걸이23 (초차례)

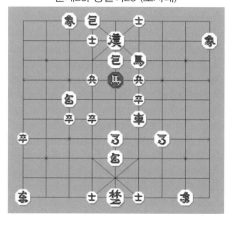

문제24. 양걸이24 (초차례)

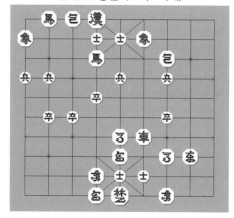

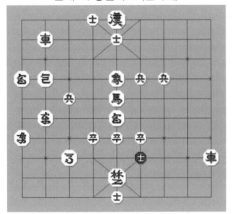

문제25. 양걸이25 (한차례)

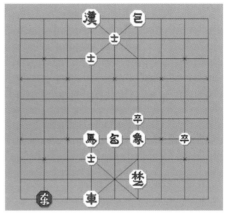

문제26. 양걸이26 (한차례)

2. 유인기술과 봉쇄기술

문제27. 유인 1(초차례)

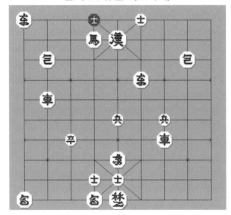

문제28. 유인2 (초차례)

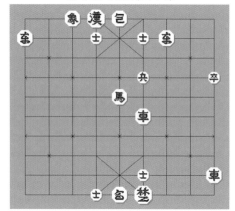

문제29. 유인3 (한차례)

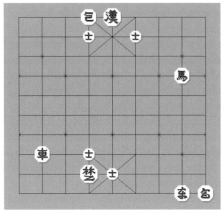

문제30. 유인4 (한차례)

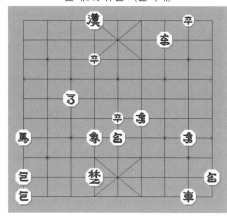

문제31. 유인5 (한차례)

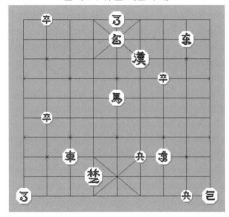

문제32. 유인6 (초차례)

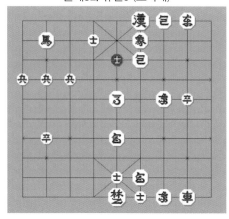

문제33. 유인7 (초차례)

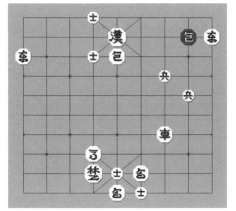

문제34. 유인8 (한차례)

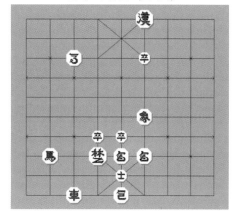

문제35. 유인9 (한차례)

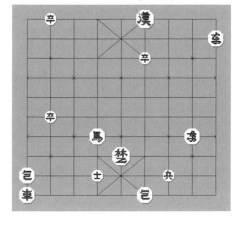

문제36. 유인10 (한차례)

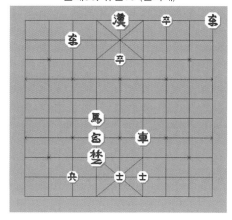

문제37. 유인11 (초차례)

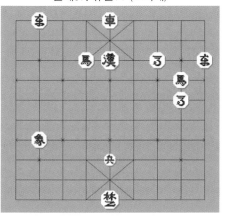

문제38. 유인12 (초차례)

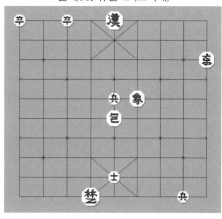

문제39. 유인13 (초차례)

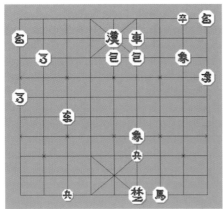

문제40. 유인14 (한차례)

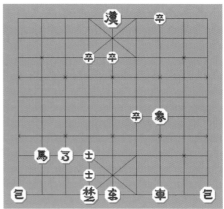

문제41. 유인15 (한차례)

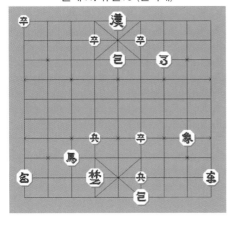

문제42. 유인16 (한차례)

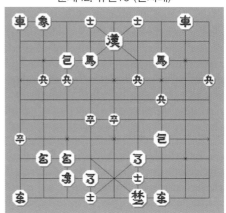

문제43. 유인17 (한차례)

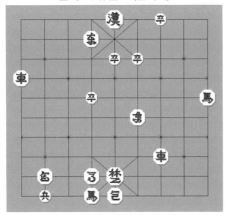

문제44. 유인18 (한차례)

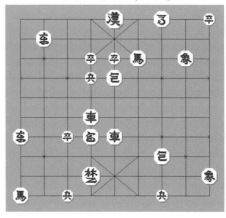

문제45. 유인19 (한차례)

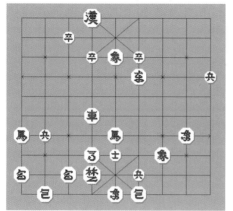

문제46. 유인20 (한차례)

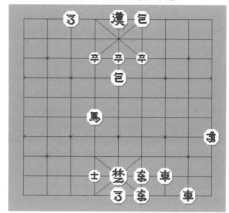

문제47. 유인21 (한차례)

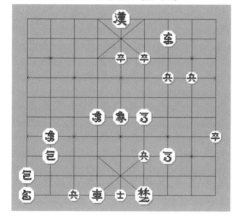

문제48. 유인22 (한차례)

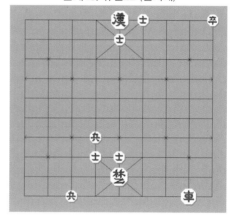

3. 수비지역 이탈 강요기술 및 수비수 제거기술

문제49. 수비수 제거1 (초차례)

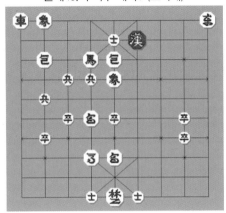

문제50. 수비수 제거2 (한차례)

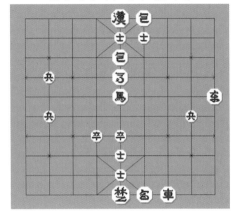

문제51. 수비수 제거3 (한차례)

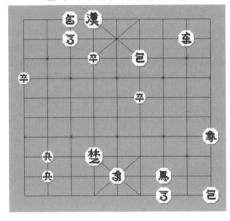

문제52. 수비수 제거4 (한차례)

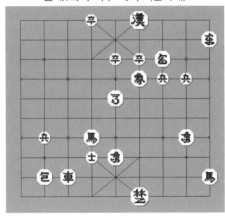

문제53. 수비수 제거5 (한차례)

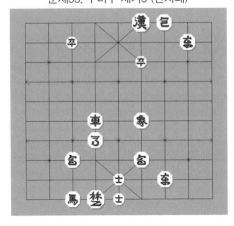

문제54. 수비수 제거6 (한차례)

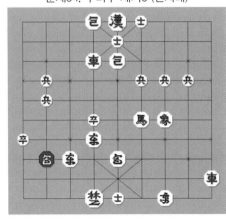

문제55. 수비수 제거7 (한차례)

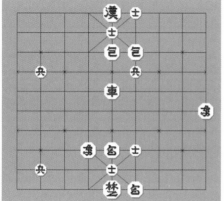

문제56. 수비수 제거8 (한차례)

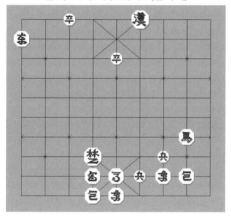

문제57. 수비수 제거9 (한차례)

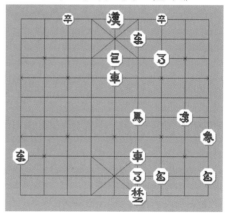

문제58. 수비수 제거10 (한차례)

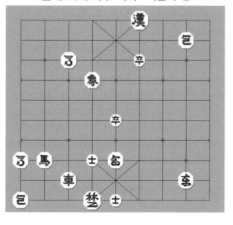

문제59. 수비수 제거11 (한차례)

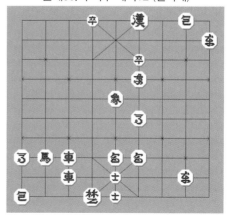

문제60. 수비수 제거12 (한차례)

문제61. 수비수 제거13 (한차례)

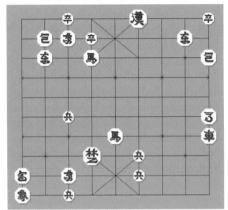

문제62. 수비수 제거14 (한차례)

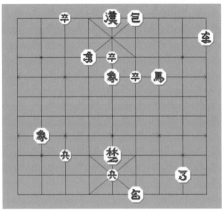

문제63. 수비수 제거15 (한차례)

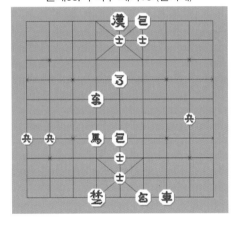

문제64. 수비수 제거16 (한차례)

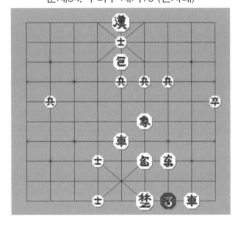

문제65. 수비수 제거17 (초차례)

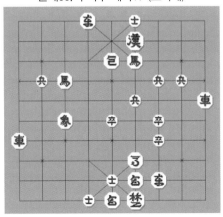

문제66. 수비수 제거18 (한차례)

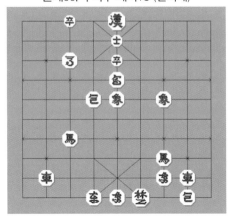

문제67. 수비수 제거19 (한차례)

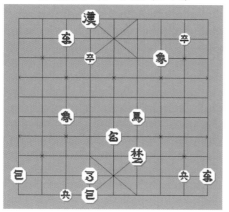

문제68. 수비수 제거20 (한차례)

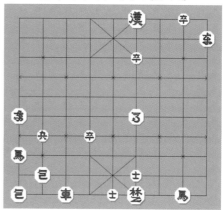

문제69. 수비수 제거21 (한차례)

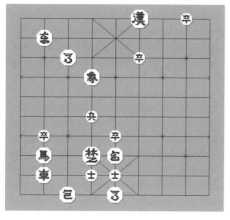

문제70. 수비수 제거22 (한차례)

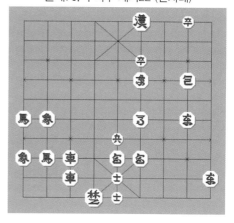

문제71. 수비수 제거23 (한차례)

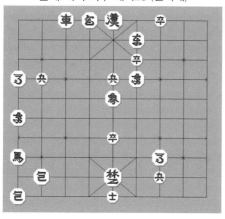

문제72. 수비수 제거24 (한차례)

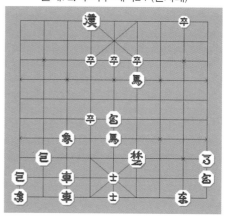

문제73. 수비수 제거25 (한차례)

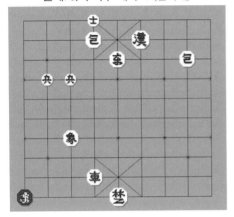

문제74. 수비수 제거26 (한차례)

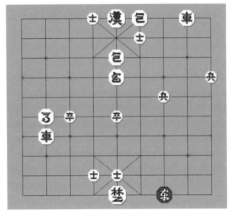

4. 묶기기술

문제75. 묶기1 (한차례)

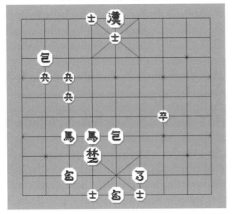

문제76. 묶기2 (초차례)

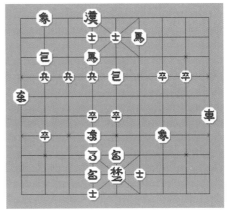

문제77. 묶기3 (초차례)

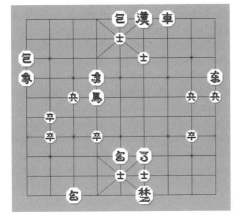

문제78. 묶기4 (초차례)

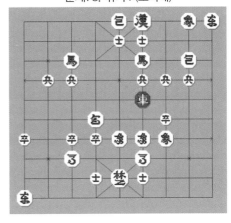

문제79. 묶기5 (초차례)

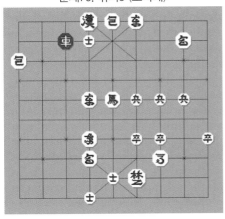

문제80. 묶기6 (한차례)

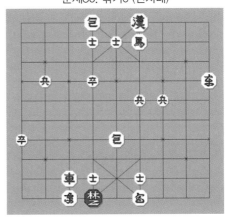

문제81. 묶기7 (한차례)

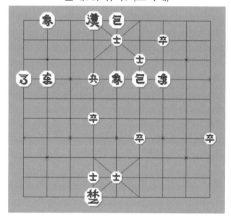

문제82. 묶기8 (한차례)

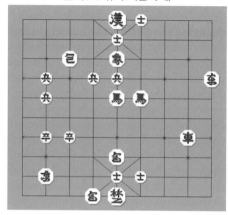

문제83. 묶기9 (초차례)

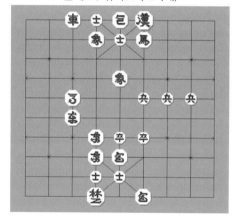

문제84. 묶기10 (초차례)

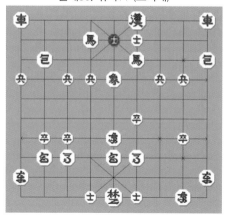

문제85. 묶기11 (초차례)

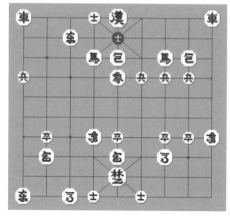

문제86. 묶기12 (초차례)

문제87. 묶기13 (초차례)

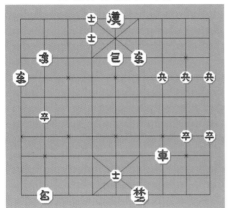

문제88. 묶기14 (한차례)

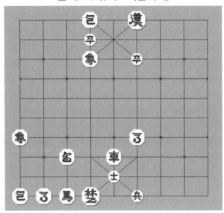

문제89. 묶기15 (한차례)

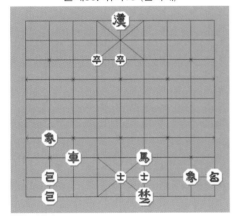

문제90. 묶기16 (한차례)

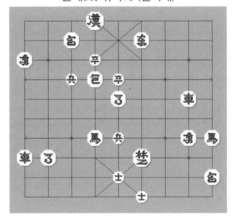

문제91. 묶기17 (한차례)

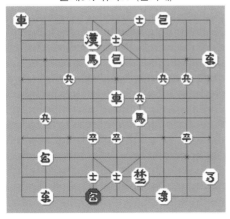

문제92. 묶기18 (한차례)

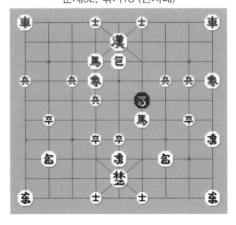

문제93. 묶기19 (초차례)

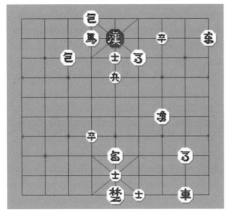

문제94. 묶기20 (한차례)

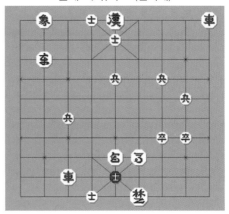

문제95. 묶기21 (한차례)

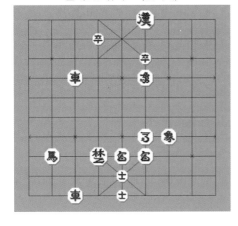

문제96. 묶기22 (한차례)

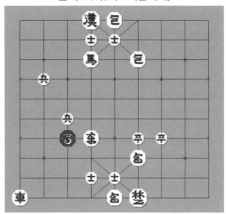

문제97. 묶기23 (한차례)

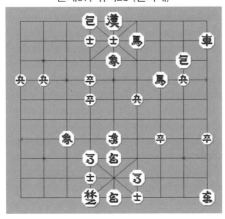

문제98. 묶기24 (한차례)

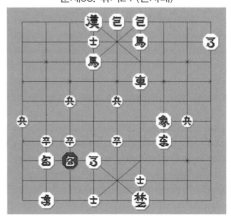

문제99. 묶기25 (한차례)

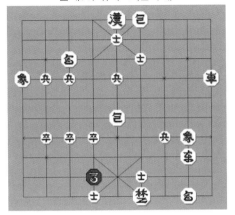

5. 길트기기술

문제100. 길트기1 (초차례)

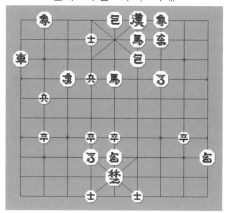

문제101. 길트기2 (초차례)

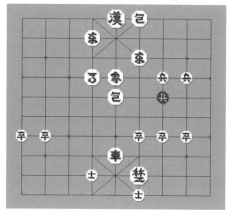

문제102. 길트기3 (한차례)

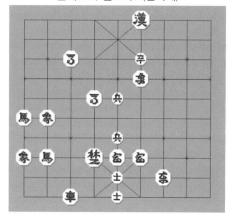

문제103. 길트기4 (한차례)

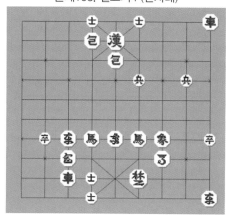

문제104. 길트기5 (한차례)

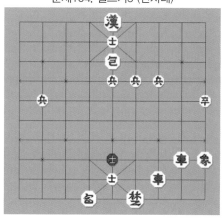

문제105. 길트기6 (한차례)

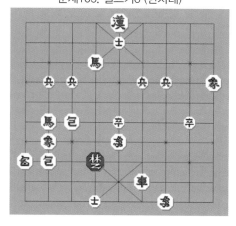

문제106. 길트기7 (한차례)

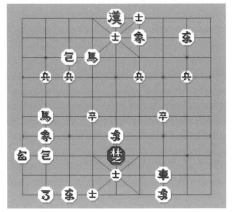

문제107. 길트기8 (한차례)

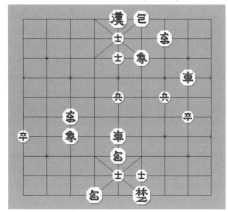

문제108. 길트기9 (한차례)

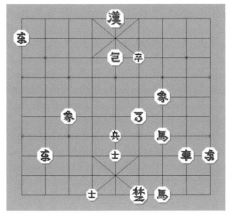

문제109 . 길트기10 (한차례)

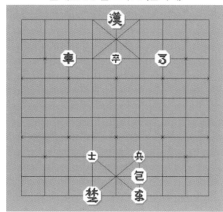

문제110. 길트기11 (한차례)

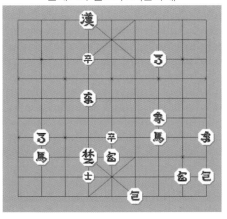

문제111. 길트기12 (한차례)

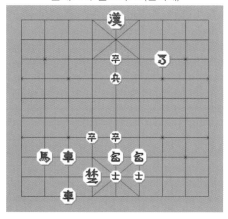

문제112. 길트기13 (한차례)

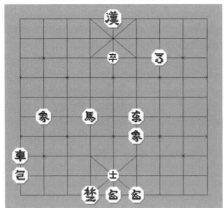

문제113. 길트기14 (한차례)

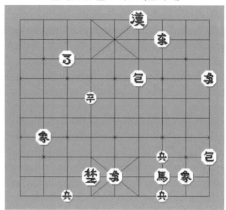

문제114 . 길트기15 (한차례)

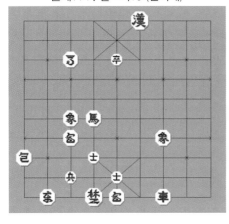

문제115. 길트기16 (한차례)

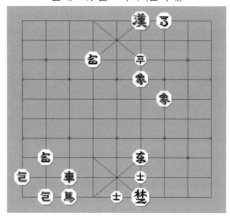

문제116. 길트기17 (한차례)

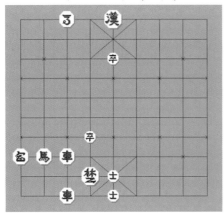

문제117. 길트기18 (한차례)

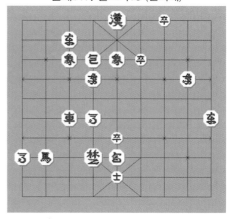

문제118. 길트기19 (한차례)

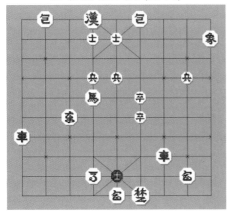

문제119. 길트기20 (한차례)

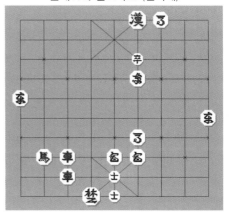

문제120. 길트기21 (한차례)

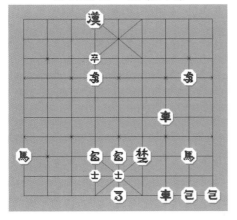

6. 멱풀기기술

문제121. 멱풀기1 (한차례)

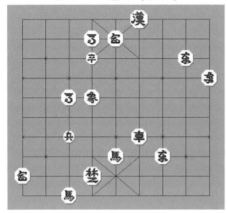

문제122. 멱풀기2 (한차례)

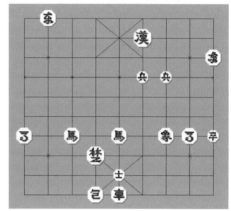

문제123. 멱풀기3 (한차례)

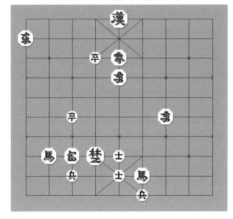

문제124. 멱풀기4 (한차례)

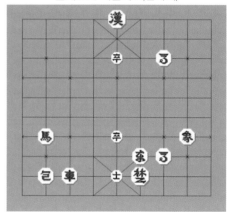

문제125. 멱풀기5 (한차례)

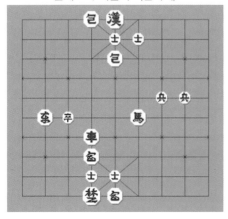

문제126. 멱풀기6 (초차례)

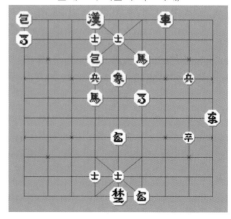

문제127. 먹풀기7 (초차례)

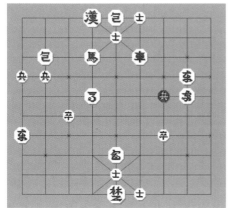

문제128. 먹풀기8 (초차례)

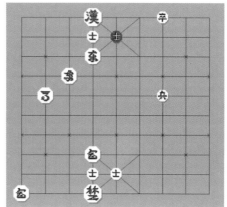

문제129. 먹풀기9 (한차례)

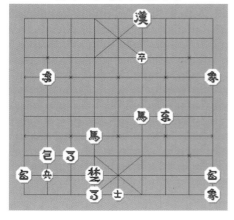

문제130. 먹풀기10 (한차례)

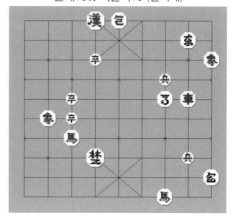

문제131. 먹풀기11 (초차례)

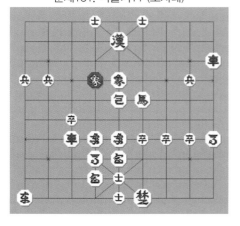

문제132. 먹풀기12 (초차례)

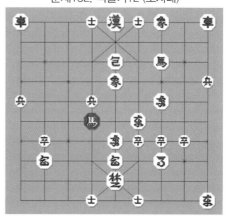

문제133. 멱풀기13 (한차례)

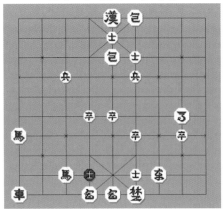

문제134. 멱풀기14 (한차례)

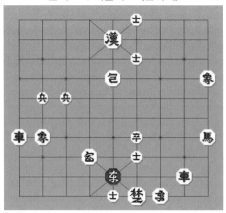

문제135. 멱풀기15 (한차례)

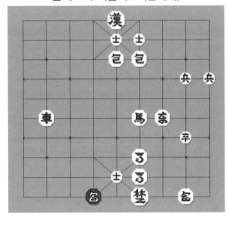

문제136. 멱풀기16 (한차례)

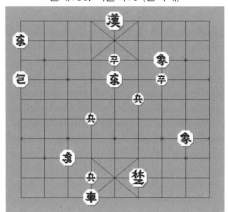

문제137. 멱풀기17 (한차례)

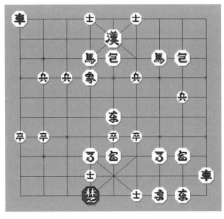

문제138. 멱풀기18 (한차례)

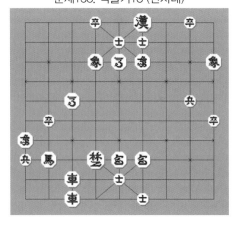

문제139. 먹풀기19 (한차례)

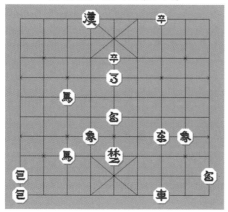

문제140. 먹풀기20 (초차례)

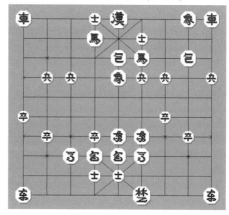

7. 뜰장기술 & 뜰공격기술

문제141. 뜰장1(한차례)

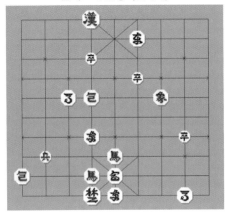

문제142. 뜰장2 (초차례)

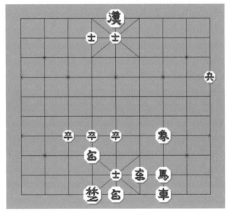

문제143. 뜰장3 (한차례)

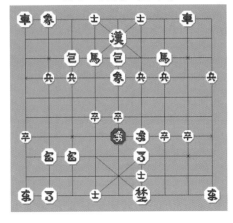

문제144. 뜰장4 (초차례)

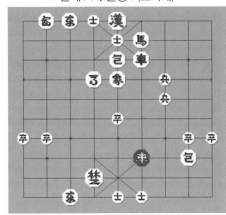

문제145. 뜰장5 (초차례)

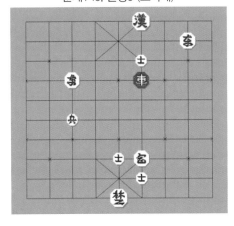

문제146. 뜰장6 (한차례)

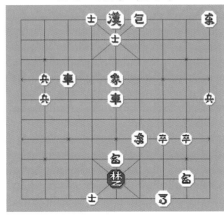

문제147. 뜰장7 (초차례)

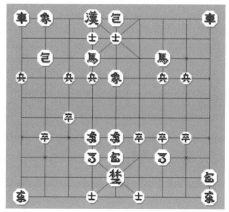

문제148. 뜰장8 (한차례)

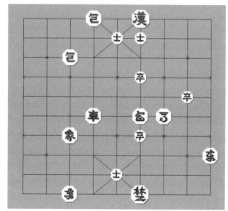

문제149. 뜰장9 (초차례)

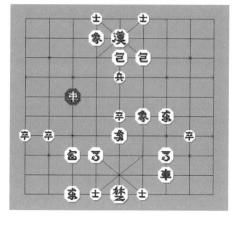

문제150. 뜰장10 (한차례)

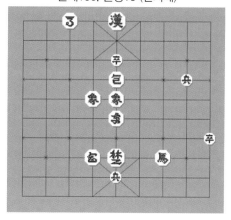

문제151. 뜰장11 (한차례)

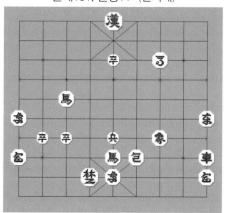

문제152. 뜰장12 (한차례)

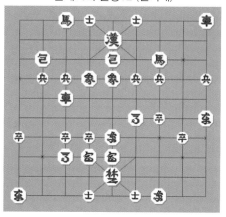

문제153. 뜰장13 (초차례)

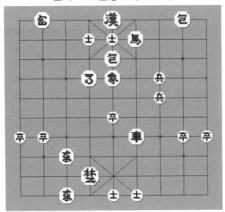

문제154. 뜰장14 (한차례)

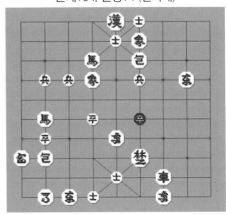

문제155. 뜰장15 (한차례)

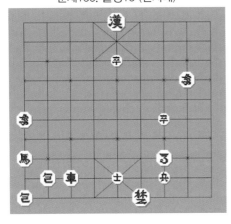

문제156. 뜰장16 (초차례)

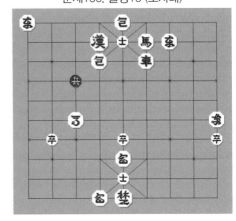

문제157. 뜰장17 (초차례)

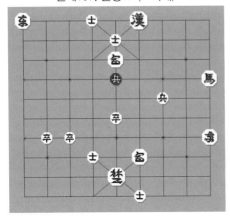

문제158. 뜰장18 (한차례)

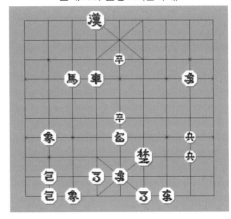

문제159. 뜰장19 (초차례)

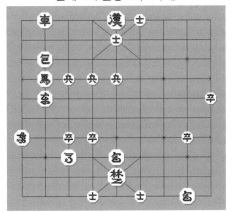

문제160. 뜰장20 (초차례)

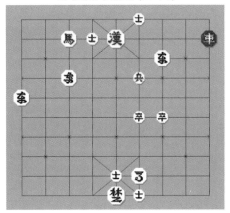

문제161. 뜰장21 (초차례)

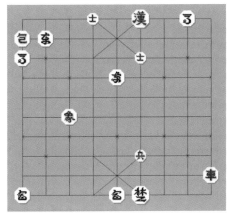

문제162. 뜰장22 (초차례)

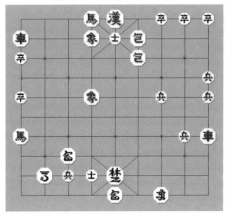

8. 차단기술

문제163. 차단1 (한차례)

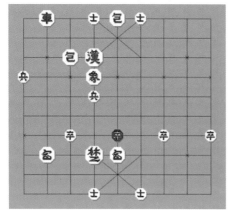

문제164. 차단2 (초차례)

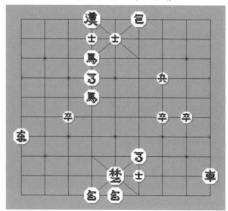

문제165. 차단3 (한차례)

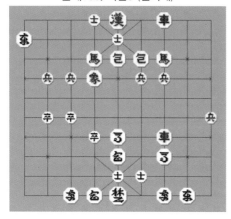

문제166. 차단4 (한차례)

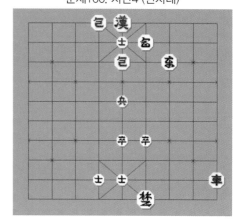

문제167. 차단5 (초차례)

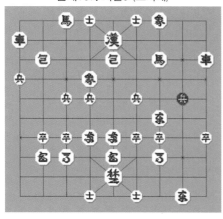

문제168. 차단6 (초차례)

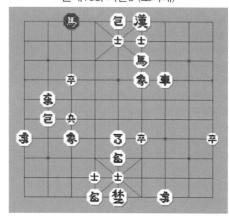

문제169. 차단7 (한차례)

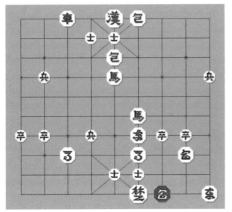

문제170. 차단8 (초차례)

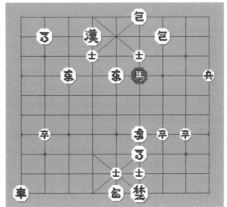

문제171. 차단9 (한차례)

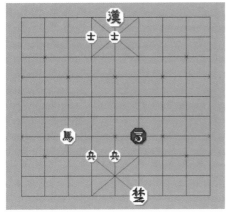

문제172. 차단10 (초차례)

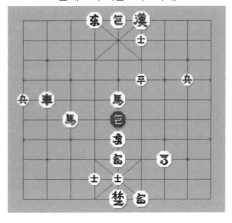

문제173. 차단11 (초차례)

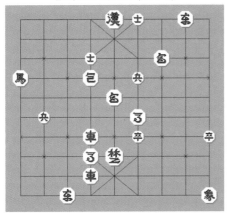

문제174. 차단12 (한차례)

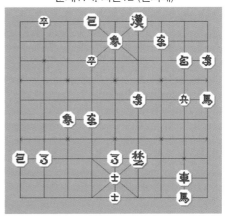

문제175. 차단13 (한차례)

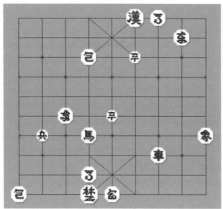

문제176. 차단14 (한차례)

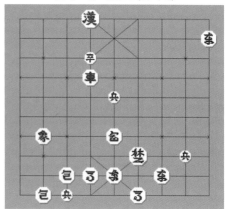

문제177. 차단15 (초차례)

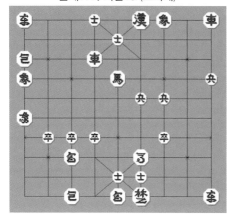

문제178. 차단16 (한차례)

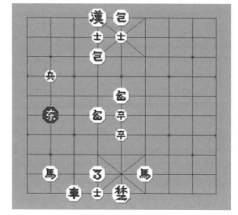

9. 중간수

문제179. 중간수1 (초차례)

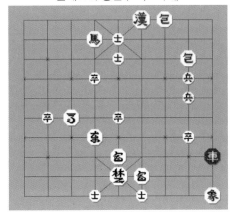

문제180. 중간수2 (초차례)

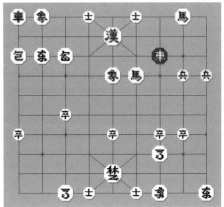

문제181. 중간수3 (초차례)

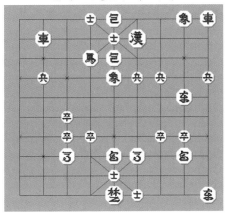

문제182. 중간수4 (초차례)

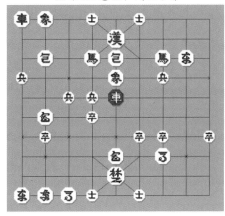

만약에 h6차로 h10상을 잡는다면?
한의 반격수는 무엇일까?

문제183. 중간수5 (초차례)

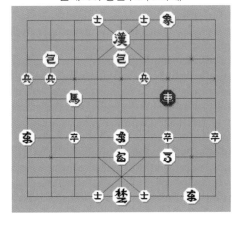

문제184. 중간수6 (한차례)

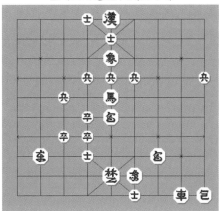

문제185. 중간수7 (한차례)

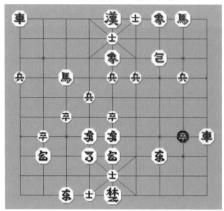

문제186. 중간수8 (한차례)

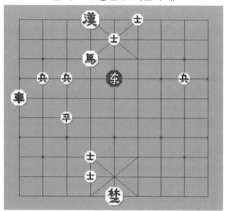

문제187. 중간수9 (초차례)

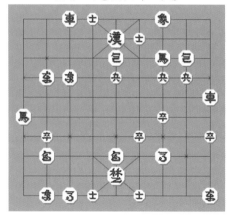

문제188. 중간수10 (한차례)

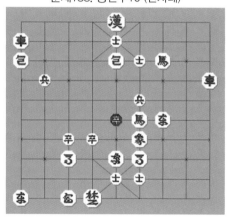

문제189. 중간수11 (한차례)

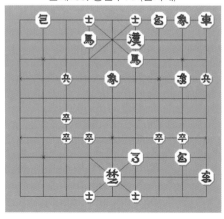

문제190. 중간수12 (한차례)

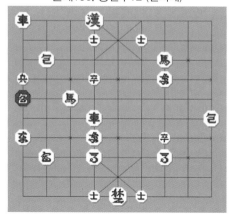

문제191. 중간수13 (한차례)

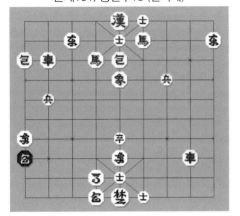

문제192. 중간수14 (초차례)

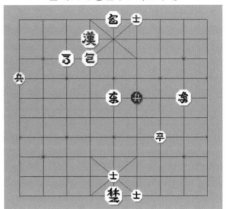

문제193. 중간수15 (초차례)

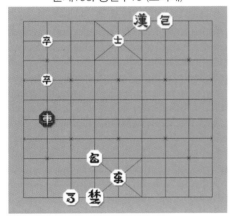

10. 중요자리 선점기술

문제194. 중요자리 선점1 (초차례)

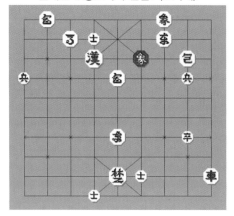

문제195. 중요자리 선점2 (한차례)

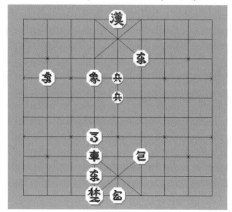

문제196. 중요자리 선점3 (초차례)

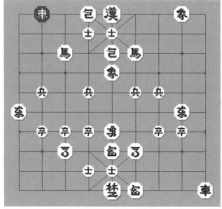

초에서 대차를 한 후 한이 지켜야 할 좋은자리는?

문제197. 중요자리 선점4 (초차례)

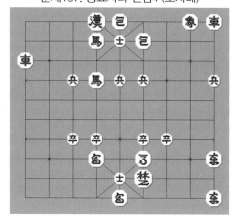

초의 합세작전 후 한의 좋은 응수는?

문제198. 중요자리 선점5 (한차례)

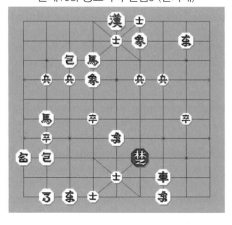

문제199. 중요자리 선점6 (초차례)

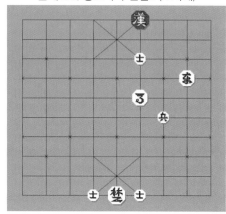

문제200. 중요자리 선점7 (한차례)

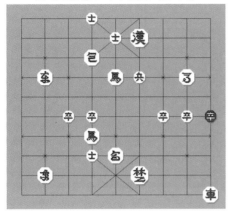

문제201. 중요자리 선점8 (한차례)

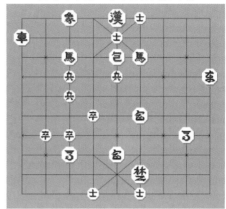

문제202. 중요자리 선점9 (초차례)

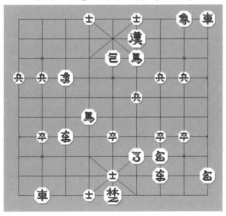

문제203. 중요자리 선점10 (초차례)

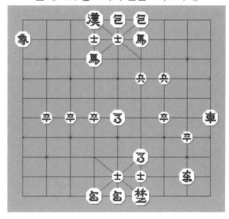

문제204. 중요자리 선점11 (초차례)

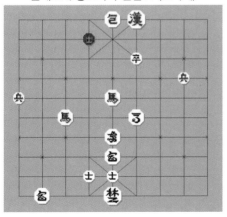

문제205. 중요자리 선점12 (초차례)

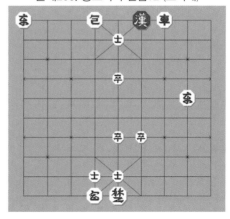

문제206. 중요자리 선점13 (초차례)

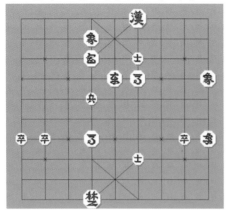

문제207. 중요자리 선점14 (한차례)

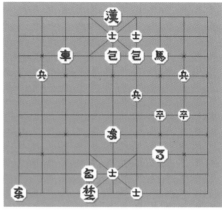

문제208. 중요자리 선점15 (초차례)

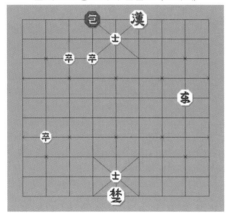

문제209. 중요자리 선점16 (초차례)

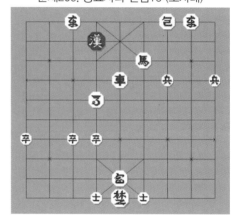

문제210. 중요자리 선점17 (한차례)

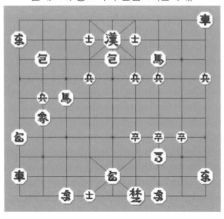

문제211. 중요자리 선점18 (한차례)

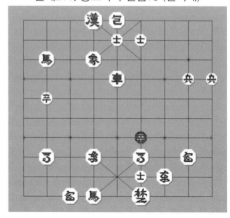

문제212. 중요자리 선점19 (한차례)

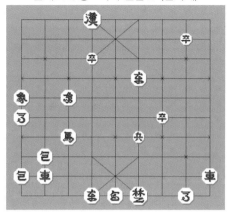

문제213. 중요자리 선점20 (초차례)

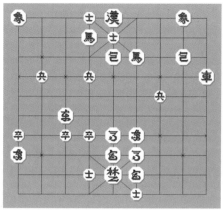

11. 스큐어 공격기술(Skewer)

문제214. 스큐어1 (초차례)

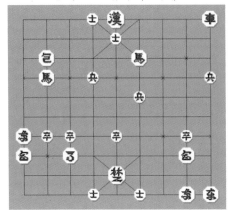

문제215. 스큐어2 (한차례)

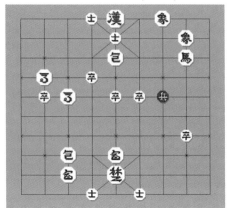

문제216. 스큐어3 (한차례)

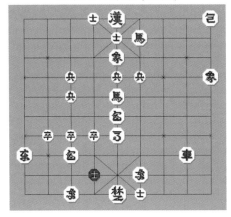

문제217. 스큐어4 (한차례)

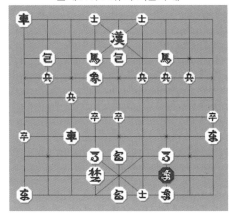

문제218. 스큐어5 (한차례)

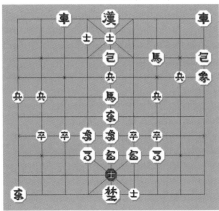

문제219. 스큐어6 (한차례)

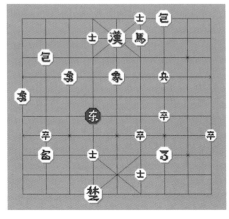

문제220. 스큐어7 (한차례)

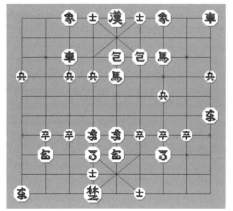

문제221. 스큐어8 (초차례)

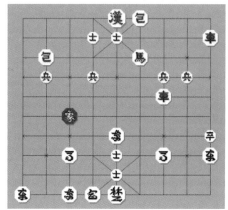

문제222. 스큐어9 (한차례)

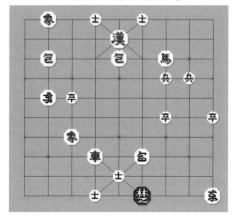

문제223. 스큐어 10 (한차례)

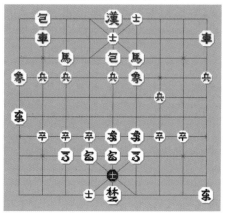

문제224. 스큐어 11 (한차례)

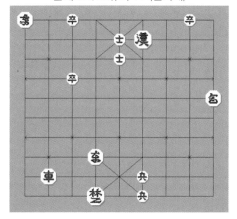

12. 외통급소 노림 공격기술

문제225. 외통 급소 노림1 (초차례)

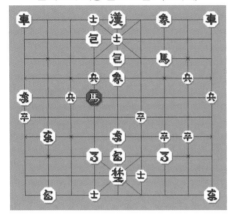

문제226. 외통 급소 노림2 (한차례)

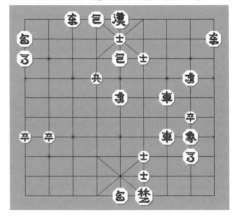

문제227. 외통 급소 노림3 (초차례)

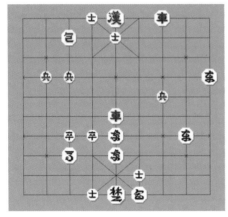

문제228. 외통 급소 노림4 (초차례)

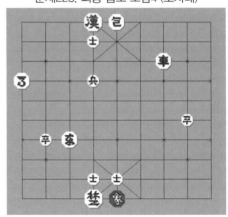

문제229. 외통 급소 노림5 (초차례)

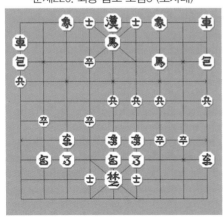

문제230. 외통 급소 노림6 (초차례)

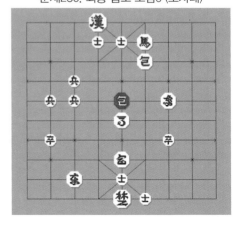

문제231. 외통 급소 노림7 (한차례)

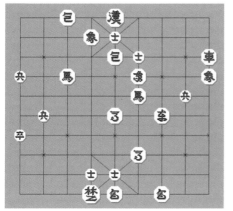

문제232. 외통 급소 노림8 (한차례)

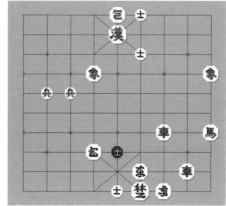

문제233. 외통 급소 노림9 (초차례)

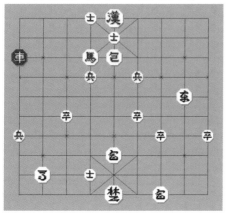

문제234. 외통 급소 노림10 (한차례)

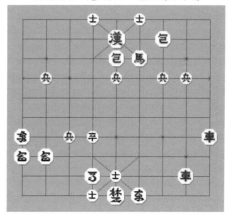

문제235. 외통 급소 노림11 (한차례)

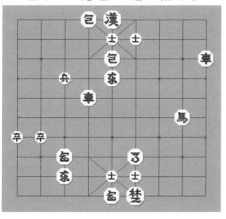

문제236. 외통 급소 노림12 (초차례)

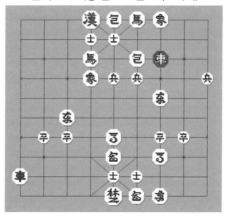

13. 함정파기(Trapping)

문제237. 함정파기1 (초차례)

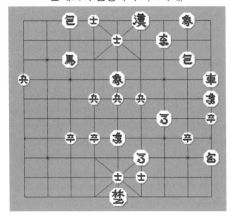

문제238. 함정파기2 (초차례)

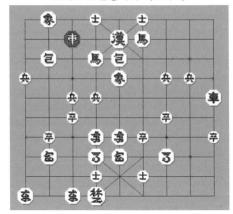

문제239. 함정파기3 (초차례)

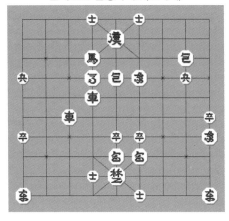

문제240. 함정파기4 (초차례)

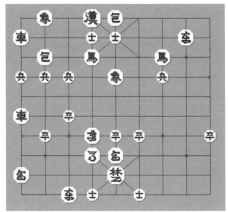

문제241. 함정파기5 (한차례)

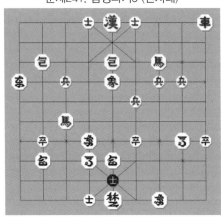

문제242. 함정파기6 (한차례)

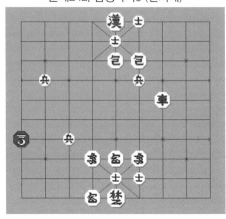

문제243. 함정파기7 (한차례)

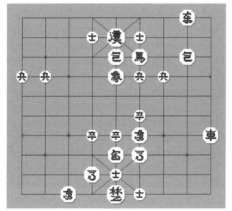

문제244. 함정파기8 (초차례)

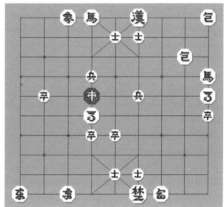

문제245. 함정파기9 (초차례)

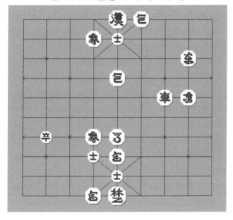

문제246. 함정파기10 (초차례)

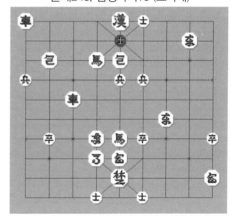

문제247. 함정파기11 (한차례)

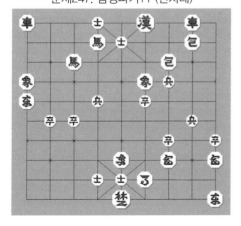

문제248. 함정파기12 (초차례)

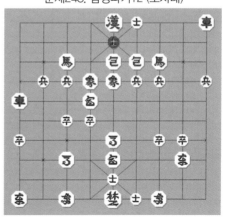

문제249. 함정파기13 (초차례)

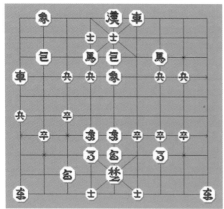

문제250. 함정파기14 (초차례)

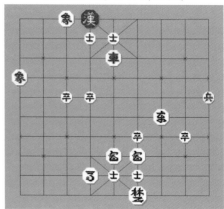

문제251. 함정파기15 (한차례)

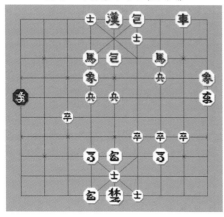

문제252. 함정파기16 (초차례)

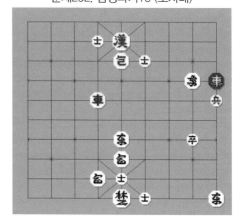

문제253. 함정파기17 (한차례)

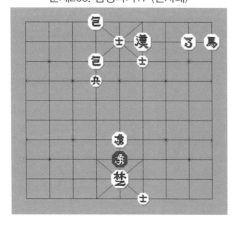

문제254. 함정파기18 (한차례)

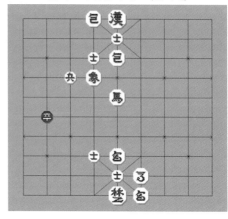

문제255. 함정파기19 (초차례)

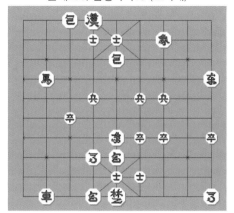

문제256. 함정파기20 (한차례)

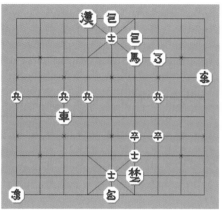

문제257. 함정파기21 (초차례)

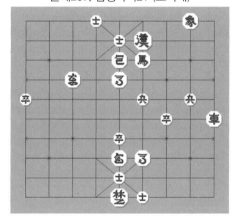

14. 외통 합동작전(Combination)

문제258. 외통1 (한차례)

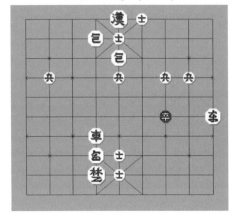

문제259. 외통2 (초차례)

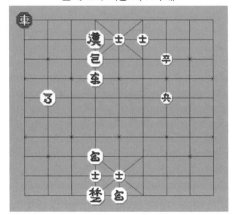

문제260. 외통3 (한차례)

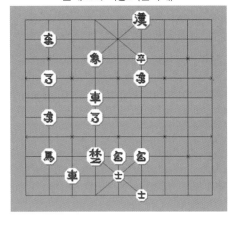

문제261. 외통4 (한차례)

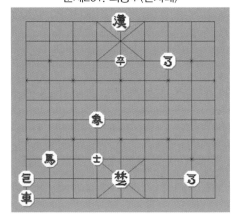

문제262. 외통5 (한차례)

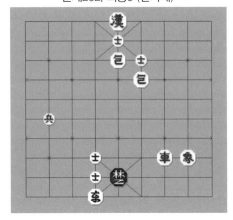

문제263. 외통6 (초차례)

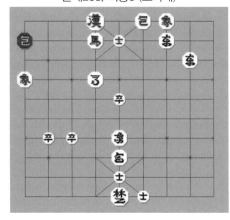

문제264. 외통7 (한차례)

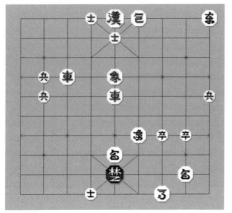

문제265. 외통8 (초차례)

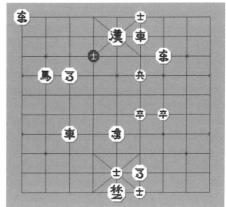

문제266. 외통9 (초차례)

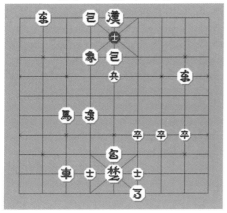

문제267. 외통10 (한차례)

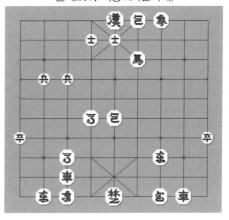

문제268. 외통11 (한차례)

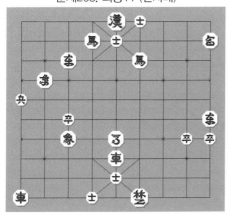

문제269. 외통12 (한차례)

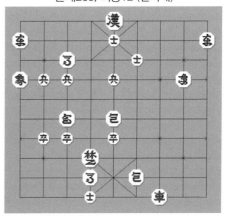

문제270. 외통13 (초차례)

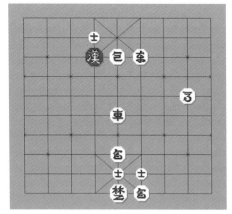

문제271. 외통14 (초차례)

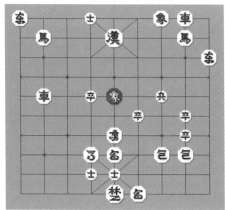

문제272. 외통15 (한차례)

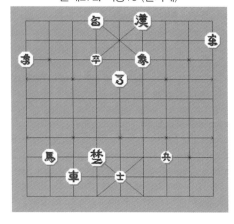

문제273. 외통16 (한차례)

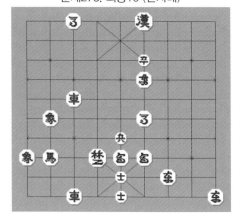

문제274. 외통17 (한차례)

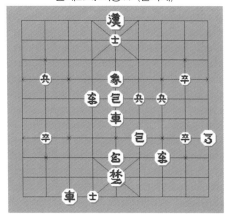

문제275. 외통18 (초차례)

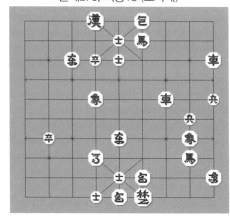

문제276. 외통19 (한차례)

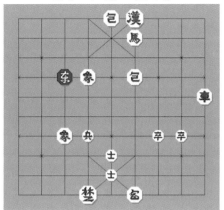

문제277. 외통20 (한차례)

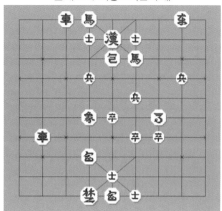

문제278 . 외통21 (초차례)

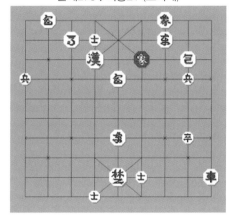

문제279. 외통22 (한차례)

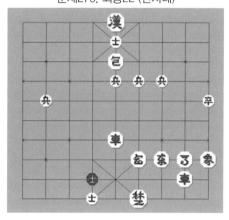

문제280. 외통23 (한차례)

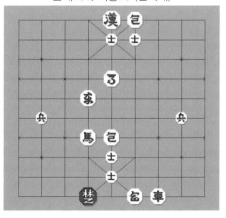

문제281. 외통24 (초차례)

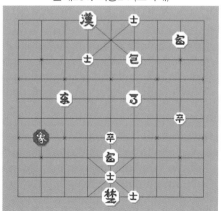

문제282 . 외통25 (한차례)

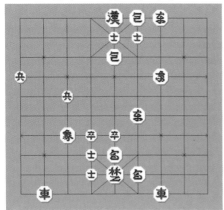

문제283. 외통26 (한차례)

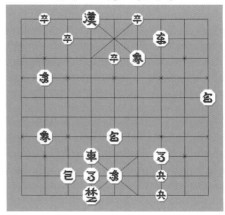

문제284. 외통27 (한차례)

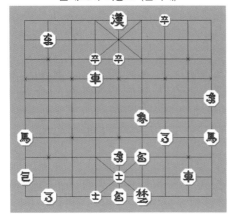

문제285. 외통28 (한차례)

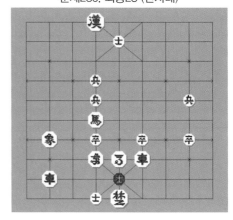

문제286. 외통29 (초차례)

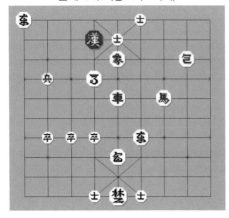

문제287. 외통30 (초차례)

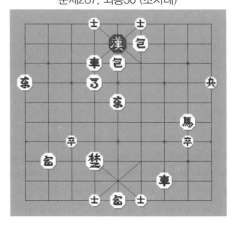

문제288. 외통31 (초차례)

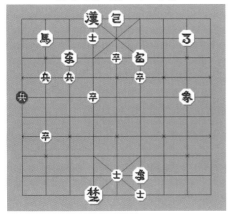

문제289. 외통32 (한차례)

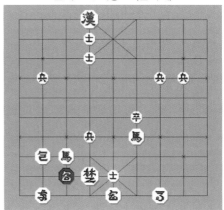

문제290 . 외통33 (초차례)

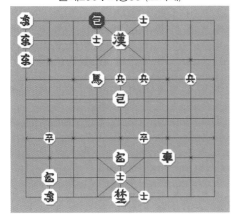

문제291. 외통34 (초차례)

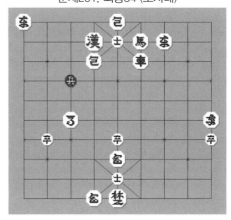

문제292. 외통35 (초차례)

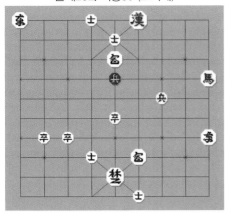

문제293. 외통36 (초차례)

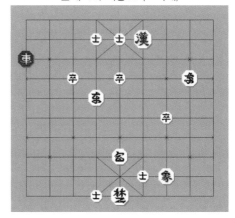

문제294. 외통37 (초차례)

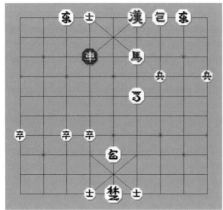

문제295. 외통38 (초차례)

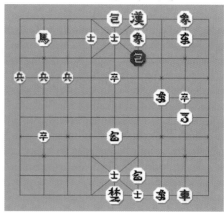

문제296. 외통39 (한차례)

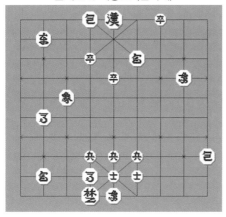

문제297. 외통40 (한차례)

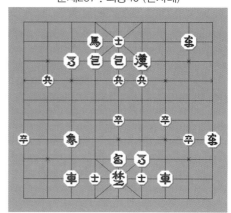

문제298. 외통41 (한차례)

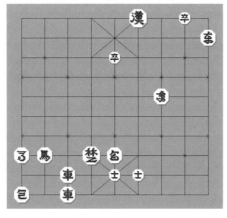

문제299. 외통42 (한차례)

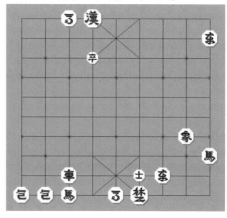

문제300. 외통43 (한차례)

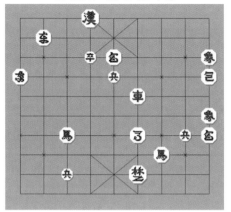

목 차

1. 양걸이(양수걸이) & 이중공격 & 양수겸장

문제1. 양걸이1 (초차례)
초는 3수째 차를 희생하여 한포가 궁의 중앙에 오도록 유인하여 한왕의 퇴로를 봉쇄한 후 초의 마 장군과 포 장군의 양수겸장으로 통쾌하게 이긴다. 수순은 다음과 같다.
① f10포i10장군 ② h5차h10 ③ f8차e9장군 ④ e6포Xe9차 ⑤ g10마f8장군#

문제2. 양걸이2 (초차례)
첫수로는 ① f6마e8로 초마가 한사를 묶는 수가 묘수이다. 그대로 놔두면 ③i10차Xf10포장군#이 되므로 ② d10장e10으로 한왕이 이동하면 ③ i10차Xf10포 장군으로 차로 포를 치는 수가 멋진 희생수다. ④ e9사Xf10차 사로 차를 잡을 수밖에 없고 마지막으로 초상이 양수겸장으로 마무리하는 수로 한왕이 잡힌다.
⑤ e4상g7장군#

문제3. 양걸이3 (초차례)
실전에서 잘 나오는 장면이다. 전형적인 포를 이용한 양걸이 수법이다. 초포에 의해 한의 차가 잡힌다. 그 수순은
① d2포d5장군 ② e9사d8 ③ d5포d7장군 ④ d9장e9 ⑤ d7포Xd4차

문제4. 양걸이4 (한차례)
한상을 이용한 이중위협 문제이다. 우선 e7한상으로 a1초차를 위협하여 초차가 피하게 되면 b8한포에 의해 b1초상이 위협을 받게 된다. 다시 한상이 선수 이동하여 h3초포를 겨냥하게 되면 한의 포와 한상의 두 기물에 의해 각각 초의 상과 포가 동시에 위협을 받게 되어 초는 어느 한쪽은 잃게 되는데 당연히 포를 살리면 초상을 잡는다. 이런 이중위협은 강력한 무기이다.
① e7상c4 ② a1차a3 ③ c4상f6 ④ h3포h5 ⑤ b8포Xb1상

문제5. 양걸이5 (초차례)
왕의 외통위협과 초포로 한차를 위협하는 이

중위협 문제이다. 우선 초의 포를 한마와 교환하여 포길을 연 후 아래 수순으로 초가 한차를 잡는 수가 있다.
① f3포X f8마 장군 ② e9사X f8포 ③ e1포e3 ④ e5차e9 ⑤ e3포X e9차 ⑥ d9사X e9포

문제6. 양걸이6 (초차례)
초의 양포의 공격으로 인해 우변의 한의 모양이 고약스럽다. 초는 양포의 활약으로 한의 병을 하나 잡는다.
① i3포i5 ② h6병i6 ③ i5포a5 ④ a7병b7 ⑤ i2포Xi6병

문제7. 양걸이7 (초차례)
교묘한 이중위협 문제이다. 초는 중포를 이용하여 우변의 한병을 하나 잡는다.
① h4졸i4 ② h7병i7 ③ h2포b2 ④ b8차a8 ⑤ i10차Xi7병

문제8. 양걸이8 (한차례)
b6 한차와 초차를 대차하면 교묘한 이중위협 상황이 생긴다. 정답은 아래 수순과 같다.
① b6차b1장군 ② a1차Xb1차 ③ b8포Xb1차 ④ f3포d1 ⑤ a10차Xa4졸

문제9. 양걸이9 (한차례)
첫수로 한의 마가 초포를 잡으면 ① i5마Xh3포 이 마를 초포로 잡으면 초차가 죽게 된다. 차가 죽는 수순은 ② d3포Xh3마 ③ i10차i1장군 ④ e2사f1 ⑤ a8포f8 초는 외통으로 지게 되므로 사로 방어할 수밖에 없게 되면 우측의 초차가 한차에 의해 죽게 된다.

문제10. 양걸이10 (한차례)
한의 양차가 초왕을 위협함과 동시에 한상으로 초차를 위협하는 이중위협 문제이다. 초차는 할 수 없이 사와 교환해야 하는 불리한 교환을 하게 된다.
① f8차e8 ② g9차Xe9사 장군 ③ f10사Xe9차 ④ d3마c1 ⑤ d7상Xb4졸

문제11. 양걸이11 (한차례)
한이 포 장군을 부르면서 한포를 희생하는 수가 멋진 수이다. 5수째 한차가 초마를 잡으면서 이중위협을 하는 수도 교묘한 선수. 초로서는 방어수가 없다.
① f9포f2장군 ② e2사Xf2포 ③ g2차Xf2사장군 ④ e6포e2 ⑤ e7차Xc7마

문제12. 양걸이12 (한차례)
한은 이중위협으로 초차를 잡는 수순이 있다.
① g5마Xe4포 ② f4졸Xe4마 ③ e7마c6

문제13. 양걸이13 (초차례)
9번 문제와 유사한 문제이다. 초포가 뜨면서 외통과 차를 위협하는 이중위협문제이다. 이런 수를 당하면 치명적이 된다. ① h1차h10장군 ② e9사f10 ③ e3포a3 에서 ④ a7병b7 로 받으면 ⑤ a3포f3 ⑥ d10사e9 ⑦ a1차Xa10 차에 의해 한차가 죽는다.

문제14. 양걸이14 (한차례)
한은 포와 마를 이용하여 양수겸장으로 이긴다. 교묘한 뜰장기술로 마가 자유로이 이동한다.
① f5포d5장군 ② f2마d3 ③ c1마Xd3마 장군 ④ b1차Xa1포 ⑤ d3마b2장군#

문제15. 양걸이15 (초차례)
① d5마Xe7마 첫수로 수비의 핵인 한마를 초마와 교환한다. ② e10포Xe7마(②만약 아무수도 두지 않으면 ③ a9차Xd9사 장군 ④ e9사Xd9차 ⑤ e7마f9장군 #) ③ a9차Xd9사 장군(④ e9사Xd9차 ⑤ i10차Xf10포 장군#) ④ d10장e10 ⑤ d9차d10장군#

문제16. 양걸이16 (초차례)
초는 상과 마를 희생한 후 초차로 한의 마와 상을 양걸이 하는 수가 있다. 결국 희생한 보답을 얻는다.
① f4상Xh7병 ② i7병Xh7상 ③ f6마Xh7병 ④ f8마Xh7마 ⑤ i1차i7 ⑥ b10마d9 ⑦ i7차Xh7마

문제17. 양걸이17 (초차례)
초마를 이동하여 한의 차와 포를 이중공격을 하는 수법이다. 3수째가 조급하지 않고 기다릴 줄 아는 노련한 수이며 공격이 계속 이어진다. 아래 수순이 정해이다.
① f3마e5 ② f5차Xf2사 ③ e4차e3 ④ f2차f4 ⑤ e5마Xf7포 ⑥ f4차Xh4졸 ⑦ f7마Xe9사

문제18. 양걸이18 (한차례)
한에서 7수 만에 양수겸장으로 이기는 수가 있다. 한에서 쓸 수 있는 전술은 뜰장기술, 수비수 이탈 강요기술, 양수겸장기술이다. 이기는 수순은
① b5마c3장군 ② e2사d3 ③ f9상h6장군 ④ g5졸h5 ⑤ c8포f8장군 ⑥ f3장e3 ⑦ c3마d5장군#
또 다른 수순으로도 해법이 있다. ① b5마c3장군 ② e2사d3 ③ c3마d5장군 ④ d3사e2 ⑤ f9상h6장군 ⑥ g5졸h5 ⑦ c8포f8장군#

문제19. 양걸이19 (한차례)
한포를 이용한 이중위협 문제이다. ① i8포b8 로 한포가 뜨면서 공격을 하는 수법이다. ② a4졸b4 ③ i10차Xi1차 ④ e4졸d4 ⑤ d2차d3장군 ⑥ d4졸Xc4상 ⑦ d3차Xf1사 장군#

문제20. 양걸이20 (초차례)
실전에서 자주 나오는 중요한 모양이다. 초는 기물이 많아서 절대 유리하지만 어떻게 효율적으로 이기는가를 배울 수 있는 문제이다. 초는 아래 수순을 이용해 양수겸장으로 이긴다. 1,3수가 절대 선수의 수로서 적왕의 숨통을 조이는 수이다. 이런 수법을 잘 익히면 실력향상에 도움이 된다.
① f5마e7 ② e10포g10 ③ e4상g7 ④ d9사e9 ⑤ b1포f1장군 ⑥ e6마f4 ⑦ f8졸Xe9사 장군#
또 다른 수순으로도 해답이 있다. ① f5마e7 ② e10포g10 ③ e4상g7 ④ e6마Xg7상 ⑤ b1포f1장군 ⑥ g7마f5 ⑦ f1포f7장군# (⑥ g7마f9 ⑦ f8졸e9장군#)

문제21. 양걸이21 (초차례)
초에서는 유인기술과 양수겸장기술로 9수 만에 이기는 수가 있다.
① h7차d7 ② d10장d9 ③ d7차Xd8포 장군 ④ d9장Xd8차 ⑤ c7상a10장군 ⑥ d8장d9 ⑦ b6마d7장군 ⑧ a6차d6 ⑨ d7마b8장군#

또 다른 수순으로도 해답이 있다.
⑤ b6마d7장군 ⑥ a6차d6 ⑦c7상a10장군 ⑧ d8장d9 ⑨ d7마b8장군#

문제22. 양걸이22 (한차례)
한의 마와 상의 양걸이 기술을 잘 발휘할 수 있는 장면이다. 초에서 상과 포로 양득작전을 한 틈을 이용해 한에서 양걸이로 역습을 한다.
① d8마e6 ② c7포c1 ③ e6마Xc5졸 ④ b3포e3 ⑤ c5마Xd3마 ⑥ d2사Xd3마 ⑦ b10상d7 ⑧ f4졸e4 ⑨ d7상Xb4졸

문제23. 양걸이23 (초차례)
졸도 훌륭한 양걸이 기술을 걸 수 있는 기물이다. ① f6졸e6 ② e8포Xe6졸 ③ d5졸e5 결과적으로 한의 포와 차가 양걸이 걸린다.

문제24. 양걸이24 (초차례)
유리한 기물 교환을 할 찬스를 초가 잡는다. 정해는 아래 수순과 같다. 5수가 양걸이 하는 수이다.

① d1포f1 ② f4차g4 ③ e2사d3 ④ g4차i4 ⑤ h3차h8 ⑥ g8포b8 ⑦ h8차Xd8마 ⑧ d9사Xd8차 ⑨ g1상Xi4차

문제25. 양걸이25 (한차례)
한에서는 초보다 차가 하나 더 앞서 있다. 초의 하나 밖에 없는 차와 상호 교환하는 것은 좋은 전략이다. 포를 이동하여 외통위협을 하고 차를 대차하는 수가 좋은 수이다. 그 후 한은 병으로 초의 기물을 위협하여 주도권을 잡으면 이긴다. ① b7포b3 ② e5포e3 ③ b9차Xb5차 ④ c3마Xb5차 ⑤ i3차i5 ⑥ e3포e5 ⑦ c6병b6 ⑧ b5마d6 ⑨ i5차i8 ⑩ a7포a1 ⑪ b6병c6 실전은 아래와 같이 진행 되었다. ① b7포b3 ② e5포Xe7상 장군 ③ f7병Xe7포 ④ b5차Xb9차 ⑤ i3차Xf3 사 장군 ⑥ e2장d2 ⑦ f3차d3장장군#

문제26. 양걸이26 (한차례)
한에서 11수 만에 외통으로 이기는 수가 있다. 한포와 초왕 사이에 한의 상을 이동하여 뜰장으로 상을 자연스럽게 이동시켜서 방어하는 졸을 없애고 양수겸장으로 이긴다. 다음 수순이 정해이다.
① f4상i6장군 ② f5졸g5 ③ d1차Xd3사 ④ b1차e1 ⑤ i6상f8장군 ⑥ g5졸f5 ⑦ f10포Xf5졸 ⑧ h4졸g4 ⑨ f5포f10장군 ⑩ g4졸f4 ⑪ f8상h5장군#

2. 유인 기술과 봉쇄 기술

문제27. 유인1 (초차례)
초차로 한사를 잡는 유인수가 있다. 만약 한왕이 차를 잡으면 또 다른 f7 차 장군으로 지므로 그 d10 차를 잡을 수가 없다. 아래 수순으로 초가 이긴다.
① a10차Xd10사장군 ② e9장e8 ③ d10차Xd9마 ④ 한수 쉼 ⑤ f7차e7장군 ⑥ e8장f8 ⑦ d9차d10장군 ⑧ f10사e9 ⑨ e7차Xe9사장군#

문제28. 유인2 (초차례)
한왕을 2선으로 유인하기 위해 초차와 한사를 교환한 후 초가 5수 완승으로 이기는 수순이 있다.
① a9차Xd9사 장군 ② d10장d9차 ③ g9차Xf9사장군 ④ d9장d10 ⑤ f9차e9장군#

문제29. 유인3 (한차례)
차를 희생하여 초왕을 사지로 몰아넣는 유인

기술로 한이 이긴다.
① d9사e9장군 ② d3사e3 ③ b3차d3장군 ④ d2장Xd3차 ⑤ e9사d9장군#

문제30. 유인4 (한차례)
한이 우선 차를 희생하여 초의 왕을 1선으로 유인한 후 양포로 이긴다. 이런 유인하는 수법이 고수의 전매특허이다.
① h1차d1장군 ② d2장Xd1차 ③ a4마b2장군 ④ d1장e1 ⑤ d4상b1장군#

문제31. 유인5 (한차례)
한마의 자리 재배치를 위해 한의 차가 희생을 한다. 정해는 아래와 같다.
① c3차d3장군 ② d2장Xd3차 ③ e6마f4장군 ④ d3장d2 ⑤ f3병e2장군#

문제32. 유인6 (초차례)
연속 장군 문제는 아니지만 첫수도 호장에 버금가는 멋진 절대 선수이다. 초마가 적진에 침투해 들어가 한왕을 f줄로 유인한 후 포장으로 이긴다.
① e6마g7 ② f9상i7 ③ g7마h9장군 ④ f10장f9 ⑤ h9마Xf8 포 장군 ⑥ f9장Xf8마 ⑦ e2사f3장군#

문제33. 유인7 (초차례)
5수째 한왕을 유인하기 위해 초차가 한사를 잡으면서 죽는 수가 멋진 수이다.
① i9차Xh9포 장군 ② e9장e10 ③ h9차h10장군 ④ e10장e9 ⑤ a8차Xd8사 장군 ⑥ e9장Xd8차 ⑦ h10차Xd10사 장군#

문제34. 유인8 (한차례)
한차는 첫수부터 희생할 준비가 되어있다. ① c1차c3장군 (만약 포로 차를 잡으면 ② e3포 Xc3차 ③ b3마c1장군#) 왕이 계속 도망을 가더라도 ② d3장d2 ③ c3차c2장군 ④ d2장d3 ⑤ c2차d2장군 5수째 차를 희생하여 사를 유인하는 수로 인해 덜미를 잡힌다. ⑥ e2사Xd2차 ⑦ b3마c1장군# 최종적으로 마 장군에 의해 초왕이 잡힌다.

문제35. 유인9 (한차례)
우선 한차를 이용해서 궁 중앙에 초상이 오게 우형을 강요하고 한마를 이용해서 왕을 f줄로 유인한다. ① a1차e1장군 ② h4상e2 ③ d4마 f5장군 ④ e3장f3 그 다음 수가 기묘한 묘수이다. 병을 희생하여 초왕을 2선으로 유인한 후 차로 마무리 한다. ⑤ g2병f2장군 ⑥ f3장Xf2 병 ⑦ e1차Xe2상장군#
또 다른 해법은 ⑤f1포d1장군 ⑥d2사Xd1포 ⑦e1차f1장군#

문제36. 유인10 (한차례)
34번(유인8번) 문제와 해법의 발상이 비슷하다. 한이 차를 희생하여 초사를 유인하여 왕이 도망갈 퇴로를 차단하고 한의 마 장군으로 승리하는 수법이다.
① f4차Xd4포 장군 ② d3장e3 ③ d4차e4장군 ④ e3장d3 ⑤ e4차e3장군 ⑥ e2사Xe3차 ⑦ d5마f4장군#

문제37. 유인11 (초차례)
이 문제는 초가 양차를 죽이고 양마로 이기는 유형이다. 우선 뜰장을 이용해서 초의 마가 궁성으로 침투해 들어간 후 ① g8마f10장군 ② e8장e9 차가 희생을 하여 한 왕을 유인한다. ③ i8차Xd8마 장군 ④ e9장Xd8차 그 다음 수가 아주 멋진 묘수이다. 초차를 일부러 죽이면서 초마의 멱을 풀게 한 후 또 다른 마가 궁성으로 돌진하여 장군으로 끝낸다. ⑤ b10 차d10장군 ⑥ e10차Xd10차 ⑦ h6마f7장군# 양마의 힘이 느껴지는 문제이다.

문제38. 유인12 (초차례)
초에서 차의 위치선정이 중요하다. 첫수는 장군을 부르지 않고 외통위협으로 수비수를 유인하는 수다. ① i8차d8 ② f6상d9 ③ c10졸 d10장군 졸을 희생하여 한왕을 귀로 유인하는 수가 묘수이다. 그 후 기묘한 모양으로 이긴다. ④ e10장Xd10졸 ⑤ d8차f10장군 ⑥ e5포e10 ⑦ f10차f8장군#

문제39. 유인13 (초차례)

당연해 보이는 초의 첫수 후에 3수째 초차를 일부러 죽이고 그 다음 마가 침투해 들어간 후 상대방의 차를 아군의 포다리로 이용하여 이기는 수법이다. 초마가 한차를 묶어 놓은 효과가 있어서 한의 차는 수비기능이 완전 마비된다. 초의 상이 들어가 상 장군을 부르는 것도 예상 밖의 잘 안보이는 수이다.
① c5차c9장군 ② e9장d8 ③ c9차d9장군 ④ f9차Xd9차 ⑤ b8마c10장군 ⑥ d9차c9 ⑦ i7상g10장군#

문제40. 유인14 (한차례)

이 문제는 한의 마가 왼편에서 터널을 뚫고 궁성을 지나 오른쪽으로 이동하여 포 장군으로 이기는 문제이다. 수순은 다음과 같다. ① b3마c1장군 ② c3마b1 ③ g1차Xe1차 장군 ④ d1장Xe1차 ⑤ c1마e2장군 ⑥ b1마c3 ⑦ e2마g1장군# 3번째 수에서 차를 서로 교환함으로써 초왕이 이동하게 되면 눌려 있던 멱이 풀리면서 한마가 궁성을 지나는 장면은 아주 인상적이다. 한마가 양포를 잘 이용해서 뜰장기술과 유인기술을 이용해 이기는 묘수문제.

문제41. 유인15 (한차례)

첫수는 병을 희생하여 초왕을 유인하는 수이다. 그 다음은 외길 수순이다. 마지막 병이 포다리가 되면서 장군을 부르는 수도 묘하고 마, 병, 포의 합동작전이 인상적이다.
① d4병d3장군 ② d2장Xd3병 ③ f2병e2장군 ④ d3장e3 ⑤ c3마d1장군 ⑥ e3장f3 ⑦ e2병f2장군#

문제42. 유인16 (한차례)

이 문제는 실전에서 자주 등장하는 문제로서 유인하는 수법이 핵심이다. ① g4포g7 이 수는 초차를 유인하는 수인데 초차가 한병을 잡으면 다음 수순으로 초차가 어이없이 죽는다. 이런 수법을 잘 알아두면 유용하게 써먹을 수 있다. ② g1차Xg6병 ③ g7포g9 ④ g6차d6 ⑤ c7병c6 ⑥ d6차d7 ⑦ c8포f8

문제43. 유인17 (한차례)

한에서는 당연해 보이는 1,2 수를 교환한 후 이문제의 3수째 한차를 일부러 죽이는 유인수가 해법의 핵심이다. 이렇게 하는 이유는 초왕을 유인하는 위치가 한마에 마치 묶인 결과가 되어 초의 마가 수비를 못하게 방해하기 위함이다. ① a7차f7장군 ② d6졸e6 ③ g3차e3장군 ④ e2장Xe3차 ⑤ e7차Xe6졸 장군 ⑥ e3장f3 ⑦ i6마g5장군 ⑧ f3장f2 ⑨ e1포c1장군# 3수째 차를 희생하는 수를 생략하면 한이 초를 이길 수 없다.

문제44. 유인18 (한차례)

때때로 공격의 연결을 위해 차를 일부러 희생하는 경우가 많다. 이 문제는 상과 마를 활발히 사용하기 위해 차를 희생하는 경우이다. 묶기기술과 유인기술 그리고 뜰장기술이 복합된 문제이다. 한이 이기는 수순은 다음과 같다.
① e4차f2장군 ② d2장Xe2차 ③ i2상g5장군 ④ e2장d2 ⑤ h8상f5장군 ⑥ d2장d3 ⑦ f5상c7장군 ⑧ d3장d2 ⑨ c7상Xa4차 장군 ⑩ b9차b4 ⑪ a1마b3장군#

문제45. 유인19 (한차례)

한이 차를 희생하여 11수 만에 외통으로 이긴다. 1수에서 초왕을 유인한 후 마와 상의 위치를 재배치 한 후 최종적으로 병이 포다리가 되어 포장으로 이기는데 그 수순이 아주 교묘하다.
① d5차Xd3마 장군 ② d2장Xd3차 ③ e4마c5장군 ④ d3장d2 ⑤ c5마b3장군 ⑥ d2장d3 ⑦ e8상g5장군 ⑧ f7차f5 ⑨ f2병e2장군 ⑩ h4상Xf1포 ⑪ b1포Xf1상장군#

문제46. 유인20 (한차례)

한은 유인기술을 이용하여 양차를 다 교환하고 양포, 마의 활약으로 이긴다. 마를 이용한 묶기기술로 7수에서 포가 희생 없이 교묘히 자리를 잡는 것이 핵심이다. 적의 사와 마를 아군 포의 포다리로 쓰는 수법도 흥미롭다. 수순은 다음과 같다.

① h1차Xf1차 장군 ② e2장Xf1차 ③ g2차Xf2
차 장군 ④ i4상Xf2차 ⑤ d5마e3장군 ⑥ d2
사e2 ⑦ f10포f3장군 ⑧ f2상i3 ⑨ f3포d1장군
⑩ f1장f2 ⑪ e3마g4장군#

① d1차d3장군 ② e1사e2 ③ f3병f2장군 ④
d5상Xf2병 ⑤ b3포f3장군 ⑥ f1장e1 ⑦ e5
상b3장군 ⑧ e2사d2 ⑨ d3차e2장군 ⑩ b4상
Xe2차 ⑪ c1병d1장군#

문제47. 유인21 (한차례)
한의 병을 희생하여 한포가 자연스럽게 궁성
에 진입하고 한차를 희생하여 초상을 궁중상
이 되도록 강요하여 적군의 상이 한포의 포다
리가 되어주고, 끝 선까지 다 가서 힘이 없어
보였던 한병이 적왕을 잡는다. 한상에 의해
묶여있는 사는 무용지물이 되고 묘한 외통모
양으로 이긴다. 수순은 다음과 같다.

문제48. 유인22 (한차례)
한은 병을 희생하여 초의 왕을 유인한 후 차
장군으로 이긴다. 수순은…,
① g1차d1장군 ② e2장f2 ③ d4병Xd3사 ④
e3사f3 ⑤ d1차h1 ⑥ 한 수 쉼 ⑦ c1병d1 ⑧
한 수 쉼 ⑨ h1차h2장군 ⑩ f2장f1 ⑪ d1병e1
장군 ⑫ f1장Xe1병 ⑬ h2차h1장군#

---

3. 수비지역 이탈 강요기술 및 수비수 제거 기술

문제49. 수비수 제거1 (초차례)
b6에 있는 한의 병은 보호해 주는 기물이 없
다. 초는 이를 이용하여 초차로 한병을 위협
하면서 선수이동을 한다. 한편 한의 궁 중앙
의 사는 과부하가 걸려있다. 초는 이 두 약점
을 이용하여 초포로 한마를 잡을 수 있다. 정
수는
① i10차i6 ② a10차a6 ③ i6차f6장군 ④ e9사
f8 ⑤ d5포Xd8마

문제50. 수비수 제거2 (한차례)
현재 초궁의 가장 약한 자리는 f1의 포이다.
이를 이용하면 궁성을 부술 수가 있다. ① e6
마Xd4졸 ② e4졸Xd4마 ③ e8포Xe3사 장군
④ e2사Xe3포 4수째 에서 초사가 한포를 잡
으면 안 된다. 만약 잡게 되면 아래 수로 진
다. ⑤ g1차Xf1포 장군#

문제51. 수비수 제거3 (한차례)
현재 초왕을 멀리서 지켜주고 있는 초의 기물
은 c10포다. 이 포의 수비능력을 소진시켜야
차기 공격이 가능해 진다. 한은 양병중 하나
를 희생하여 우선 초의 포를 유인한 후 나머지
병으로 초왕을 잡는 작전을 짠다. 호장을 하
는 수순이 아주 중요하다. 한의 상 장군부터

부르면 이길 수가 없다. 올바른 수순은
① b3병c3장군 ② c10포Xc3병 ③ i4상Xf6졸
장군 ④ d3장d2 ⑤ b2병c2장군#

문제52. 수비수 제거4 (한차례)
한의 상 장군과 마 장군 중 어느 것을 먼저 해
야 할까? 이것이 해법의 핵심이다. 우선 한은
마 장군을 불러서 멀리 있는 포의 능력을 소진
시켜야 한다. 그 후에 상장군을 불러서 e2 자
리를 겨냥하고 차 장군으로 승리한다. 장기는
이처럼 수순이 아주 중요하다. 올바른 정해
수순은
① i2마g3장군 ② g8포Xg3마 ③ f7상Xh4상장
군 ④ f1장e1 ⑤ c2차c1장군#

문제53. 수비수 제거5 (한차례)
초의 수비의 핵심은 g2 차다. 한은 이 초차를
수비지역에서 이탈하도록 해야 후속으로 이기
는 수가 연결된다. 한포를 희생하여 초차를 2
선에서 1선으로 이동시키는 것이 핵심수다.
한이 이기는 수순은 다음과 같다.
① g10포g1장군 ② g2차Xg1포 ③ d5차Xd4
마 장군 ④ e2사d3 ⑤ d4차Xd3사 장군#

문제54. 수비수 제거6 (한차례)
초에서 c3차가 포를 지켜주고 있다. 이 차만 없다면 한의 공격이 성공할 수 있다. 첫수는 한차를 희생하여 c3차를 자리이탈 시키는 것이다. 수순은
① d8차c8 ② c3차Xc8차 ③ f5마Xe3포 장군 ④ e1사e2 ⑤ i2차Xe2사 장군#

문제55. 수비수 제거7 (한차례)
실전에서 자주 나오는 형태이다. 면포를 지켜주는 기물은 f3사다. 만약 이 사만 없다면 초의 차가 면포를 잡고 궁성을 파괴할 수 있다. 한포를 희생하는 수부터 시작해서 아래 수순을 밟으면 이긴다.
① f8포Xf3사 ② i5상Xf3포 ③ e6차Xe3포 ④ f1포Xf7병 ⑤ e8포Xe2사

문제56. 수비수 제거8 (한차례)
만약 한의 포가 포 장군을 부르면 초의 졸이 막을 수 있다. 따라서 포 장군 이전에 이 졸을 따돌려야 한다. 올바른 수순은 상 장군으로 졸을 수비지역에서 이탈시키는 것이다.
① f9상h6장군 ② g5졸h5 ③ g2차g3장군 ④ f3장f2 ⑤ c8포f8장군 ⑥ e2사f3 ⑦ g3차X f3사 장군#

문제57. 수비수 제거9 (한차례)
한은 1,3수에서 한포와 한병을 초의 궁성에 배치시키고 그 다음 수비의 핵심인 초마를 따돌리는 것이 핵심이다. 5수째 병을 희생하여 초마가 병을 잡게 만든 후 한의 마로 호장을 하면 이긴다.
① d1포f1장군 ② e2마d4 ③ f2병e2장군 ④ d3장e3 ⑤ g3병f3장군 ⑥ d4마Xf3병 ⑦ h4마 f5장군#

문제58. 수비수 제거10 (한차례)
한의 첫수는 한차를 희생시켜서 초마를 이동하게 하여 초의 양포의 다리를 끊어놓는 것이 중요하다. 3수째는 나머지 차를 일부러 희생하여 초왕을 e1자리로 유인하는 것이다. 그 후 포와 마의 합동으로 이기면 된다. 7수 외통

문제이다.
① f3차d1장군 ② f2마Xd1차 ③ e7차e1장군 ④ f1장Xe1차 ⑤ f5마e3장군 ⑥ g8마e7 ⑦ e8포e6장군#

문제59. 수비수 제거11 (한차례)
한은 수비의 핵심인 초차를 2선에서 1선으로 유인을 한다. 이를 위해 한포를 일부러 죽여야 한다. ① h9포h1장군 ② h2차Xh1포 그 다음 수도 차를 죽여서 사가 초 왕의 퇴로를 봉쇄하고 ③ c2차d2장군 ④ d3사Xd2차 그 다음 수순은 마와 포와 상을 이용하여 이긴다. ⑤ b3마c1장군 ⑥ a3마b1 ⑦ d7상b4장군 #한에서 만약 1,2수의 교환을 생략하면 이길 수 없다.

문제60. 수비수 제거12 (한차례)
초의 궁에서 현재 2선이 제일 중요한 수비지역이다. 초의 차가 2선에 있는 동안 한에서 수를 내기가 힘들다. 따라서 한포를 일부러 죽이면서 2선의 초차를 1선으로 유인하는 것이 핵심이다. 수순은 다음과 같다.
① h10포h1장군 ② h2차Xh1포 ③ c2차Xe2사 장군 ④ d1장Xe2차 ⑤ c3차c2장군 ⑥ e2장d3 ⑦ c2차d2장군#

문제61. 수비수 제거13 (한차례)
한은 i줄에 있는 한의 차가 h줄에 있는 초차로 인해 공격을 할 수가 없다. 이 초차를 h줄에서 떠나게 강요하는 수가 없을까? 이것이 해법의 핵심이다. 우선 한포를 이용하여 초차를 이탈하게 만들고 병을 희생해서 초왕을 유인하고 그 후 i줄의 한차를 이용해서 이기면 된다. 수순은 다음과 같다.
① b9포Xd9졸 장군 ② h9차Xd9포 ③ f3병e3 장군 ④ d3장Xe3병 ⑤ i4차i3장군 ⑥ i5마h3 ⑦ i3차Xh3마 장군#

문제62. 수비수 제거14 (한차례)
한은 초의 d8상 때문에 f5로 마 장군을 부를 수가 없다. 일단 초의 상의 시선을 다른 곳으로 돌리게 하는 것이 급선무다. ① e7상b5장

군 ② d8상Xb5상으로 상을 따돌린 후에 ③ g7마i5장군 ④ e3장f3 ⑤ f5마h4장군 ⑥ f3장 e3 ⑦ h4마g2장군# 마가 맹활약을 한다.

문제63. 수비수 제거15 (한차례)

한의 포와 마를 이용하여 중요 수비수인 초의 양사를 다 제거한 후 한의 차가 궁성에 진입한다. 수순은 다음과 같다.
① e4포Xe2사 ② e3사Xe2포 ③ d4마Xe2사 ④ d1장Xe2마 ⑤ g1차Xf1포 장군 ⑥ e2장d2 ⑦ f10포d10장군#

문제64. 수비수 제거16 (한차례)

현재 초의 궁성의 3선을 초차가 지키고 있어서 f5상이 i3으로 갈 수가 없다. 한차를 희생하여 초차를 4선으로 수비지역 이탈을 강요하는 것이 정수이다. 그 후에는 일사천리로 진행이 되어 한이 이긴다. 이기는 수순은
① e4차g4 ② g3차Xg4차 ③ f5상i3장군 ④ f1장f2 ⑤ h1차h2장군 ⑥ g4차g2 ⑦ h2차Xg2차 장군 ⑧ f2장f1 ⑨ g2차e2장군#

문제65. 수비수 제거17 (초차례)

초의 g2차가 한의 궁성에 진입하고 싶어도 i6차가 버티고 있어서 힘들다. 이를 위해서는 초의 포를 희생하여 한차를 i선을 떠나게 만드는 것이 이 작전의 핵심이다. ① f2포Xf6병 장군 ② i6차Xf6포 그 후에 초의 차가 한의 궁성 근처로 가서 위협을 한다. ③ g2차i2 ④ h7병i7 ⑤ i2차Xi7병 ⑥ f8마h7 ⑦ i7차i10 ⑧ f10사e9 ⑨ d10차h10

문제66. 수비수 제거18 (한차례)

현재 초의 수비의 핵심은 e7포이다. 이 포의 수비능력을 우선 소진시키는 것이 이 작전의 핵심이다. 한마를 희생시켜서 초포의 힘을 빠지게 만들고 상, 차, 포, 차로 이어지는 연장군을 부르면 이기게 된다. ① c4마e3장군 ② e7포Xe3마 ③ g6상d4장군 ④ d1차d3 ⑤ b2차e2장군 ⑥ d3차Xe2차 ⑦ d6포d1장군 ⑧ f1장f2 ⑨ h2차Xg2상 장군# 5수에서 차를 일부러 희생하는 목적은 포다리를 두다리에서 한

다리로 만들기 위해 차를 유인하기 위함이다. 상에 의해 묶여 있어서 한포는 안전하게 자리를 잡게 되고 이어지는 차 장군으로 승리하게 된다. 첫수로 마 장군이 아닌 상 장군을 먼저 부르면 이길 수 없게 되므로 조심해야 한다.

문제67. 수비수 제거19 (한차례)

2선에 있는 초의 차의 위치를 수비지역에서 이탈하도록 강요하는 것이 핵심이다. 한이 이기는 수순은 다음과 같다.
① g8상i5장군 ② i2차Xi5상 ③ c5상e2장군 ④ f3장f2 ⑤ h2병g2장군 ⑥ f2장f1 ⑦ d1포 d3장군 ⑧ f1장e1 ⑨ c1병d1장군#

문제68. 수비수 제거20 (한차례)

① h1마g3장군 ② f5마Xg3마 첫수로 한마를 일부러 죽이는 것을 금방 이해할 수 있다면 여러분은 상당한 실력의 소지자임이 틀림없다. 한차가 뜰장을 해서 초왕이 중앙으로 나왔을 때 추후 공격을 위해서 f5마의 위치를 이탈시켜야 그런 공격이 가능하기 때문이다. 따라서 먼저 한마를 일부러 죽여서 초마의 위치를 이탈시키고 나머지 수순을 밟으면 이긴다. ③ c1차c4장군
차가 c4위치로 가는 것도 아주 재미있는 발상이다. 이런 수가 고수의 수이다. ④ f1장e2 ⑤ a3마c2장군 ⑥ e2장d1 ⑦ c4차Xd4졸 장군 ⑧ a5상d3 ⑨ d4차Xd3상장군#

문제69. 수비수 제거21 (한차례)

이 문제의 해답은 두 가지이다. 우선 병을 희생시킨 후 한상을 배치시키는 것이 한포가 궁성에 들어가는 것 보다 앞서는 경우이고 나머지 또 하나는 우선 한포를 궁성에 배치시킨 뒤 병을 희생시킨 후 한상이 궁성을 겨냥하게 하는 경우이다. 그 각각의 해답은 다음과 같다.
해답1 : ① d5병d4장군 ② e4졸Xd4병 3. d7상g5장군 ④ d4졸e4 ⑤ c1포f1장군 ⑥ e2사d1 ⑦ b2차Xd2사 장군 ⑧ d1사Xd2차 ⑨ b3마c1장군 ⑩ e1마c2 ⑪ c1마e2장군#

해답2 : ① c1포f1장군 ② e2사d1 ③ b2차

Xd2사 장군 ④ d1사Xd2차 ⑤ b3마c1장군 ⑥ e1마c2 ⑦ d5병d4장군 ⑧ e4졸Xd4병 ⑨ d7상g5장군 ⑩ d4졸e4 ⑪ g5상e2장군#

문제70. 수비수 제거22 (한차례)

이 문제해법의 첫수를 이해한다면 대단한 실력의 소유자이다. 문제68과 마찬가지로 초의 차가 5선에서 수비의 핵심이다. 왜 이 첫수가 중요한지 설명을 하고자 한다. ① h7포h1장군 ② h5차Xh1포로 초의 차를 5선에서 이탈하게 만든 후 ③ c2차c1장군 ④ d1장d2 ⑤ c3차c6장군 ⑥ d2장d3 ⑦ c6차d6장군 ⑧ f5마Xd6차 (만약 ⑧ f5마d4 ⑨ b3마c5장군#) ⑨ c1차d1장군 ⑩ e1사Xd1차 ⑪ b3마c1장군#의 수순으로 이기게 된다. 그런데 만약에 ① h7포h1장군 ② h5차Xh1포를 교환하지 않은 상태에서 위의 공격을 하게 되면 ① c2차c1장군 ② d1장d2 ③ c3차c6장군 ④ d2장d3 ⑤ c6차d6장군 ⑥ f5마d4 ⑦ b3마c5장군 마장을 치게 되면 만약 5선에 차가 없으면 외통으로 초가 패하지만 5선에 차가 있으면 ⑧ h5차Xc5마!! 에 의해 실패하게 된다. 그래서 반드시 5선에서 차를 이탈시켜야 한다. 9수를 내다보고 미리 선수를 쳐서 초차를 따돌려야 승리할 수 있다.

문제71. 수비수 제거23 (한차례)

초의 f7에 있는 초상이 초졸과 연합하여 결정적인 수비의 핵이다. 이 초상을 미리 위치이탈을 시켜야 다음 작전이 성공한다. 한상을 희생시켜서 초의 f7상을 h4로 위치이탈 시킨다. 수순은 다음과 같다. ① e6상h4장군 ② f7상Xh4상 ③ a3마c2장군 ④ e2장d1 ⑤ c10차Xd10포 장군 ⑥ f9마d9 ⑦ d10차Xd9차 장군 ⑧ e4졸d4 ⑨ d9차Xd4졸 장군 ⑩ a5상d3 ⑪ d4차Xd3상장군# 만약에 1,2수를 교환하지 않고 만약 3수부터 공격을 시작하면 ① a3마c2장군 ② e2장d1 ③ c10차Xd10포 장군 ④ f7상d4 이 수순으로 공격이 실패하게 된다.

문제72. 수비수 제거24 (한차례)

한은 3수에서 수비의 핵심인 초포를 한마로

제거한 이후에도 양차를 다 희생하고 마를 이용하여 포장으로 이기게 된다. 5수와 7수에서 차를 희생하는 이유는 한마가 자유롭게 이동하는데 양차가 방해가 되기 때문에 마의 행마를 위해 길을 비켜주는 의미가 크다. 해답 수순은 다음과 같다. ① e4마c3장군 ② e2사e3 ③ f7마Xe5포 장군 ④ d5졸Xe5마 ⑤ c1차d1 장군 ⑥ e1사Xd1차 ⑦ c2차e2장군 ⑧ d1사Xe2차 ⑨ c3마b1장군 ⑩ e2사d3 ⑪ b1마d2 장군#

만약 ②e2사d3로 방어를 한다면 해답수순은 다음과 같이 달라진다.
③ c2차f2장군 ④ f3장e3 ⑤c3마b1장군 ⑥d3사e2 ⑦c1차c3장군 ⑧e2사d3 ⑨c3차Xd3사 장군 ⑩e3장Xd3차 ⑪f2차f3장군#
처음에 이 문제를 풀지 못하였다 해도 계속 반복해서 풀고 해답을 외울 정도가 되면 이런 수법에 익숙해지게 된다.

문제73. 수비수 제거25 (한차례)

여러분이 이 문제의 해법을 완벽히 이해한다면 차의 행마가 날카로워질 것이다. 한 수 한 수가 다 의미가 있고 상대방의 왕의 행동을 제한하면서 완벽하게 상대를 제압하는 테크닉을 익히게 된다. ① c7병d7 한포의 협력을 얻어서 d1에 찌르는 수를 노린 것이다. ② e8차d8 포의 두 다리를 만들어 찌르는 수를 막은 것이고 ③ d2차a2장군 ④ e1장d1 ⑤ c4상Xa1상 한상으로 초상을 잡는 이유는 차가 2선을 떠나지 않고 계속 초왕의 행동을 제한하기 위함이다. ⑥ d1장e1 ⑦ a2차f2 이 수는 빅수를 방지하기 위한 수이다. ⑧ d8차c8 ⑨ f2차f3 이 수는 d1에 찌르는 수를 노림과 동시에 초 왕이 전혀 움직이지 못하게 제한하는 수이다. ⑩ c8차c1 d1의 찌르는 수를 방비하는 수이다. ⑪ a1상c4장군 ⑫ c1차Xc4상 한상으로 초차를 1선에서 이탈하게 만드는 강요수이다. 초로서는 선택의 여지가 없다. ⑬ f3차d1 장군# 초차가 1선을 떠났기 때문에 찌르는 수가 성립된다.

문제74. 수비수 제거26 (한차례)
한의 차의 날카로운 공격을 감상하기 바란다.
한에서는 포와 양차를 이용한 집요한 공격을
퍼부어 초를 정신없게 만든다. 초의 f1자리가
약하기 때문에 초의 차가 1선을 떠날 수 없는
점을 이용하여 e7의 이탈된 면포를 위협하고
5선의 초의 졸을 다 잡아버린다. 초에서는 귀

포가 없기 때문에 방비하기가 어렵다. 올바른
공격수순은 다음과 같다.
① b4차g4 ② g1차i1 ③ g4차h4 ④ e2사f1
⑤ h10차h7 ⑥ e7포e3 ⑦ h4차e4 ⑧ d2사
e2 ⑨ e4차Xe5졸 ⑩ i1차i3 ⑪ e5차Xc5졸 ⑫
b5마a3 ⑬ c5차c1장군 ⑭ e2사d1 ⑮ h7차
h1

4. 묶기기술

문제75. 묶기1 (한차례)
우선 한마가 이동한 후 초마가 한포를 잡으면
초마를 묶는 수가 좋다. 그 초마는 초왕이 죽
으므로 위협을 당해도 피할 수 없다.
① d4마e6 ② f2마Xe4포 ③ e6마f4 ④ f1사
e2 ⑤ b8포b4

문제76. 묶기2 (초차례)
초상으로 한포와 마를 묶는 수가 좋다. 그 후
초의 공격은 다음 수순과 같다.
① d4상g6 ② i5차h5 ③ a6차a10 ④ e7포
e10 ⑤ g6상Xd8마 ⑥ d9사Xd8상

문제77. 묶기3 (초차례)
우선 초졸로 한마를 f줄로 유인한 후 초상에
의해 왕이 묶여 있는 것을 이용하여 한마를 공
짜로 잡는다.
① d4졸d5 ② d6마f5 ③ i7차f7 ④ g10차g8
⑤ f7차Xf5마

문제78. 묶기4 (초차례)
초상이 한의 차에 의해 위협을 받고 있다. 초
상을 포기하는 대신에 묶기기술을 이용하여
한상을 잡는 수가 있다. 결과적으로 서로 상
을 교환한 것과 같은 결과이다.
① a1차g1 ② f6차Xf4상 ③ i10차i4 ④ f4차f6
⑤ g1차Xg4상

문제79. 묶기5 (초차례)
초는 차를 희생해서 수비수인 사를 제거한 후
묶기기술을 이용하여 5수 만에 이기는 수가

있다.
① d6차Xd9사 장군 ② c9차Xd9차 ③ d4상b7
장군 ④ d9차c9 ⑤ f10차e9장군#

문제80. 묶기6 (한차례)
한포에 의해 묶여있는 초의 기물을 공략하는
좋은 수순이 있다.
① b7병c7 ② f2사e2 ③ d10포Xd7졸 장군
④ i7차Xd7포 ⑤ c7병Xd7차

문제81. 묶기7 (한차례)
좌변에 한차에 의해 초포와 차가 묶여 있다.
이 포를 잡는 한의 수순은
① c6차c3 ② e2장e1 ③ c3차Xa3포 ④ a1차
Xa3차 ⑤ a10차Xa3차

문제82. 묶기8 (한차례)
한차에 의해 초의 두 졸이 묶여있다. 이를 이
용하는 수순은
① b6병b5 ② i7차i5 ③ b5병Xb4졸 ④ c4졸
Xb4병 ⑤ h4차Xb4졸

문제83. 묶기9 (초차례)
초마가 한왕을 유인한 후 초상에 의해 묶인 상
황을 이용한다. 초가 총 5수 만에 외통으로 이
기는 수가 있다.
① a7마b9장군 ② d10장d9 ③ b7차Xd7병 장
군 ④ e9사d8 ⑤ d7차Xd8사 장군#

문제84. 묶기10 (초차례)
한의 차에 의해 초의 마와 차가 묶여있다. 그

런데 한의 왕의 안전이 불안하다. 초가 이를 거꾸로 이용한다.
① c6마Xe7상 ② f9마Xe7마 ③ c5차Xc10차 ④ e10포Xc10차 ⑤ e3포Xe7마

문제85. 묶기11 (초차례)
좌변의 한의 병과 차가 좌변의 초차에 의해 묶여있다. 초가 양차합세작전으로 병을 잡는 수법이 있다. 한에서는 막을 도리가 없는 수순이 있다.
① a2차a3 ② b8포g8 ③ i2차a2 ④ g8포e8 ⑤ a3차Xa7병 ⑥ a10차Xa7차 ⑦ a2차Xa7차

문제86. 묶기12 (초차례)
85번 문제와 비슷한 수법으로 초가 한병을 잡는 수순이 있다.
① c9차c7 ② i10차i6 ③ a1차Xa7병 ④ a10차Xa7차 ⑤ b3포b10장군 ⑥ d8마c10 ⑦ c7차Xa7차

문제87. 묶기13 (초차례)
초상에 묶여 있는 한왕을 공략하는 문제이다. 초는 양차를 이용하여 7수 만에 외통승한다.
① f8차Xe8포 장군 ② e10장f10 ③ e8차f8장군 ④ f10장e10 ⑤ a7차e7장군 ⑥ d10사e9 ⑦ f8차Xe9사 장군#

문제88. 묶기14 (한차례)
한은 1수와 3수에서 각각 차와 병을 희생한 후 묶기를 이용하여 7수 만에 이긴다. 1수는 마를 유인하는 목적이고 3수는 왕을 유인하기 위함이다. 유인, 봉쇄, 묶기기술이 다 동원되었다.
① e3차Xe2사 장군 ② f4마Xe2차 ③ f1병e1 장군 ④ d1장Xe1병 ⑤ c1마d3장군 ⑥ b1마d2 ⑦ a4상c1장군#

문제89. 묶기15 (한차례)
한이 뜰장기술, 묶기기술과 길트기기술을 이용해서 7수 만에 이기는 수순이 있다.
① b4상d1장군 ② e2사e1 ③ f3마d2장군 ④ f2사e2 ⑤ c3차f3장군 ⑥ i2포f2 ⑦ f3차Xe2사

장군#

문제90. 묶기16 (한차례)
한마에 의해 초마가 묶이도록 상황을 만든 후 한차가 마무리한다. 그 과정에서 교묘한 수순을 거친다. 그 중 병을 희생하는 장면이 멋있다.
① i4마h2장군 ② i2포g2 ③ e4병e3장군 ④ f3장Xe3병 ⑤ h2마g4장군 ⑥ e6마f4 ⑦ h6차e6장군#

문제91. 묶기17 (한차례)
한의 첫수가 교묘한 묶는 수이다. 초차를 한포로 위협하면서 자연스럽게 초의 포와 차를 묶은 후 기물이득을 얻는다. 그 수순은
① e8포b8 ② i8차i9 ③ a10차a3 ④ e4졸f4 ⑤ a3차Xb3포 ⑥ b1차Xb3차 ⑦ b8포Xb3차

문제92. 묶기18 (한차례)
초의 마가 한의 졸을 잡도록 일시적으로 희생한 후 한의 면의 약한 묶인 모양을 이용한다. 그 수순은 ① g7병f7 ② f6마Xh7병 ③ f5마Xd4졸 장군 ④ e2장f2 ⑤ d4마Xb3포 ⑥ g3포Xb3마 ⑦ e8포Xe3상으로 한이 기물이득을 얻는다.

문제93. 묶기19 (초차례)
초가 이 유리한 상황에서 결정적인 펀치를 날려야 정확히 이긴다. 초의 마가 궁성의 10선으로 가는 수가 멋진 묶는 수이다. 마와 졸을 희생하여 초포의 한왕을 묶는 수를 이용해 이긴다. 그 이기는 수순은 다음과 같다.
① f8마e10 ② 한수 쉼 ③ g9졸f9장군 ④ e9장Xe10마 ⑤ f9졸e9장군 ⑥ e8사Xe9졸 ⑦ i9차Xe9사 장군#

문제94. 묶기20 (한차례)
한의 양차를 활용하여 묶기기술을 이용하여 기물의 이득을 얻는다.
① i10차i1장군 ② f1장f2 ③ i1차Xd1사 ④ e3포Xe9사 ⑤ e10장Xe9포 ⑥ b8차b9장군 ⑦ e9장e10 ⑧ f3마d2

문제95. 묶기21 (한차례)
한의 첫수로는 한차를 희생하여 한마가 갈 길을 확보하고 초포를 유인하여 한의 상길의 멱을 푼다. 한상으로 묶여 있는 초왕을 공략하면 9수 만에 완승으로 이긴다. 묶여있는 초마는 수비능력이 마비된다.
① c1차c3장군 ② e3포Xc3차 ③ b3마c1장군 ④ d3장d2 ⑤ c7차d7장군 ⑥ f7상d4 ⑦ d7차Xd4상장군 ⑧ e2사d3 ⑨ d4차Xd3사장군#

문제96. 묶기22 (한차례)
한에서 계속 묶는 수가 생긴다. 묶기기술을 이용한 유리한 기물 교환을 하는 장면이다.
① a1차a4 ② e1포e4 ③ c5병Xc4마 ④ e4포Xc4병 ⑤ b7병c7 ⑥ f4졸e4 ⑦ d8마c6 ⑧ d4차d5 ⑨ a4차Xc4포

문제97. 묶기23 (한차례)
문제의 상황은 한의 기물이 두 군데에서 초의 기물을 묶고 있다. 한상이 초포에 멱이 막혀 있기는 하지만 초마를 겨냥하고 있고 우변에서는 한차가 초의 졸과 차를 묶고 있다. 묶기를 이용한 수순은 다음과 같다.
① g7마f5 ② e3포e5 ③ c4상Xf2마 ④ f1사Xf2상 ⑤ f5마g3 ⑥ f2사e2 ⑦ i9차Xi4졸 ⑧ i1

차Xi4차 ⑨ g3마Xi4차

문제98. 묶기24 (한차례)
우변에서 한의 상이 초차를 묶고 있다. 이를 이용하여 막대한 기물이득을 얻는 한의 작전이 있다. 그 수순은 다음과 같다. ① f7차i7 ② i9마g8 ③ i7차i1장군 ④ f1장e2 ⑤ i1차i4 ⑥ g4차Xg5상 ⑦ h5병Xg5차 ⑧ g8마Xf10포 ⑨ i4차Xe4졸 장군 ⑩ e2장d2 ⑪ e4차h4 첫수에서 한차가 초마를 위협할 때 초마를 포기하면 아래와 같이 초차는 살릴 수 있다. ① f7차i7 ② c3포f3 ③ i7차Xi9마 ④ f1장e1 그러나 마를 잃고 대세가 기울어 회복하기는 힘든 상황이다

문제99. 묶기25 (한차례)
한상에 의해 초차가 묶여 있고 초왕이 죽으므로 초차가 피할 수 없다. 이를 이용하여 유리한 교환을 한다.
① i7차i3 ② h1포Xh4상 ③ i3차Xh3차 ④ h4포e4 ⑤ g4병f4 ⑥ c8포c5 ⑦ f4병Xe4포 ⑧ f2사f3 ⑨ h3차h1장군 ⑩ f1장f2 ⑪ h1차Xd1사 ⑫ c5포c2 ⑬ d1차Xd2마 장군⑭ c2포e2 ⑮ d2차Xe2포 장군#

5. 길트기기술

문제100. 길트기1 (초차례)
서로 얽혀있어서 g9의 차가 g7마의 행마를 방해하는 상황이다. 즉, 마가 h8에 갔을 때 초차가 초마의 멱을 막는 결과가 된다. 또한 초의 e3의 포의 길을 한의 마가 멱을 막고 있는 상황이다. 만약 초차를 죽여서 초마의 멱도 트이고 한마의 이동을 강요하여 e3포의 길이 트일 수 있다면 초의 이 작전은 성공한다.
① g9차Xf9마 장군 ② e7마Xf9차 ③ g7마h9 장군#

문제101 길트기2 (초차례)
d9의 초차가 d7마의 길을 막고 있다. 만약 이

초차가 없다면 초는 쉽게 이길 수 있다. 교묘히 초차를 희생하는 수를 모색해 본다.
① d9차d10장군 ② f10포Xd10차 ③ d7마c9 장군#

문제102. 길트기3 (한차례)
c1의 한차가 b3한마의 자리를 차지하고 있다. 만약 이 차가 없다면 어떻게 될까라고 생각하는 것이 해법의 포인트다.
① c1차d1장군 ② e1사Xd1차 ③ b3마c1장군#

문제103. 길트기4 (한차례)
f4의 한마가 d9포f9의 장군치는 수를 방해하고 있으므로 이 마를 f줄에서 치우는 선수를 찾으면 된다. 수순은 ① f4마g2 ② i1차i2 ③ d9포f9장군#

문제104. 길트기5 (한차례)
우변에 있는 한의 양차가 i3상의 길을 막고 있다. 그 상의 길을 트기 위해 한차를 희생하는 수가 이문제의 해답의 포인트이다.
① g2차g1장군 ② d1포Xg1차 ③ h3차Xe3사장군 ④ f1장e1 ⑤ e3차Xe2사 장군#

문제105. 길트기6 (한차례)
b4상이 b5마의 길을 막고 있는 상황이다. 해답 수순은 간단하다.
① b4상e6 ② d1사e2 ③ b5마c3장군 ④ d3장d2 ⑤ f2차Xe2사 장군#

문제106. 길트기7 (한차례)
b4상을 이용해서 수비수제거와 길트기기술을 쓰면 해법이 나온다.
① b4상Xe2사 ② e3장d3 ③ e2상h4 ④ d5졸c5 ⑤ b5마c3장군#

문제107. 길트기8 (한차례)
h7차가 f8상의 멱을 막고 있다. 우선 한차를 초졸과 교환한 후 한상을 이용해서 뜰장군을 하는 수순이 있다. 해법은
① h7차Xh5졸 ② c5차Xh5차 ③ f8상i6장군 ④ g9차f9 ⑤ e9사Xf9차

문제108. 길트기9 (한차례)
현재 f1자리가 초왕에게 가장 안전한 자리이다. 초왕을 e1자리로 쫓는 것이 해법의 핵심이다. 그런데 우변에 한의 기물이 너무 많아서 서로 방해를 한다. h3차가 자신의 상의 행마에 방해가 되므로 일부러 희생한다.
① h3차f3장군 ② f1장e1 ③ f3차f1장군 ④ e1장Xf1차 ⑤ g6상Xi3상장군 ⑥ f1장e1 ⑦ g1마f3장군#

문제109. 길트기10(한차례)
이 문제도 아주 교묘히 상대방 기물을 이용해서 f2포의 다리로 사용하는 것이 핵심이다. 병을 희생하면 그런 작전이 가능해 진다. ① c8차c1장군 ② d1장d2 ③ c1차c2장군 ④ d2장d1 ⑤ f3병e2장군 ⑥ d3사Xe2병 (차로 병을 잡아도 같은 결과가 된다.)⑦ c2차c1장군#

문제110. 길트기11 (한차례)
f1포가 아주 중요한 자리를 차지하고 있다. 모든 작전은 이 포를 활용하는데 집중을 하면 한이 7수 만에 초왕을 잡는 수순이 있다.
① b3마c1장군 ② b4마c2 ③ g4마f2장군 ④ i4상Xf2마 ⑤ g5상e2장군 ⑥ h2포Xe2상 ⑦ c1마Xe2포 장군#

문제111. 길트기12 (한차례)
초의 좌변에 너무 기물이 밀집되어 있어서 서로 길을 방해한다. 이때는 과감히 한의 양차를 희생한 후 한 기물 하나로 승부하는 수법이 있다.
① c1차d1장군 ② e2사Xd1차 ③ c3차c2장군 ④ d2장d3 ⑤ c2차d2장군 ⑥ d1사Xd2차 ⑦ b3마c1장군#

문제112. 길트기13 (한차례)
한은 첫수에 차를 죽여서 마길을 열어주어야 d5마가 활기를 갖고 좌변을 휘저을 수 있다. 오직 포와 마로 승부를 건다. 한차의 희생의 또 다른 효과는 초왕이 도망갈 길을 봉쇄하는 효과도 있다.
① a3차d3장군 ② f1포Xd3차 ③ d5마c3장군 ④ d1장d2 ⑤ c3마a4장군 ⑥ f5차Xb5상 ⑦ a4마b2장군#

문제113. 길트기14 (한차례)
무용지물로 보이는 f7포를 활용하는 것이 포인트다. 한포는 다리가 있어야 이동하는데 현재 다리가 없으므로 희생을 통해 포다리를 놓아야 한포가 적 궁성에 진입할 수 있다. 수순은
① h2상f5장군 ② i7상Xf5상 ③ f7포f2장군 ④

e2상c5 ⑤ b4상e2장군 ⑥ d2장Xe2상 ⑦ f2
포i2장군#

문제114. 길트기15 (한차례)

한포를 궁성에 안착시키는 것이 포인트다. ①
a3포f3장군에 사로 포를 잡을 수 없는 점을 이
용하면 이기는 수가 있다. 3수에서 병을 일부
러 죽이는 수와 7수에서 상을 궁에 넣어 죽이
는 수도 교묘하다. ② e2사f2 ③ c2병d2장군
④ d3사Xd2병 ⑤ d5마c3장군 ⑥ c4포c2 ⑦
c5상e2장군 ⑧ f2사Xf3포 ⑨ g1차Xe1포 장
군#

문제115. 길트기16 (한차례)

우선 급선무는 초의 차를 궁성에서 이탈하게
만드는 것이고 그 후 유인기술과 길트기기술
을 이용해 좌변의 기물을 정리해서 한마가 결
정적인 역할을 하면 이긴다. 첫수가 아주 어
려운 수이다. 이 수로 인해 b3포를 무력화시
킬 수 있다. 이 수를 생략하면 이길 수 없다.
3수의 한상 희생 수와 5수에서 한차를 희생하
는 수가 중요한 수이다. 수법이 교묘해서 익
혀두면 나중에 요긴하게 잘 쓸 수 있다. ① f7
상d4장군 ② d8포d3 ③ g6상i3장군 ④ f3차
Xi3상 ⑤ c2차e2장군 ⑥ f2사Xe2차 ⑦ c1마
Xb3포 장군 ⑧ e2사d1 ⑨ b3마d2장군#
또 다른 해법으로는 만약 ② f3차d3면 ③ c2
차e2장군 ④ f2사Xe2차 ⑤ c1마Xd3차 장군
⑥ c2사d1 ⑦ d3마b2 장군 ⑧ d8포d3 ⑨ g6
상i3장군#이 된다.

문제116. 길트기17(한차례)

c3차가 b3마의 길을 막고 있다. 차를 희생하
여 공격을 이어가야 한다. 한의 공격수순은
① c3차c4장군 ② d2장d3 ③ c1차c3장군 ④
a3포Xc3차 ⑤ b3마c1장군 ⑥ d3장e3 ⑦ c4
차Xc3포장군 ⑧ e2사d3 ⑨ c3차Xd3사 장군#
(만약 ⑥d3장d2 면 ⑦c4차Xd4졸 장군 ⑧e2
사d3 ⑨d4차Xd3사 장군#)

문제117. 길트기18 (한차례)

길트기기술과 멱풀기기술을 이용해서 한이 9
수 만에 이긴다.
① d8포d6장군 ② e4졸c4장군 ③ e8상b6장
군 ④ a3마b5 ⑤ b3마c1장군 ⑥ d3장d2 ⑦
c5차c2장군 ⑧ d2장d1 ⑨ c2차Xe2사 장군#

문제118. 길트기19 (한차례)

한차를 희생하여 한이 9수 만에 완승을 한다.
① a4차f4장군 ② e2사f2 ③ g3차d3장군 ④
h2포e2 ⑤ f4차Xf2사 장군 ⑥ f1장Xf2차 ⑦
d6마e4장군 ⑧ f2장f1 ⑨ d3차f3장군#

문제119. 길트기20 (한차례)

3수째 한차를 희생하는 수가 묘수이다. 초왕
이 갈 수 있는 길 3개 중 하나를 없애는 목적
과 한마의 길을 비워두는 목적이 있는 수이
다. 측궁을 공략할 때 유용하게 써 먹을 수 있
는 수법이다. 이런 공격의 원리를 파악해야
실력이 는다.
① c2차c1장군 ② d1장d2 ③ c1차d1장군 ④
e1사Xd1차 ⑤ c3차c4장군 ⑥ d2장d3 ⑦ b3
마c1장군 ⑧ d3장d2 ⑨ c4차c2장군 ⑩ d2장
d3 ⑪ c2차b2장군#

문제120. 길트기21 (한차례)

아무 쓸모없어 보이는 a3에 있는 한마가 결정
적인 승부수를 던지는 문제이다. f3에 있는 초
왕을 d1으로 유인하는 수순이 교묘하다. 또한
양포를 이용한 뜰장기술도 멋지게 사용된다.
그리하여 최종적으로 한마가 포장을 도와 승
리한다.
① g1차f1장군 ② e2사Xf1차 ③ h3마g1장군
④ f3장e2 ⑤ g5차g2장군 ⑥ e2장d1 ⑦ h1
포Xf1사 장군 ⑧ e1마f3 ⑨ f1포a1장군 ⑩ f3
마e1 ⑪ a3마b1장군#

문제121. 멱풀기1 (한차례)
한이 차를 희생하여 d5상의 멱을 막고 있는 c5 초마를 유인하는 수법이 핵심이다. 고삐 풀린 한상이 결정적 펀치를 날린다.
① f4차d4장군 ② c6마Xd4차 ③ d6상a4장군#

문제122. 멱풀기2 (한차례)
e4마의 희생을 통해 e줄을 열어 놓고 한은 마장군 또는 차장군으로 이긴다.
① e4마d2장군 ② e2사Xd1포 ③ c4마e5장군#(또는 e1차e3장군#)

문제123. 멱풀기3 (한차례)
e7 한상의 멱을 막고 있는 e6 초상을 유인하는 것이 핵심이다.
① b3마Xc5졸 장군 ② e7상c4 ③ e8상Xg5상 장군#

문제124. 멱풀기4 (한차례)
h4 한상의 멱을 f3 초차가 막고 있다. b4 마의 희생을 통해 초차를 이동하게 강요하여 h4 상의 멱을 풀면 후속 공격수가 연결된다.
① b4마d3장군 ② f3차Xd3마 ③ c2차Xe2사 장군#

문제125. 멱풀기5 (한차례)
d4 차를 희생하여 초사의 이동을 강요한 후 f5마e3 장군으로 이긴다.
① d4차Xd3포 ② e2사Xd3차 ③ f5마e3장군#

문제126. 멱풀기6 (초차례)
① f1포Xf8마 장군 ② e9사Xf8포로 초포를 희생하면 한사가 초포를 잡게 되는데 결국은 사가 초포의 멱을 푸는 결과가 된다. e4포에 의해 e줄이 차단되므로 한왕이 ③ a9마c8장군#으로 갈 데가 없어 잡힌다.

문제127. 멱풀기7 (초차례)
초마로 한왕을 유인한 후 초차가 병을 공짜로

얻는 수가 있다. 이 초차를 한병이 잡으면 나머지 한차에 의해 한이 외통으로 지기 때문에 한병이 이 차를 잡을 수 없다.
① d6마c8장군 ② d10장d9 ③ h7차Xb7병

문제128. 멱풀기8 (초차례)
너무 일방적인 공격이지만 이럴 때일수록 효과적으로 이기는 수를 놓치면 안 된다. 뜰장기술과 묶기기술과 멱풀기기술로 5수 만에 완승하는 수순이 있다. 재미있는 외통모양이 생긴다.
① d8차f8장군 ② d10장e10 ③ g10졸f10장군 ④ e9사Xf10졸 ⑤ f8차d10장군#

문제129. 멱풀기9 (한차례)
현재 초의 왕은 전혀 움직일 수 없는 상황이다. 한은 첫수로 병을 희생하여 i1상의 멱을 누르고 있는 i2포를 이동하게 강요한 후 5수 만에 이긴다.
① b2병c2장군 ② i2포Xc2병 ③ i7상g4장군 ④ g5차Xg4상 ⑤ i1상Xg4차장군#

문제130. 멱풀기10 (한차례)
한은 1수와 3수에서 한의 마와 차를 희생하여 i8상의 멱을 막고 있는 기물들을 이동시킨다.
① c4마e5장군 ② g6마Xe5마 ③ h6차d6장군 ④ c6졸Xd6차 ⑤ i8상g5장군#

문제131. 멱풀기11 (초차례)
초상을 희생하여 초차가 양걸이를 걸 수 있도록 한병의 장막을 없앤다.
① d4상Xb7병 장군 ② a7병Xb7상 ③ a1차a6 ④ e6포e8 ⑤ a6차Xf6마

문제132. 멱풀기12 (초차례)
초차를 희생하여 e4상의 멱을 막는 한병을 이동시킨 후 초상의 양걸이로 한차를 잡는 수순이 있다.
① f5차Xd5마 ② d6병Xd5차 ③ e4상c7장군 ④ d10사d9 ⑤ c7상Xa10차

문제133. 멱풀기13 (한차례)

한마의 멱을 풀기 위해 한차를 초포와 교환하는 희생수 이후 한은 기물의 이득을 얻는다.
① a1차Xd1포 ② d2사Xd1차 ③ c2마e3장군
④ d1사e2 ⑤ e3마Xg2차

문제134. 멱풀기14 (한차례)

상의 멱을 막고 있는 초포를 강제로 이동시키기 위해 한의 마를 희생한다. 한이 기물의 이득을 얻는다.
① i4마g3장군 ② d3포Xg3마 ③ b4상Xe2차
④ e1사Xe2상 ⑤ h2차h1

문제135. 멱풀기15 (한차례)

5선에서 한의 차와 마가 초의 차에 의해 묶여 있다. 교묘한 포의 희생으로 한의 차로 초의 차를 잡는 찬스가 있다. 그 수순은 다음과 같다.
① f8포Xf3마 장군 ② e2사Xf3포 ③ f5마e3장군 ④ f3사Xe3마 ⑤ b5차Xg5차

문제136. 멱풀기16 (한차례)

① a7포f7장군 ② g7졸Xf7포의 의미는 7수 후에 g8상i5 장군을 치기 위해 상의 멱을 막고 있는 졸을 이동시키는 것이다. 그 후 ③ d2병 e2장군 ④ f2장f3 ⑤ d1차d3장군 ⑥ e7차e3로 초왕의 퇴로를 다 차단한 후 ⑦ g8상i5장군#으로 마무리 한다.

문제137. 멱풀기17 (한차례)

첫수로 상으로 졸을 쳐서 졸의 멱을 푼다. 초는 구조적인 약점이 있기 때문에 마를 잃게 된다. 한으로서는 유리한 기물 교환을 한다.
① d7상Xb4졸 장군 ② d3마Xb4상 ③ a10차Xa4졸 ④ b4마c2 ⑤ a4차c4 ⑥ f1사e2 ⑦ c4

차Xc2마 ⑧ d1장e1

문제138. 멱풀기18 (한차례)

① i8상f6장군 첫수로 한상을 희생하는 수는 9수를 내다본 수이다. 한상을 잡을 수밖에 없어서 ② e8마Xf6상을 하면 ③ c2차d2장군 ④ a4상Xd2차 ⑤ c1차c3장군 ⑥ e3포Xc3차 ⑦ b3마c1장군 ⑧ d3장e3 ⑨ d8상g6장군# 양차를 희생하고 초왕을 e3자리로 유인한 후 마지막으로 멱이 풀려서 자유로워진 d8상이 멀리서 장군을 불러서 승리한다.

문제139. 멱풀기19 (한차례)

① g1차g3장군 ② g4차Xg3차로 한차를 일부러 희생해서 한상의 멱을 막고 있는 g4차를 이동시킨다. 이렇게 하는 이유는 c3마가 공격에 쓰이려면 e2를 봉쇄하는 아군기물이 있어야 하는데 그 역할을 마에서 상으로 교체하기 위함이었다. 그 다음은 외길 수순이다. ③ c3마d1장군 ④ e3장d3 ⑤ d1마b2장군 ⑥ d3장e3 ⑦ d4상b1장군 ⑧ e3장f3 ⑨ c6마d4장군#

문제140. 멱풀기20 (초차례)

첫수로 졸을 일부러 죽이는 수는 초가 9수를 내다본 아주 깊은 수이다. 차후 농포로 우진에 있는 한의 차를 죽이기 위해 멱을 푸는 의미의 수였다. 졸을 죽이기 위해 병이 그 자리를 뜨면 차후 초의 상길이 열리게 됨을 노린 수이다. 아래 수순을 보자.
① g5졸g6 ② g7병Xg6졸 ③ e3포i3 ④ i7병 h7 ⑤ f4상i6 ⑥ i10차Xi6상 ⑦ i3포i10장군 ⑧ i6차Xi10포 ⑨ i1차Xi10차
만약 ⑥ h7병i7이면 ⑦ i6상Xf8마로 포와 상이 동시에 i10차를 위협하는 수로 어차피 i10차는 죽게된다.

7. 뜰장기술 & 뜰공격 기술

문제141. 뜰장1 (한차례)
자신의 포와 적왕 사이에 마처럼 움직이는 기물이 있으면 자유자재로 가고 싶은 곳을 가면서 수를 낼 수 있다. 한이 3수 만에 이기는 문제.
① d2마c4장군 ② d4상Xg6상 ③ c4마b2장군#

문제142. 뜰장2 (초차례)
첫수로 ① e2사f1으로 해서 한의 차를 잡는 수가 있고 사와 면포가 잡히는 것이 싫다면 아래와 같이 두어도 된다. 그 수순의
첫수로 ① d3포Xd9사 초포로 한사를 치는 수가 있다 만약 한사로 초포를 되잡으면 아래 수순으로 한의 차가 잡힌다. ② e9사Xd9포 ③ e2사f1장군 ④ d9사e9 ⑤ e1포Xg1차

문제143. 뜰장3 (한차례)
한에서 유리한 교환을 할 수 있다. 수순은
① e7상Xg4졸 ② h4졸Xg4상 ③ e8포Xe4상

문제144. 뜰장4 (초차례)
초는 포와 차를 이용하여 한의 차를 모두 잡는 수법이 있다. ① c10차c3장군 ② d10사d9 ③ c3차Xf3차 ④ f8차Xf3차 ⑤ c1차c10장군 ⑥ d9사d10 ⑦ c10차c3장군 ⑧ d10사d9 ⑨ c3차Xf3차

문제145. 뜰장5 (초차례)
초가 5수 만에 완승으로 이기는 수순이 있다. 차의 날카로운 행마를 음미하기 바란다. ① h9차Xd9 ② f10장e10 ③ d9차d8장군 ④ f7차Xc7상 ⑤ d8차f10장군#

문제146. 뜰장6 (한차례)
한이 차를 하나 희생한 후 나머지 차와 상의 합동작전으로 이긴다.
① e6차Xe3포 장군 ② e2장Xe3차 ③ e7상b5장군 ④ e3장e2 ⑤ c7차e7장군#

문제147. 뜰장7 (초차례)
초가 포의 뜰장을 이용해서 유리한 기물 교환을 한다.
① i2포a2 ② i10차X i1차 ③ a2포X a10차장군 ④ e10포c10 ⑤ a1차X a7병

문제148. 뜰장8 (한차례)
한의 포의 뜰장의 중간기물로 한차가 쓰이면 아주 위력적으로 된다.
① c8포X c1상 ② i3차e3을 해야 하는데 만약 양걸이를 하려고 ② i3차c3 하면 ③ d5차d1장군 ④ e2사e1 ⑤ d1차f3장군#으로 순식간에 패하는 모양이 생길 수 있다.

문제149. 뜰장9 (초차례)
겉으로는 한의 차가 초의 포와 차를 묶은 것 같지만 이런 모양에서 수가 잘 난다. 초가 뜰장을 이용하면 차를 공짜로 잡을 수 있다.
① c3포c9장군 ② d9상b6 ③ g5차g9장군 ④ e9장e10 ⑤ c1차X c6차

문제150. 뜰장10 (한차례)
뜰장으로 기물을 움직이면서 7수 만에 이긴다.
① e6상h4장군 ② e5상Xh7병 ③ g3마e4장군 ④ h7상e5 ⑤ e4마c3장군 ⑥ e5상c8 ⑦ h4상e6장군# (c3마d1장군#)

문제151. 뜰장11 (한차례)
한이 상과 차를 이용하여 뜰장기술을 적용한다. 한이 7수 만에 이기는 수순은 다음과 같다.
① e3마Xc4졸 장군 ② d2장d3 ③ f3포d1장군 ④ i5차Xi3차 ⑤ c4마d2장군 ⑥ i2포Xd2마 ⑦ c6마Xb4졸 장군#

문제152. 뜰장12 (한차례)
한에서 양상을 이용하여 유리한 기물 교환을 한다.

① i7병i6 ② i5차i3 ③ e7상Xc4졸 ④ d4졸Xc4상 ⑤ d7상Xg5졸장군 ⑥ h4졸g4 ⑦ f7병f6

문제153. 뜰장13 (초차례)
초가 뜰장기술을 이용해 7수 만에 유리한 고지를 점령한다. 차와 포의 합동작전으로서 실전에 잘 나오는 장면이다.
① c3차c10장군 ② h10포Xc10차 ③ c1차Xc10포장군 ④ d9사d10 ⑤ c10차c4장군 ⑥ d10사d9 ⑦ c4차Xf4차

문제154. 뜰장14 (한차례)
전형적인 차, 포 합동작전이다. 한이 뜰장기술을 이용하여 9수 만에 이긴다.
① f7병g7장군 ② f5졸e5 ③ d8마f7장군 ④ e5졸f5 ⑤ f7마d6장군 ⑥ f3장e3 ⑦ g2차g3장군 ⑧ e2사3 ⑨ g3차Xf3사 장군#

문제155. 뜰장15 (한차례)
포와 차의 뜰장기술이 위력적이다. 한이 11수 만에 이긴다.
① c2차c1장군 ② e2사e1 ③ c1차c4장군 ④ e1사e2 ⑤ a3마b1장군 ⑥ e2사d1 ⑦ b1마d2장군 ⑧ d1사Xd2마 ⑨ c4차c1장군 ⑩ d2사d1 ⑪ c1차Xd1사 장군#

문제156. 뜰장16 (초차례)
초가 마, 포, 차의 합동작전으로 11수 만에 이긴다. 뜰장기술이 이 작전의 핵심기술이다.
① c5마a6 ② d8포h8 ③ a6마Xc7병 장군 ④ h8포c8 ⑤ c7마d5장군 ⑥ e9사d8 ⑦ a10차a9장군 ⑧ d9장d10 ⑨ d5마e7장군 ⑩ d8사e9 ⑪ a9차d9장군#

문제157. 뜰장17 (초차례)
초의 상이 뜰장을 부르면서 좌측으로 이동하는 것이 묘수이다. 차의 행마가 아주 좋다. 초가 뜰장기술과 묶기기술을 이용해 13수 만에 이긴다.
① i4상f6장군 ② e7병f7 ③ f6상c8장군 ④ f7병e7 ⑤ e5졸f5장군 ⑥ e7병f7 ⑦ a10차a7

⑧ e9사d8 ⑨ e8포e1 ⑩ d10사e9 ⑪ a7차Xf7병 장군 ⑫ f10장e10 ⑬ f7차f10장군#

문제158. 뜰장18 (한차례)
한이 뜰장기술을 이용해 13수 만에 이긴다. 9수의 상장군을 부르면서 포가 이동하는 수와 11수에 마가 장군을 치면서 죽으면서 포다리를 만드는 장면이 묘수이다.
① b1포d1장군 ② e2상c5 ③ b4상e2장군 ④ f3장f2 ⑤ e2상Xc5상장군 ⑥ d2마c4 ⑦ d7차d2장군 ⑧ f2장f3 ⑨ d1포d6장군 ⑩ f3장e3 ⑪ c7마d5장군 ⑫ e5졸Xd5마 ⑬ d2차d3장군#

문제159. 뜰장19 (초차례)
포와 차를 이용하여 공격하는 수법이다. 수순은 다음과 같다. 뜰장의 중간기물로 포가 자유자재로 이동하는 것이 인상적이다. 13수의 차가 궁성에 진입하는 수는 맞보기 수이다. 입궁도 노리면서 한왕 앞에 찌르는 수도 노린다.
① h1포h10장군 ② f10사f9 ③ b6차g6 ④ b10차b9 ⑤ g6차g10장군 ⑥ f9사f10 ⑦ h10포Xf10사 ⑧ e10장d10 ⑨ f10포d8장군 ⑩ d10장d9 ⑪ d8포d5장군 ⑫ e9사d8 ⑬ g10차10 ⑭ e7병f7 ⑮ f10차Xd8사 장군#

문제160. 뜰장20 (초차례)
정확하게 정곡을 찌르면서 공격하는 수법을 익힐 수 있는 문제이다. 초가 중앙을 장악하고 측궁이 된 적왕을 상으로 공략하는 수법과 양차, 상의 합동작전으로 15수 만에 이긴다. 다소 수순은 길지만 급소를 찌르는 수법을 배울 수 있는 문제이다. 해답을 외울 때까지 반복하기 바란다.
① a6차e6장군 ② f7병e7 ③ e6차Xe7병 장군 ④ e9장d10 ⑤ g8차b8 ⑥ d9사e9 ⑦ b8차b10장군 ⑧ d10장d9 ⑨ c7상e4 ⑩ i9차i7 ⑪ e4상b6장군 ⑫ c9마b7 ⑬ b10차Xb7마 ⑭ e9사e8 ⑮ b7차b8장군 ⑯ d9장d10 ⑰ e7차Xe8사 ⑱ f10사e9 ⑲ b8차b10장군#

문제161. 뜰장21 (초차례)
① b9차f9장군 ② f8사Xf9차 ③ h10마g8장군 ④ a9포g9 초차를 희생해서 a줄에 있는 한포를 이동하게 강요한다. 그 이후는 포와 마, 상의 뜰장기술을 이용한 합동작전으로 적의 숨통을 조여간다. ⑤ a1포a10장군 ⑥ d10사e9 ⑦ a8마b10장군 ⑧ e9사e10 ⑨ b10마c8장군 ⑩ e10사e9 ⑪ e7상c10장군 ⑫ e9사e10 ⑬ c10상a7장군 ⑭ e10사e9 ⑮ c8마d10장군 ⑯ e9사e10 ⑰ d10마e8장군 ⑱ e10사e9 ⑲ a7상c10장군#

문제162. 뜰장22 (초차례)
좌변의 한차가 2선에 있는 점을 이용해서 좌변 1선에 초포를 배치하고 초상을 이용해 한왕을 천궁으로 유인해서 e줄에서 포장군으로 이긴다. 수순이 19수가 걸린다.
① e2장d3장군 ② e9사f10 ③ g1상e4장군 ④ f10사f9 ⑤ e4상b6장군 ⑥ e9사f10 ⑦ b6상e8장군 ⑧ f10사f9 ⑨ e8상g5장군 ⑩ e9사f10 ⑪ g5상e2장군 ⑫ f10사f9 ⑬ e2상c5장군 ⑭ e9사d8 ⑮ c3포c10장군 ⑯ e10장e9 ⑰ c5상e8장군 ⑱ e9장e8상 ⑲ d2사e2장군#

8. 차단 기술

문제163. 차단1 (한차례)
한포로 초포를 차단하는 수법.
① c8포c3

문제164. 차단2 (초차례)
f2자리는 초의 약한 자리이다. 한은 포와 차로 이 f2사를 노리고 있다. 차단기술을 이용하여 상대의 공격을 완전 차단한다.
① f3마h4 ② i2차h2 ③ d1포f3

문제165. 차단3 (한차례)
한이 원앙마의 멱을 포로 차단하면서 초마를 위협함과 동시에 초졸을 위협하는 수가 있다. 결과적으로 초졸을 공짜로 잡는다.
① f8포f4 ② g3마i2 ③ f4포Xd4졸

문제166. 차단4 (한차례)
한의 사로 초포를 잡으면 초차가 면포를 잡으려고 하는 장면이다. 이때 초포도 잡고 한의 면포도 보호하려면 차단기술을 쓰면 된다.
① d10포f8장군 ② f4졸g4 ③ e9사Xf9포

문제167. 차단5 (초차례)
165번 문제와 해법의 발상이 비슷한 문제임. 초차로 한상을 위협함과 동시에 한마의 멱을 차단해서 한상과 한병을 동시에 위협하는 이

중위협 문제임. 결과적으로 초가 한병을 공짜로 얻는다.
① g5차g7 ② g10상e7 ③ h1차Xh6병

문제168. 차단6 (초차례)
첫수로 초가 차를 이용해서 한의 상의 멱을 차단하여 병을 잡는다.
① b6차d6 ② g7차g2 ③ e4마Xc5병

문제169. 차단7 (한차례)
한차가 초의 마를 위협하고 있는 상황에서 초의 포가 마를 지키고 있다. 이때 한병을 희생하여 두 기물간의 연결을 차단하는 수법이 있다.
① d4병d3 ② h3포Xd3병 ③ c10차Xc3마

문제170. 차단8 (초차례)
좌진의 초차가 호장을 하고 싶어도 한의 포가 지키고 있다. 이때 중앙에 있는 초차를 희생하여 포의 수비를 차단하는 수법으로 초가 5수 만에 이긴다. 차단기술과 뜰장기술을 사용한다.
① e7차e9장군 ② d8사Xe9차 ③ c7차c9장군 ④ d9장d10 ⑤ c9차Xe9사 장군#

문제171. 차단9 (한차례)
f4 초마가 한의 양병의 입궁작전을 방해하고
있다. 한마를 이용해 수비를 차단하여 5수 만
에 이긴다.
① c4마d2장군 ② f1장e1 ③ d2마f3장군 ④
e1장d1 ⑤ d3병e2장군#

문제172. 차단10 (초차례)
한의 수비의 핵심 기물은 e5 한포이다. 이 포
의 수비를 차단하는 방법으로 초가 5수 만에
이기는 방법이 있다. 수순은 다음과 같다.
① f7졸e7장군 ② f9사e9 ③ e2사f2장군 ④
e9사f9 ⑤ d10차d8장군#

문제173. 차단11 (초차례)
d7의 한포가 유사시에 궁으로 들어가 한왕을
지키려 하는 상황이다. 이 포의 수비를 차단
하기만 하면 초가 7수 만에 이긴다. 그 수순은
① f5초마e7장군 ② d8한사e8 ③ c1초차c10
장군 ④ e10한장e9 ⑤ h10초차Xf10사장군 ⑥
e9한장d9 ⑦ c10초차c9장군#

문제174. 차단12 (한차례)
수비를 하는 초상의 멱을 차단하는 수법으로
한이 7수 만에 이긴다.
① d10포f8장군 ② f6상i4 ③ a3포d3장군 ④
e2사Xd3포 ⑤ i6마h4장군 ⑥ h8포Xh4마 ⑦
h2차f2장군#

문제175. 차단13 (한차례)
공격을 하면서 수비의 핵심기물의 멱을 차단
하는 수법을 익혀두면 좋다. 3수에서 한포가
장군을 부르면서 초상의 멱을 차단하여 한차
가 궁성에 진입할 수 있게 된다. 한이 7수 만

에 이기는 문제.
① d8포d3장군 ② d1장e2 ③ d3포d5장군 ④
e2장d1 ⑤ g3차f3장군 ⑥ c5상e2 ⑦ f3차Xe2
상 장군#

문제176. 차단14 (한차례)
여러분이 이 문제의 첫수에서 한병을 희생하
는 이유를 이해한다면 차단기술에 대해 많이
이해하는 것이다. 초상의 멱을 막아서 초왕이
피할 때까지 피하지만 결국은 죽게 되어 7수
만에 한이 완승으로 이긴다.
① h3병g3장군 ② g2차Xg3병 ③ d7차f7장군
④ f3장e3 ⑤ b1포e1장군 ⑥ e3장d3 ⑦ f7차
d7장군#

문제177. 차단15 (초차례)
초가 좌변에서 한의 포와 차의 연결고리를 차
단하여 기물이득을 본다. 초는 교묘히 한의
두 포를 다 포획을 하게 된다. 그 수순이 교묘
하다.
① a5상c8 ② e7마Xc8상 ③ a10차Xa8포 ④
i7병i6 ⑤ c4졸c5 ⑥ i10차i7 ⑦ a8차Xc8마 ⑧
d8차Xc8차 ⑨ c3포Xc8차

문제178. 차단16 (한차례)
한의 차가 한의 마의 협조를 얻어서 궁성에 진
입을 시도하는데 초의 포가 이를 저지하고 있
다. 초의 포의 수비를 차단기술로 차단하면서
한이 11수 만에 이기는 수가 있다.
① b2마d3 ② b5차b1 ③ c1차Xb1차 ④ e1
장e2 ⑤ b1차Xd1사 장군 ⑥ e2장e3 ⑦ d1차
e1장군 ⑧ e3장f3 ⑨ f2마h3 ⑩ 한 수 쉼 ⑪
h3마g1장군#

9. 중간수

문제179. 중간수1 (초차례)
현재 초에서 가장 약한 부위가 f3자리이다.
여기에 한의 차가 붙으면 궁성이 초토화된다.
초에서 이를 중간수로 막고 선수공격을 하는

수순이 있다.
① d4차f4장군 ② f10장e10 ③ d7졸e7

문제180. 중간수2 (초차례)
방금 한의 차가 초의 차와 포를 묶은 장면이다. 묶인 것을 푸는 방법은 중간수를 이용하는 것이다.
① b8차h9장군 ② e9장e10 ③ c8포c3

문제181. 중간수3 (초차례)
초가 둔 후 한에게 수가 난다.
① h6차Xh10상 : 초에서 상을 잡으면서 대차를 하려 하는데 중대한 실수를 한 결과가 된다. ② e7상Xg4졸 장군 ③ h4졸Xg4상 ④ i10차Xh10차 왜냐하면 한에게는 중간수가 있기 때문이다. 즉, 한상으로 장군을 부르면 한의 포다리가 끊겨서 초차가 그냥 죽게 됨을 모르는 것이다.

문제182. 중간수4 (초차례)
초에서 어려운 국면이다. 초의 차가 e8포에 위협을 받고 있고 중앙은 한의 e6차에 의해 e3면포가 위협을 받고 있는 이중위협 상황인데 초는 중간수가 있어서 위기를 모면할 수 있다.
① h8차h9장군 ② f10사f9 ③ g3마e4 ④ e6차i6 ⑤ i4졸i5

문제183. 중간수5 (초차례)
한의 차가 초의 졸을 위협하고 있는 상황인데 초의 졸을 합졸하게 되면 초의 차의 길이 막히게 된다. 이때는 중간수를 사용하여 초의 차가 우선 한의 면포를 위협을 하면서 공격을 한 후 수비를 하는 것이 현명한 행마이다.
① h1차h8 ② c6마d8 ③ h8차h9장군 ④ e9장e10 ⑤ i4졸h4

문제184. 중간수6 (한차례)
한에서 포로 사를 쳐도 된다. ① i1포Xf1사 ② a3차a1 만약 초차로 한포와 한차를 묶으면 한차로 초포를 위협하는 중간수가 있기 때문이다. ③ h1차h3 ④ a1차Xf1포 ⑤ h3차Xg3포

문제185. 중간수7 (한차례)
초에서 졸을 접으면서 한차와 한포를 이중 위

협한 장면이다. 이때 한에게 중간수가 있다. 오히려 초가 곤란하게 되었다.
① i4차i1장군 ② e2사f1 ③ h7병g7 ④ h4졸g4 ⑤ g10상i7

문제186. 중간수8 (한차례)
초의 차가 한의 병을 위협하는 장면이다. 한은 기물이 훨씬 많기 때문에 이때에 대차를 청하는 중간수를 쓸 수가 있다. 초에서는 대차를 피할 방법이 없다.
① a6차e6장군 ② e7차Xe6차 ③ d8마Xe6차 ④ c5졸d5 ⑤ e6마f4

문제187. 중간수9 (초차례)
바로 전의 장면이 한의 마가 초의 차와 포를 동시에 위협하는 이중위협 상황이다. 초에게는 이를 중간수로 모면하는 묘수가 있다.
① b7차b9장군 ② d10사d9 ③ c7상a4 ④ c10차c2장군 ⑤ e2장e1 ⑥ a5마c6 ⑦ f1사e2

문제188. 중간수10 (한차례)
한의 마가 위험한 상황이다. 한이 중간수를 이용하여 오히려 유리한 기물 교환을 할 수 있다.
① f4상i2 ② g5차g4 ③ f5마Xe3상 ④ e2사Xe3마 ⑤ b7병a7 ⑥ a1차b1 ⑦ e8포Xe3사

문제189. 중간수11 (한차례)
초의 포가 한의 사와 차를 이중공격을 하고 있는 상황이다. 한이 중간수로 이를 모면하고 오히려 유리한 기물 교환을 할 수 있다.
① b10포e10장군 ② h3포e3 ③ h10상f7 ④ g10포g2 ⑤ i7병Xh7상 ⑥ i1차Xi10차 ⑦ e10포Xi10차 ⑧ g2포d2

문제190. 중간수12 (한차례)
초에서 포로 좌변의 한차를 위협하고 있고 초상으로 d5차를 위협한 장면이다. 한에게 중간수가 있어서 위기를 모면할 수 있다.
① d5차e5장군 ② g7상e4 ③ a7병Xa6포 ④ d4상f7장군 ⑤ e5차e9 ⑥ b3포e3 ⑦ e9차e8

⑧ f7상Xi5포

문제191. 중간수13 (한차례)
한에서 초포에 의해 한차가 위협을 받고 있다. 차를 피해야 하나? 한에게 중간수가 있어서 유리한 기물 교환을 할 수 있다.
① e7상g4장군 ② f1사f2 ③ e8포Xe3상장군 ④ e2사f3 ⑤ e3포e8장군 ⑥ e1장f1 ⑦ h3차h10

문제192. 중간수14 (초차례)
초에서 중간수를 이용해 9수 만에 이기는 수

순이 있다.
① c8마b10장군 ② d9장d10 ③ e10포h10장군 ④ f10사f9 ⑤ b10마c8장군 ⑥ d10장d9 ⑦ e6차e10 ⑧ f9사e9 ⑨ c8마b10장군#

문제193. 중간수15 (초차례)
한의 차가 초의 졸을 위협하고 있는 상황인데 자연스럽게 방어하는 방법이 없을까? 중간수를 이용하면 된다.
① e2차f2장군 ② f10장e10 ③ f2차f7 ④ b5차c5 ⑤ c1마a2 ⑥ c5차d5 ⑦ d1장d2 ⑧ d5차b5 ⑨ a2마c3 ⑩ b5차c5 ⑪ f7차c7

10. 중요자리 선점 기술

문제194. 중요자리 선점1 (초차례)
초의 상과 마가 현재 가장 무서운 기물이다. 중요자리를 선점하는 기술이 통하는 자리에 갈 수 있기 때문이다. 초가 이기는 수순은 .① e4상b6 ② d9사e9 ③ c9마d7 4. e9사f9 ⑤ g9차Xf9사 ⑥ 한 수 쉼 ⑦ f9차e9장군#

문제195. 중요자리 선점2 (한차례)
한의 포가 이미 중요자리를 선점하고 있다. 한이 단 3수 만에 이를 이용하는 수법은 다음과 같다.
① d7상b4장군 ② d4마b3 ③ d3차e2장군#

문제196. 중요자리 선점3 (초차례)
초가 둔 후 한에게 수가 난다.
현재 양측에서 서로 자리싸움을 하고 있다. 초에서 대차를 강요한 후 가장 중요한 자리인 한의 7선에 가려하고 있다. 이를 한의 차가 미리 선점해야 대세에서 밀리지 않는다. 이런 자리싸움이 중요하다.
① h5차f5 ② i1차Xi5차 ③ a5차Xi5차 4. b10차b7

문제197. 중요자리 선점4 (초차례)
초가 둔 후, 한에게 수가 있다.

초의 양차합세 작전으로 초의 차가 7선을 차지할 수 있다. 그 후에 한에서는 중요자리를 지켜야 한다. 그곳이 어디일까? 4수의 h8자리가 한의 상을 지키는 중요한 자리이다. 이곳을 놓치면 한의 상이 멱을 눌러서 한이 고전하게 된다.
① i5차Xi7병 ② i10차Xi7차 ③ i1차Xi7차 ④ a8차h8

문제198. 중요자리 선점5 (한차례)
초의 가장 약한 자리는 f3자리이다. 한이 이곳을 먼저 선점하면 5수 만에 이긴다.
① g2차g3장군 ② f3장f2 ③ c8포f8장군 ④ e2사f3 ⑤ g3차Xf3사 장군#

문제199. 중요자리 선점6 (초차례)
차, 마를 이용한 합동작전인 이 장면에서 한의 가장 약한 자리는 중앙줄인 e줄과 f10자리이다. 마는 중앙을 노리도록 위치하고 f10자리를 노리면 5수 만에 이긴다. 한의 사가 전혀 힘을 쓰지 못하는 점을 인지하게 될 것이다.
① h7차e7 ② f10장f9 ③ f6마g8 ④ 한 수 쉼 ⑤ e7차e10

문제200. 중요자리 선점7 (한차례)

한이 현재 유리하다. 가장 중요한 자리를 선점하여 빨리 효율적으로 끝내는 것이 게임의 요령이다. ① i1차d1 ② 초의 어떠한 수라도 상관없음 ③ d1차f3장군# 궁성에서 귀를 적의 차가 차지하면 초왕이 처신하기 힘들다.

문제201. 중요자리 선점8 (한차례)

한차례이다. 한의 차가 좌측에 갇혀있어서 힘을 쓸 수가 없고 초의 우측진영에 4선이 가장 중요한 자리이다. 어떻게 하는 것이 좋은지 생각해보자. 우측으로 가려면 궁의 중앙을 통해서 가는 길 이외는 없다. ① e9사d10이 유일한 길이다. 그 후의 중요한 자리가 초의 4선이다. ② h4마f3 ③ a9차g9 ④ f2장e2 ⑤ g9차g4 ⑥ f5포f2 ⑦ d10사e9 7수 후에 한의 형태가 훨씬 좋아졌음을 확인하라.

문제202. 중요자리 선점9 (초차례)

현재 초에서 한의 사와 마를 이중 위협할 수 있다. 초에서 한마를 위협하면서 궁에 진입하는 기회가 왔다. 그 수순은 ① c4차d4 ② d5마Xc7상 ③ d4차Xd10사 ④ b1차Xb4졸 ⑤ e4졸e5 결과적으로 초의 궁의 모양이 궁색해졌다.

문제203. 중요자리 선점10 (초차례)

초의 차가 아군진영에 갇혀있다. 반면에 한의 상이 우변에서 아무도 보호해 주지 않는 상황이다. 차가 탈출하여 적진으로 가는데 필요한 중요한 자리는 어디일까? 이를 금방 찾을 수 있다면 당신은 벌써 상당한 실력의 소유자이다. ① h2차g2 ② f7병e7 ③ g2차g4 g2를 통해 g4로 가는 것이 최선이다. 만약 1수에서 h4졸h5를 하면 ② i5차i4로 좋은 자리를 한에게 빼앗겨서 고전하게 된다. 이처럼 발상이 중요하다. 그 후는 초차가 한의 좌진을 공략하면 아주 유리하게 된다. ④ i5차i6 ⑤ g4차a4 ⑥ a9상d7

문제204. 중요자리 선점11 (초차례)

이 문제는 (양걸이) 20번 문제와 동일한 문제인데 1수, 3수가 중요한 자리를 차지하는 장면이므로 다시 기재한 것이다. 1수의 마와 3수의 상의 행마처럼 선수로 중요자리를 차지하는 수법을 익히기 바란다.
① f5마e7 ② e10포g10 ③ e4상g7 ④ d9사e9 ⑤ b1포f1장군 ⑥ e6마f4 ⑦ f8졸Xe9사장군#

문제205. 중요자리 선점12 (초차례)

차가 1수, 3수에 궁성에 진입하는 수법을 알아두면 좋다. 초가 7수 만에 이기는 수순은…
① h6차f6장군 ② f10장e10 ③ f6차f8 ④ 한수 쉼 ⑤ a10차Xd10포 장군 ⑥ e9사Xd10차 ⑦ f8차Xd10사 장군#

문제206. 중요자리 선점13 (초차례)

이 문제는 199번 문제와 발상이 비슷하다. 7수 만에 초가 한을 공략하는 수순은
① f7마h6 ② f10장f9 ③ h6마g8 ④ d6병d5 ⑤ e7차e10 ⑥ d5병Xd4마 ⑦ e10차f10장군#

문제207. 중요자리 선점14 (한차례)

초의 차가 갈 수 있는 가장 좋은 자리는 한의 3선이다. 상대 기물을 위협하면서 자연스럽게 좋은 자리를 먼저 선점 후에 양포를 이용하여 한이 7수 만에 이기는 수순은 다음과 같다.
① c8차c3 ② g3마h1 ③ f8포f3장군 ④ e2사f2 ⑤ c3차d3 ⑥ h1마g3 ⑦ d3차e2장군#

문제208. 중요자리 선점15 (초차례)

초의 차에게 가장 좋은 자리는 e8자리이다. 그 수순은 ① d8졸Xe9사 장군 ② f10장Xe9졸 ③ h6차e6장군 ④ e9장d9 ⑤ e6차e8 ⑥ 한수 쉼 ⑦ c8졸c9장군#

문제209. 중요자리 선점16 (초차례)

초의 기물이 월등히 우세한 상황이지만 치명적인 공격을 해야 한다. 한의 진영에서 가장 약한 자리는 d10자리이다. 이곳을 공략하여 대차를 강요한 후 나머지 차로 공략을 하면 된다.
① d6마c8 ② e7차e10 ③ c10차Xe10차 ④

f8마Xe10차 ⑤ h10차h9장군 ⑥ e10마g9 ⑦
h9차Xg9마장군 ⑧ d9장d8 ⑨ g9차e9장군#

문제210. 중요자리 선점17 (한차례)
한의 차의 위치선정이 중요한 장면이다. 한이
선수로 상대의 기물을 위협하면서 좋은 자리
를 가는 것은 아주 좋은 효율적인 행마이다. 1
수, 3수, 5수, 7수, 9수가 다 중요한 자리를
차지하는 수이다. ① a2차a3 ② i2차i3 ③ a3
차d3 ④ f1장e1 ⑤ b5상e7 ⑥ g1상e4 ⑦ e7
상c4장군 ⑧ e1장f1 ⑨ d3차Xd1사 장군#

문제211. 중요자리 선점18 (한차례)
한의 차와 포가 초의 중앙을 완전 장악하고 있
지만 초에서 버티고 있다. 현재 초의 궁에서
제일 중요한 수비 기물은 초의 사다. 우선 한
마를 이용해서 사를 없애면 11수 만에 이기는
수순이 있다.
① d1마Xf2사 ② f4졸e4 ③ e7차Xe4졸 ④ h3
포e3 ⑤ e4차Xe3포 ⑥ f3마e5 ⑦ e3차Xe5마
⑧ d3상g5 ⑨ f2마d3 ⑩ g5상Xd3마 ⑪ e5차
e1장군⑫ f1장f2 ⑬ e1차e2장군#

문제212. 중요자리 선점19 (한차례)
한에서 3수와 7수에서 양차를 다 죽이고 병과
포의 양수겸장으로 15수 만에 이기는 문제이
다. 각 기물을 배치하기 위해, 적을 유인하는
데 한차를 희생하는 점이 인상적이다. 2수와
4수를 통해서 남의 기물을 이용해서 한의 포
를 배치하고 양차를 적절히 희생 하면서 공격
을 이어가는 수법을 익혀둘 수 있는 아주 좋은
문제임. ① a6상d4장군 ② d1차d3 ③ i2차i2
장군 ④ h1마Xf2차 ⑤ b3포f3장군 ⑥ f2마h1
⑦ b2차f2장군 ⑧ f1장Xf2차 ⑨ c4마d2장군
⑩ d3차f2 ⑪ f3포Xf7차 장군 ⑫ g5졸f5 ⑬ f4
병f3장군 ⑭ f2장f1 ⑮ f3병Xe2차 장군#

문제213. 중요자리 선점20 (초차례)
초에서 상을 희생하여 가장 좋은 자리로 가서
계속 선수공격을 하는 수순이 있다.
① f4상Xd7병 ② i7차Xd7상 ③ c5차i5 ④ d9
마b8 ⑤ i5차i10 ⑥ f8마h9 ⑦ i10차i8 ⑧ d7
차h7 ⑨ e4마d6 ⑩ b8마d7 ⑪ d6마f7 ⑫ e9
사f8 ⑬ f7마Xh8포 ⑭ e8포Xh8마 ⑮ i8차i10
⑯ d10사d9 ⑰ f3마e5장군 ⑱ e10장d10 ⑲
e5마Xd7마 ⑳ h7차Xd7마 ㉑ i10차i9 ㉒ h10
상e8

11. 스큐어 공격 기술(Skewer)

문제214. 스큐어1 (초차례)
실전에서 가장 잘 나오는 문제임. 초의 포로
상대방 한의 차를 잡는 대표적인 예이다.
① a3포a10장군 ② d10사d9 ③ a10포Xi10차

문제215. 스큐어2 (한차례)
초는 스큐어기술을 이용해서 한의 상을 공짜
로 잡는다.
① c2포h2 ② h8마i6 ③ h2포Xh9상

문제216. 스큐어3 (한차례)
한에서 스큐어기술을 이용해서 한의 포로 초
의 상을 잡는다.
① i10포i1장군 ② e1장e2 ③ i1포Xc1상

문제217. 스큐어4 (한차례)
한의 차로 스큐어기술을 이용해 초의 상을 잡
는다.
① c4차c2장군 ② d2장d1 ③ c2차Xg2상

문제218. 스큐어5 (한차례)
한의 포로 초의 차를 잡는다. 스큐어기술은
이렇게 위력적일 때가 많다.
① i8포i1장군 ② f1사f2 ③ i1포Xa1차

문제219. 스큐어6 (한차례)
한의 포를 이용해 초의 사를 스큐어기술로 잡
는다.
① g10포d10 ② d5차e5 ③ d10포Xd3사

문제220. 스큐어7 (한차례)
5수 만에 스큐어기술을 이용해서 한의 포로 초의 차를 잡는다.
① f8포i8 ② i5차b5 ③ i8포i1장군 ④ f1사e2 ⑤ i1포Xa1차

문제221. 스큐어8 (초차례)
스큐어기술을 이용해서 초는 양득작전에 성공한다.
① d1포g1 ② g6차c6 ③ e4상Xg7병 장군 ④ h7병Xg7상 ⑤ g1포Xg7병

문제222. 스큐어9 (한차례)
스큐어기술을 이용해 한은 유리한 기물 교환을 한다. 포와 차의 합동작전이 성공한다.
① b8포b1장군 ② d1사d2 ③ d3차Xf3포 장군

④ e2사Xf3차 ⑤ b1포Xi1차

문제223. 스큐어10 (한차례)
한은 스큐어기술을 이용해 초를 맹렬히 공략한다.
① e8포a8 ② b4졸a4 ③ a8포Xa5차 ④ a4졸 Xa5포 ⑤ a7상Xc4졸 ⑥ d4졸Xc4상 ⑦ b9차 a9 ⑧ a5졸b5 ⑨ b10포Xb5졸

문제224. 스큐어11 (한차례)
한은 스큐어기술을 이용해 초의 차를 잡을 수 있다.
① c2차c1장군 ② d1장d2 ③ f1병e1 ④ d3차 f3장군 ⑤ e9사f8 ⑥ 한 수 쉼 ⑦ c1차c2장군 ⑧ d2장d3 ⑨ c2차c3장군 ⑩ d3장d2 ⑪ c3 차Xf3차

12. 외통급소 노림 공격 기술

문제225. 외통 급소 노림1 (초차례)
초는 외통위협을 하여 초의 포와 한의 차를 교환할 수 있는 상황이다.
① b1포b10장군 ② a10차Xb10포 ③ b4차 Xb10차

문제226. 외통 급소 노림2 (한차례)
한에서 양차를 이용해 이기는 수가 있다.
① g4차g1장군 ② e1포Xg1차 ③ g6차Xg1포 장군#

문제227. 외통 급소 노림3 (초차례)
초에서는 한의 f10자리가 약한 것을 이용해 한병을 공짜로 잡을 수 있다.
① i7차g7 ② g10차i10 ③ g7차Xg6병

문제228. 외통 급소 노림4 (초차례)
초에서 한의 왕의 나쁜 위치를 이용하여 초마와 한차를 교환할 수 있다.
① a7마c8장군 ② g8차Xc8마 ③ c4차Xc8차

문제229. 외통 급소 노림5 (초차례)
초에서 3수 만에 이기는 수가 있다. 한의 왕의 위치가 취약한 것을 이용하면 된다.
① e4상c7장군 ② d10사d9 ③ b3포b10장군#

문제230. 외통 급소 노림6 (초차례)
한의 c7병을 아무도 돌보지 않는 상황인데 한 왕의 나쁜 위치를 이용하여 초의 차가 선수로 이 병을 위협하여 잡을 수 있다.
① c2차a2 ② e6포e10 ③ a2차a7

문제231. 외통 급소 노림7 (한차례)
초의 왕이 외통을 당할 위치에 있다. 한이 계속 선수공격을 하는 수순은 다음과 같다.
① f6마d5 ② f3마d4 ③ c7마e6 ④ g5차i5 ⑤ i8차g8 ⑥ i5차i1 ⑦ g8차g2

문제232. 외통 급소 노림8 (한차례)
초왕의 나쁜 위치를 이용해 9수 만에 포장을 하는 수순이 있다. 한의 차가 2선을 장악하면 이런 것이 가능해 진다.

① h2차Xf2차 장군 ② f1장Xf2차 ③ g4차g2장군 ④ f2장f1 ⑤ i4마g3 ⑥ d3포Xg3마 ⑦ e10포i10 ⑧ g3포d3 ⑨ i10포i1장군#

문제233. 외통 급소 노림9 (초차례)
초의 포와 차를 이용해 한의 궁성을 공략하는 수순은 다음과 같다.
① h6차h10장군 ② e9사f10 ③ g1포g10장군 ④ f10사f9 ⑤ g10포Xd10사 장군 ⑥ e10장e9 ⑦ d10포Xd7병 ⑧ f9사f10 ⑨ d7포d1

문제234. 외통 급소 노림10 (한차례)
한은 초의 끝선에 약점이 있는 것을 중포를 이용한다. 그 수순은…
① g9포c9 ② a3포a6 ③ c9포f9 ④ e2사e3 ⑤ f9포Xf1차 ⑥ d2마Xf1포 ⑦ e7병d7장군 ⑧ d4졸e4 ⑨ h2차h6 ⑩ a4상c1 ⑪ h6차Xa6포

문제235. 외통 급소 노림11 (한차례)
한이 초의 궁성의 약점을 이용해 11수 만에 이기는 수순은 다음과 같다.
① d10포d3장군 ② e2사e3 ③ h5마g3장군 ④ f1장e2 ⑤ d3포d9 ⑥ 한 수 쉼 ⑦ c7병d7 ⑧ f2사f1 ⑨ d6차d3장군 10. e2장f2 ⑪ d3차Xf1사 장군#

문제236. 외통 급소 노림12 (초차례)
초에게는 한왕에게 외통 위협을 가하면서 포를 공짜로 잡는 유리한 기물 교환을 하는 수순이 있다. 그 과정이 교묘하다.
① g6차b6 ② a2차a10 ③ b4졸a4 ④ e9사e8 ⑤ c4졸b4 ⑥ i7병h7 ⑦ f1포a1 ⑧ a10차c10 ⑨ c5차Xc10차 장군 ⑩ e10포Xc10차 ⑪ b6차b10 ⑫ g10상i7 ⑬ b10차Xc10포 장군 ⑭ d10장e9

13. 함정파기 : 기물잡기(Trapping)

문제237. 함정파기1 (초차례)
한의 왕을 둘러싼 기물배치 형태를 이용하여 초에서 한차를 초마와 교환시키는 유리한 기물 교환 방법이 있다. 차가 죽게 되는 수순은 다음과 같다. ① i6상f8 ② i7차Xi5졸 ③ g5마i4 ④ i5차Xi4마 ⑤ h4졸Xi4차
만약 4수에서 ④ i5차c5로 한차가 피하게 되면 다음 수순으로 한왕이 죽는다. ⑤ i3포i10장군 ⑥ h10상f7 ⑦ g9차g10장군 ⑧ f10장f9 ⑨ e4상h6장군 ⑩ f9장Xf8상 ⑪ g10차g8장군 ⑫ f8장f9 ⑬ g8차Xh8포 장군 ⑭ f9장f10 ⑮ h8차h10장군 ⑯ e7상g10 ⑰ h10차Xg10상 장군#

문제238. 함정파기2 (초차례)
초에서 스큐어기술을 이용해 한의 차를 잡는 방법이 있다. 그 수순은 다음과 같다.
① e3포i3 ② i6차f6 ③ i3포i9장군 ④ e9장e10 ⑤ i9포Xc9차

문제239. 함정파기3 (초차례)
초가 f3포로 d줄에 있는 한차를 위협하면 한차의 둘 중 하나가 잡힌다. 한차가 초 면포를 위협해서 한차와 초포를 교환하는 것이 한에서는 그나마 최선의 선택이 된다. 그 수순은
① f3포d1 ② c5차c3 ③ d1포Xd6차 ④ c3차Xe3포 장군 ⑤ e2장d1

문제240. 함정파기4 (초차례)
초에서 한의 좌변의 약점을 이용하여 초포와 한차를 교환하는 방법이 있다. ① e3포e5 ② a5차a3 ③ a2포a4 ④ a3차Xa4포 ⑤ b4졸Xa4차 만약 4수에서 한의 a9차가 피하면 아래 수순에 의해 그냥 한의 a7차가 공짜로 죽는다. ④ a9차c9 ⑤ a4포a10장군 ⑥ b10상d7 ⑦ a10포Xa3차

문제241. 함정파기5 (한차례)
① c5마Xb3포로 한마가 초포를 잡을 때 억울하더라도 여기서 그쳐야 한다. 만약 초의 면포로 이 한마를 잡으면 아래와 같이 더 큰 화를 당한다. ① c5마Xb3포 ② e3포Xb3마 ③

e7상c4장군 ④ e1장f1 ⑤ c4상Xa7차

문제242. 함정파기6 (한차례)
초의 마가 변에 있는 약점을 이용하여 잡는 수가 있다. ① c4병b4 ② a4마b2 ③ b4병Xb3 마는 '마불변' 이라는 말이 있듯이 변으로 가면 이런 봉변을 당할 수 있다.

문제243. 함정파기7 (한차례)
한이 적진에 혼자 들어온 초의 차를 아래와 같이 잡는 방법이 있다. ① f9사f10 ② d2마c4 ③ i4차i8 ④ c4마d6 ⑤ e8포e10 ⑥ h10차Xh8포. 초차가 나갈 길을 한사로 차단하고 한포를 한차로 보호하게 되면 또 다른 한포에 의해 초의 차가 죽게 되므로 할 수없이 초차와 한포를 바꾸는 손해 보는 교환을 한다.

문제244. 함정파기8 (초차례)
초에서 초졸로 한차를 위협하자 한차가 옆으로 피한 장면이다. 초에서 이 차를 잡는 수순이 있다. ① c1상a4 ② d6차e6 ③ i6마g7 ④ e6차Xe4졸 ⑤ d4졸Xe4차

문제245. 함정파기9 (초차례)
한의 면포가 이탈된 상태이다. 한이 외사인 약점을 이용한다. 초차를 교묘히 이용하여 이포를 잡는 방법이 있다. ① h8차h7 ② e7포i7 ③ h7차e7 ④ g6차g9 ⑤ e7차Xi7포

문제246. 함정파기10 (초차례)
초에서 스큐어기술을 이용해 단순히 한차만 잡을 것이 아니고 또 다른 이득을 챙기는 수순은 다음과 같다.
① i2포i10장군 ② f10사f9 ③ g5차g10장군 ④ f9사f10 ⑤ i10포Xf10사 ⑥ e10장d10 ⑦ f10포Xa10차 장군

문제247. 함정파기11 (한차례)
한의 조직적인 플레이로 초는 많은 기물 손해를 입는다.
① g8포a8 ② a6차a5 ③ a8포Xa5차 ④ b5졸Xa5포 ⑤ a7상c4 ⑥ c5졸b5 ⑦ c4상Xf6졸

문제248. 함정파기12 (초차례)
초에서는 유리한 기물 교환을 하는 수순이 있다. 우선 포로 한차를 위협하고 졸의 그물로 한차를 잡는다. 한의 반격도 있지만 결국은 기물득실상 유리하다. ① e3포a3 ② a6차b6 ③ c5졸b5 ④ b6차c6 ⑤ d5졸c5 ⑥ e7상Xg4졸 장군 ⑦ e1장d1 ⑧ c6차Xd6포 장군 ⑨ e4마Xd6차 ⑩ g4상Xd6마

문제249. 함정파기13 (초차례)
초는 중포의 눈부신 활약으로 한의 차와 상을 초포와 교환하는 성과를 얻는다. 그 수순은 ① c2포f2 ② f10차h10 ③ f2포a2 ④ a5병b5 ⑤ a2포a10장군 ⑥ a7차Xa10포 ⑦ a1차Xa10차 ⑧ b5병Xc5졸 ⑨ a10차Xb10상장군 ⑩ d9사d10

문제250. 함정파기14 (초차례)
초는 외통 위협을 하여 한의 차와 초의 포를 바꾸는 유리한 기물 교환을 한다. 그 수순은 다음과 같다.
① g5차g10장군 ② e9사e10 ③ d2마e4 ④ c10상e7 ⑤ e4마f6 ⑥ e8차e9 ⑦ g10차i10 ⑧ e7상c4 ⑨ f6마e4 ⑩ a7상c10 ⑪ e3포Xe9차

문제251. 함정파기15 (한차례)
한은 포를 이용해 초차를 잡고 그 외에도 유리한 기물 교환을 하는 수순이 있다.
① f10포i10 ② i6차i4 ③ d8마c10 ④ c5졸c6 ⑤ d6병Xc6졸 ⑥ d1포Xd7상 ⑦ i10포Xi4차 ⑧ h4졸Xi4포 ⑨ c10마b8 ⑩ d7포d1 ⑪ b8마Xa6상

문제252. 함정파기16 (초차례)
초는 11수 만에 한의 포를 공짜로 잡는 전과를 거둔다. 그 수순도 아주 교묘하다. 우선 차를 하나 희생하여 한의 포와 바꾼 후에 한의 차를 공짜로 잡는다. 결국은 포를 공짜로 얻는 결과가 된다. ① e4차Xe8포 장군 ② e9장Xe8차 ③ h7상e5장군 ④ i7차e7 ⑤ e3포Xe7

차 ⑥ d6차e6 ⑦ e7포e10 ⑧ e6차h6 ⑨ i1차
g1 ⑩ e8장e9 ⑪ e10포e7

문제253. 함정파기17 (한차례)

한은 한 진영에 들어온 초마의 멱을 막는 것이
좋은 수이며 이 초마의 행로를 차단하여 잡는
다.
① d8포h8 ② e4상h2 ③ i9마h7 ④ h2상f5
⑤ h7마f6 ⑥ f5상i7장군 ⑦ f6마h7 ⑧ 한 수
쉼 ⑨ e9사e8 ⑩ f1사f2 ⑪ h8포h2장군

문제254. 함정파기18 (한차례)

한에서는 좌변에 있는 독졸을 고립시킨 후 잡
는 방법이 있다. 이런 수순을 익혀 두면 실전
에서 도움이 된다.
① c7병c6 ② f1포d1 ③ d7상g5 ④ d3사d2
⑤ d10포d5 ⑥ f2마h3 ⑦ d5포h5 ⑧ e1장f1
⑨ h5포Xb5졸

문제255. 함정파기19 (초차례)

초에서 한의 마를 위협하는 척 하면서 한차를
잡는 묘한 수법이 있다.
① i7차c7 ② c10포f10 ③ e4상b2 ④ b7마a9
⑤ c7차a7 ⑥ a9마c8 ⑦ a7차a6 ⑧ d10장
e10 ⑨ f4졸e4 ⑩ f10포d8 ⑪ e3포b3 ⑫ b1
차Xd1포 장군 ⑬e1장Xd1차

문제256. 함정파기20 (한차례)

255번 문제와 비슷한 착상에서 한은 초의 차
를 교묘히 함정에 빠뜨린다.
① c5차h5 ② i7차i9 ③ h5차h8 ④ i9차g9 ⑤
d6병e6 ⑥ e2사e3 ⑦ f9포d9

문제257. 함정파기21 (초차례)

초의 차가 한의 6선에 있는 양병을 잡는 수순
은 다음과 같다.
① e4졸e5 ② i5차i4 ③ c7차c6 ④ i4차f4 ⑤
e7마d5 ⑤ e8포e10 ⑥ e5졸f5 ⑦ f4차a4 ⑨
c6차Xf6병 ⑩ f9장f10 ⑪ f6차Xh6병

14. 외통 합동작전 (Combination)

문제258. 외통1 (한차례)

한의 전형적인 포와 차의 합동작전. 한의 차
로 초왕을 유인하여 3수 만에 이긴다.
① d4차Xd3포 장군 ② d2장Xd3차 ③ e7병d7
장군#

문제259. 외통2 (초차례)

258번 문제와 비슷한 발상이 필요한 문제.
① d7차Xd8포 장군 ② d9장Xd8차 ③ b6마d7
장군#

문제260. 외통3 (한차례)

한은 차를 희생 후 3수 만에 이긴다.
① c2차d2장군 ② b5상Xd2차 ③ b3마c1장
군#

문제261. 외통4 (한차례)

한은 한마로 초왕을 유인한 후 3수 만에 이긴
다.
① b3마d2장군 ② e2장Xd2마 ③ d5상b2장
군#

문제262. 외통5 (한차례)

한이 유인기술로 차를 희생 후 5수 만에 이긴
다.
① g3차e3장군 ② e2장Xe3차 ③ h3상e5장군
④ e3장f3 ⑤ f7포f10장군#

문제263. 외통6 (초차례)

초가 우선 차를 희생 후 또 다른 차가 궁성에
진입해서 마와 차의 합동작전으로 이긴다.
① g9차Xe9사 장군 ② a9포Xe9차 ③ h8차f8
④ 한 수 쉼 ⑤ f8차Xe9포 장군#

문제264. 외통7 (한차례)
한의 차를 희생한 후 한상과 한차의 합동작전
으로 이긴다.
① e6차Xe3포 장군 ② e2장Xe3차 ③ e7상b5
장군 ④ e3장e2 ⑤ c7차e7장군#

문제265. 외통8 (초차례)
초의 차를 희생하여 한궁을 유인한 후 초차와
마의 합동작전으로 이긴다.
① g8차Xd8사 장군 ② e9장Xd8차 ③ a10차
d10장군 ④ f9차d9 ⑤ d10차Xd9차 장군#

문제266. 외통9 (초차례)
양차와 상의 합동작전으로 초가 5수 만에 외
통으로 이긴다.
① h7차h10장군 ② e9사f10 ③ d5상b8장군
④ e10장e9 ⑤ b10차b9장군#

문제267. 외통10 (한차례)
한이 양차와 포의 합동작전으로 이기는 수순
은 다음과 같다. 한포와 적왕 사이가 비어있
으면 이런 기묘한 모양의 외통형태가 생긴다.
① h1차h2 ② e1장d1 ③ c2차d2장군 ④ d1
장e1 ⑤ d2차e2장군#

문제268. 외통11 (한차례)
한이 양차로 수비수제거 기술을 이용하여 5수
만에 이긴다.
① b1차Xd1사 장군 ② e2사Xd1차 ③ e3차f3
장군 ④ e4마f2 ⑤ f3차Xf2마 장군#

문제269. 외통12 (한차례)
267번 문제와 비슷한 발상이 필요한 문제. 한
의 양포, 차 합동작전.
① h1차h3장군 ② d2마f3 ③ h3차Xf3마 장군
④ d3장d2 ⑤ f3차e2장군#

문제270. 외통13 (초차례)
초가 묶기기술을 이용하여 3수 만에 이긴다.
① h6마f7장군 ② e5차e7 ③ f8차Xe8포장군#

문제271. 외통14 (초차례)

초는 차를 희생해서 한왕을 유인한 후 졸 장군
으로 5수 만에 이긴다.
① i8차e8장군 ② e9장Xe8차 ③ e4상Xb6차
장군 ④ e8장d8 ⑤ d6졸d7장군#

문제272. 외통15 (한차례)
한은 차를 희생해서 초왕의 퇴로를 차단한 후
후속 공격으로 총 5수 만에 이긴다.
① c2차d2장군 ② e2사Xd2차 ③ b3마c1장군
④ d3장e3 ⑤ f8상h5장군#

문제273. 외통16 (한차례)
한은 양차를 다 죽이고 병으로 5수 만에 이긴
다. 상대가 어떻게 응수를 하더라도 모든 변
화수에서 이길 수 있다.
① c6차d6장군 ② f5마Xd6차 ③ c1차d1장군
④ e2사Xd1차 ⑤ e4병Xe3포 장군#

문제274. 외통17 (한차례)
한의 양포와 양차를 이용한 합동작전. 한은
차를 희생한 후 총 7수 만에 이긴다.
① e5차Xe3포 장군 ② e2장Xe3차 ③ e6포e8
장군 ④ d6차e6 ⑤ e7상b5장군 ⑥ e3장d3
⑦ c1차Xd1사 장군#

문제275. 외통18 (초차례)
한에서 제일 약한 자리가 e9자리이다. 초에서
이를 이용해 7수 만에 이기는 수가 있다.
① d8졸Xe9사 장군 ② d10장Xe9졸 ③ c8차
Xe8사 장군 ④ i8차Xe8차 ⑤ e4차Xe8차 장군
⑥ e9장d10 ⑦ e8차e9장군#

문제276. 외통19 (한차례)
초에서 초왕이 측궁이 되어 있어서 취약하다.
이를 양상, 차 합동작전으로 한이 7수 만에 이
긴다.
① d7상b4장군 ② d1장d2 ③ i6차a6 ④ c7차
Xc4상 ⑤ a6차a2장군 ⑥ c4차c2 ⑦ a2차Xc2
차 장군 ⑧ d2장d1 ⑨ c2차Xe2사 장군#

문제277. 외통20 (한차례)
한에서 길트기기술로 차를 일부러 희생하고 7

수 만에 이긴다.
① b4차b1장군 ② e1포Xb1차 ③ d5상a3장군
④ d1장d2 ⑤ c10차c2장군 ⑥ d2장d1 ⑦
c2차Xe2사 장군#

문제278. 외통21 (초차례)
초에서 포와 마, 차의 합동작전으로 이긴다.
이 문제는 중요자리선점 편의 194번 문제와
동일한 문제이나 4수에서 사가 d10으로 갈 때
의 변화수 해답이다.
① e4상b6 ② d9사e9 ③ c9마d7 ④ e9사
d10 ⑤ b10포f10 ⑥ 한 수 쉼 ⑦ g9차e9장
군#

문제279. 외통22 (한차례)
초의 우변에 기물들이 밀집되어 있다. 한의
차를 희생하여 9수 만에 이긴다.
① e4차g4 ② g3차Xg4차 ③ h2차Xh3마 ④
f1장f2 ⑤ h3차h2장군 ⑥ g4차g2 ⑦ h2차Xg2
차 장군 ⑧ f2장f1 ⑨ g2차h2장군#

문제280. 외통23 (한차례)
한이 포와 마를 이용해 양사를 제거한 후 한차
와 포의 합동작전으로 f1의 약한 자리를 노리
는 작전.
① e4포Xe2사 ② e3사Xe2포 ③ d4마Xe2사
④ d1장Xe2마 ⑤ g1차Xf1포 장군 ⑥ e2장d2
⑦ f10포d10장군 ⑧ d6차Xd10포 장군 ⑨ e9
사Xd10차

문제281. 외통24 (초차례)
초가 9수 만에 이기는 수순은 다음과 같다.
① c6차c10장군 ② d10장d9 ③ c10차Xf10사
④ b4상e6 ⑤ f6마h7 ⑥ f8포c8 ⑦ h7마g9장
군 ⑧ d8사e9 ⑨ f10차Xe9사 장군#

문제282. 외통25 (한차례)
한이 한차를 희생해서 면포와 교환하고 이기
는 수가 있다.
① b1차e1장군 ② e2장f3 ③ e1차Xe3포 장군
④ d3사Xe3차 ⑤ g1차g3장군 ⑥ f3장e2 ⑦
g3차Xe3사 장군 ⑧ e2장f1 ⑨ e3차e1장군#

문제283. 외통26 (한차례)
뜰장을 이용해서 포가 동에 번쩍, 서에 번쩍
이동을 하면서 양병의 희생에 힘입어 한이 9
수 만에 양수겸장으로 이긴다.
① c2포c10장군 ② d1장e1 ③ g1병f1장군
④ e1장Xf1병 ⑤ g2병f2장군 ⑥ f1장Xf2병 ⑦
c10포Xf10졸 장군 ⑧ g9차f9 ⑨ f8상d5장군#

문제284. 외통27 (한차례)
한은 1수부터 6수까지 차와 마를 희생하여 f1
자리에 안정적으로 있는 초의 왕을 중앙으로
유인한 뒤 7수에서 또 다른 차의 희생으로 궁
의 좌측으로 다시 유인하여 포, 마 합동작전
으로 총 9수 만에 이긴다.
① h2차h2장군 ② e2사Xf2차 ③ i4마h2장군
④ g4마Xh2마 ⑤ f5상i3장군 ⑥ f1장e2 ⑦ d7
차d2장군 ⑧ e2장Xd2차 ⑨ a4마b2장군#
또 다른 해는
① h2차Xe2사 장군 ② f1장Xe2차 ③ d7차d2
장군 ④e2장f1 ⑤ i4마h2장군 ⑥ g4마Xh2마
⑦ f5상i3장군#

문제285. 외통28 (한차례)
한차를 희생하고 한마가 궁을 겨냥하는 중요
자리 선점을 통해서 상, 차, 마의 합동작전으
로 한이 9수 만에 이긴다.
① f3차Xe2사 장군 ② d1사Xe2차 ③ d5마Xf4
졸 ④ e2사f3 ⑤ b2차b1장군 ⑥ e1장e2 ⑦
b1차d1장군 ⑧ e2장f2 ⑨ f4마h3장군#

문제286. 외통29 (초차례)
초차를 하나 희생하여 양사를 제거하는 수비
수제거 기술로 6수 만에 이긴다.
① f4차Xf10사 ② e9사Xf10차 ③ a10차Xf10
사 ④ e6차Xe3포 장군 ⑤ d1사e2 ⑥ 한기권
차의 입궁수를 막을 수 없어 기권

문제287. 외통30 (초차례)
한의 급소를 적절히 찌르면서 한을 공략하여
초가 9수 만에 이기는 수순은 다음과 같다.
① e6차Xe8포 장군 ② e9장d9 ③ e8차Xd8차
장군 ④ d9장Xd8차 ⑤ d3장e3 ⑥ h5마f4 ⑦

a7차a8장군 ⑧ d8장d9 ⑨ d7마f8장군#

문제288. 외통31 (초차례)
초에서 절대적으로 유리한 상황이다. 이를 효과적으로 공략하는 수순은 다음과 같다. 우선 초포를 희생해서 졸이 들어갈 자리를 비켜주는 길트기술과 졸과 사를 교환하여 민궁으로 만들고 입궁을 하는 작전으로 초가 11수 만에 이긴다.
① f8포d8장군 ② b9마Xd8포 ③ e8졸Xd8마 ④ h6상f9 ⑤ f7졸f8 ⑥ c7병c6 ⑦ d8졸Xd9사 장군 ⑧ d10장Xd9졸 ⑨ c8차c9장군 ⑩ d9장d10 ⑪ c9차e9장군#

문제289. 외통32 (한차례)
한에서 포와 마, 병의 뜰장기술과 묶기기술을 이용한 작전으로 11수 만에 이긴다.
① b3포d3 ② d2장d1 ③ d3포d5장군 ④ e2사d2 ⑤ d4병c4장군 ⑥ d2사e2 ⑦ f4마d3장군 ⑧ e2사d2 ⑨ d3마f2장군 ⑩ d2사e2 ⑪ c4병d4장군#

문제290. 외통33 (초차례)
초차의 수비수제거기술과 유인기술을 이용하여 초가 11수 만에 이기는 수순은 다음과 같다.
① a9차Xd9사 장군 ② e9장Xd9차 ③ a8차a9장군 ④ d7마c9 ⑤ a9차Xc9마 장군 ⑥ d9장d8 ⑦ c9차f9장군 ⑧ d8장e8 ⑨ f9차Xf10사 ⑩ d10포g10 ⑪ f10차d8장군#

문제291. 외통34 (초차례)
뜰장 156번 문제와 동일 문제이나 또 다른 해법을 여기서 소개한다. 이 해법은 마의 행마의 변화에 의한 뜰장기술과 묶기기술을 복합하여 이용하는 점이 다르다.
① c5마a6 ② d8포h8 ③ a6마Xc7병 장군 ④ h8포c8 ⑤ c7마d5장군 ⑥ e9사d8 ⑦ d5마f6장군 ⑧ d8사e9 ⑨ f6마d7장군 ⑩ f8차d8 ⑪ a10차a9장군 ⑫ 한 기권 ⑬ 초는 차가 입궁을 하면서 이긴다.

문제292. 외통35 (초차례)
상이 뜰장을 부르면서 좌측으로 이동하는 것이 묘수이다. 7수에서의 차의 행마가 아주 좋다. 뜰장기술과 묶기기술을 이용해 총 13수만에 이긴다.
① i4상f6장군 ② e7병f7 ③ f6상c8장군 ④ f7병e7 ⑤ e5졸f5장군 ⑥ e7병f7 ⑦ a10차a7 ⑧ e9사d8 ⑨ e8포e1 ⑩ d10사e9 ⑪ a7차Xf7병 장군 ⑫ f10장e10 ⑬ f7차f10장군#

문제293. 외통36 (초차례)
초는 ① e3포Xe9사 ② d9사Xe9포의 교환으로 포를 희생해서 수비수제거를 한 후 외사를 만들고 상, 차, 양졸 합동작전으로 한을 공략을 하여 13수 만에 이긴다. 나머지 수순은 ③ d6차i6 ④ e9사d10 ⑤ i6차i9장군 ⑥ f9장f8 ⑦ e7졸f7장군 ⑧ f8장e8 ⑨ f2사e2 ⑩ e8장d8 ⑪ c7졸d7장군 ⑫ d8장e8 ⑬ i9차i8장군#

문제294. 외통37 (초차례)
초는 양차, 마, 포를 이용하여 현란하게 한의 진영을 공략한다. 한에서 제일 수비가 어려운 곳이 f10자리이다. 차의 위치선정이 좋아야 쉽게 이긴다. 총 13수 만에 이기는 수순은 다음과 같다.
① f6마g8장군 ② f10장e10 ③ c10차c9 ④ d10사d9 ⑤ d4졸e4장군 ⑥ d9사e9 ⑦ c9차c10장군 ⑧ d8차d10 ⑨ h10차h9 ⑩ e9사e8 ⑪ h9차f9 ⑫ d10차Xc10차 ⑬ f9차f10장군#

문제295. 외통38 (초차례)
초가 묶기기술을 이용하여 13수 만에 이긴다. 집요하게 집중공격을 하는 기술을 연마할 수 있는 문제이다. 그 수순은
① h5마f6 ② e10포g10 ③ f6마g8장군 ④ f10장e10 ⑤ h9차Xf9상 ⑥ g10포b10 ⑦ e7졸e8 ⑧ e10장d10 ⑨ f2포d2장군 ⑩ f8포d8 ⑪ e8졸Xe9사 장군 ⑫ d9사Xe9졸 ⑬ f9차Xe9사 장군#

문제296. 외통39 (한차례)
한이 상을 희생하는 수비수이탈기술을 써서

마를 따돌린 후 병을 교묘히 희생하고 양포를 적절히 사용하여 기묘한 모양으로 13수 만에 이긴다. 이 문제는 수비수이탈 강요기술, 뜰장기술이 필요하다.
① c6상a3장군 ② b5마Xa3상 ③ d3병Xd2마 장군 ④ e2사Xd2병 ⑤ f3병e2장군 ⑥ f2사Xe2병 ⑦ d10포d6장군 ⑧ e2사d3 ⑨ g3포Xd3사 장군 ⑩ d2사e2 ⑪ d3포f1장군 ⑫ d1장d2 ⑬ e3병d3장군#

문제297. 외통40 (한차례)
실전에서 잘 나오는 모양이다. 한이 차를 희생하여 초의 궁성을 흉가로 만든다. 그 후 중앙을 장악하여 포와 차의 입궁작전으로 17수 만에 항복을 받아낸다.
① c2차Xd2사 장군 ② e2장Xd2차 ③ g2차Xf2사 장군 ④ d2장d1 ⑤ f2차Xf3마 장군 ⑥ d1장d2 ⑦ e7병d7장군 ⑧ e5졸d5 ⑨ f3차Xe3포 ⑩ h9차Xe9사 장군 ⑪ f8장Xe9차 ⑫ i4차i9장군 ⑬ e9장f8 ⑭ i9차Xd9마 ⑮ d7병e7장군 ⑯ d5졸e5 ⑰ e3차Xe5졸

문제298. 외통41 (한차례)
기물형태를 분석해 보면 한마, 양차, 포가 초궁성의 좌변에 몰려 있으면서 서로 얽혀서 방해를 하고 있는 상황이다. 초궁의 사의 형태가 한에서 유리한 형태로 변형을 해서 이용할 수 있는 모양이다. 만약 한포를 희생하여 초사를 하나 유인 하게 되면 후속 공격의 연결이 가능하다. 한은 유인기술, 중요지대 선점기술, 멱풀기기술을 이용하여 9수 만에 이길 수 있다.
① a1포f1장군 ② f2사Xf1포 ③ c2차d2장군 ④ e2사Xd2차 ⑤ c1차Xf1사 장군 ⑥ d2사e2 ⑦ b3마c1장군 ⑧ a3마c2 ⑨ f1차Xe2사 장군#

문제299. 외통 42 (한차례)
초왕은 이미 사면초가 상태에 있고 초의 우변에 한상이 초차를 묶고 있고 i3자리에 한의 마가 있는데 그리 쓸모 있어 보이지 않는다. 이 문제는 포의 뜰장기술을 교묘히 쓸 수 있는 문제이다. 특히 뜰장기술을 쓸 때 중간에 뜰장을 부르는 기물이 자유롭게 가고 싶은 곳을 갈 수 있다는 점을 충분히 활용해야 한다. 2선에 있는 차와 쓸모없어 보이는 한의 우측 마를 활용해서 뜰장기술과 묶기기술을 이용해서 초의 약한 자리인 f2자리를 공략하여 한이 7수 만에 이긴다.
① b1포d1장군 ② e1마d3 ③ d1포i1장군 ④ d3마e1 ⑤ i3마h1장군 ⑥ i9차Xi1포 ⑦ c2차Xf2사 장군#

문제300. 외통43 (한차례)
한의 기물은 초의 마와 초포에 의해 방해 받고 있고 심지어는 아군끼리도 서로 간섭하여 자기 기물로 인해 막혀있다. i8상은 f6차가 길을 차지하고 있고 i7포가 멱을 막고 있다. 또한 한의 포는 i4 초의 포가 차단하고 있는 상황이다. 작전의 개요는 한상의 길을 막고 있는 f6 한차를 희생해서 초마를 없애고 초포의 위치를 교란하여 한포와 상을 활성화시키고, 나머지 기물로 9수 만에 이긴다. 우선 초왕을 f줄을 떠나게 강요하는 것이 급선무이고 도피불가 위치인 d3로 유인한 후에도 멀리서 수비를 하는 e7 초포의 수비능력을 소진시키는 것도 필요하다. 그러기 위해 길트기기술, 멱풀기기술, 수비수 제거기술이 사용된다.
① f6차Xf4마 장군 ② i4포Xf4차 ③ g3마h1장군 ④ f2장e2 ⑤ c2병d2장군 ⑥ e2장d3 ⑦ i8상f6장군 ⑧ e8포e4 ⑨ h1마f2장군#